U0927082

本成果受重庆工商大学商科学术研究国际化促进计划、重庆工商大学专著出版基金资助。

我国社会转型时期社区治理与公共服务能力建设研究

徐 宪 等/著

中国财经出版传媒集团
中国财政经济出版社

图书在版编目（CIP）数据

我国社会转型时期社区治理与公共服务能力建设研究 / 徐宪等著. --北京：中国财政经济出版社，2022. 2
ISBN 978 - 7 - 5223 - 1061 - 9

Ⅰ. ①我…　Ⅱ. ①徐…　Ⅲ. ①社区管理－研究－中国②公共服务－研究－中国　Ⅳ. ①D669. 3

中国版本图书馆 CIP 数据核字（2022）第 012130 号

责任编辑：彭　波　　　　责任校对：徐艳丽
封面设计：卜建晨　　　　责任印制：史大鹏

我国社会转型时期社区治理与公共服务能力建设研究
WOGUO SHEHUI ZHUANXING SHIQI SHEQU ZHILI
YU GONGGONG FUWU NENGLI JIANSHE YANJIU

中国财政经济出版社 出版

URL：http：//www. cfeph. cn
E - mail：cfeph@ cfeph. cn

社址：北京市海淀区阜成路甲 28 号　邮政编码：100142
营销中心电话：010 - 88191522
天猫网店：中国财政经济出版社旗舰店
网址：https：//zgczjjcbs. tmall. com
北京财经印刷厂印刷　各地新华书店经销
成品尺寸：170mm × 240mm　16 开　15. 5 印张　253 000 字
2022 年 2 月第 1 版　2022 年 2 月北京第 1 次印刷
定价：68. 00 元
ISBN 978 - 7 - 5223 - 1061 - 9
（图书出现印装问题，本社负责调换，电话：010 - 88190548）
本社质量投诉电话：010 - 88190744
打击盗版举报热线：010 - 88191661　QQ：2242791300

编 委 会

主　编： 徐　宪

副主编： 李　滨　吴永波

编　委： 谭晓辉　蒙　艺　罗兆均　袁　琳

陈洪东　毕　瑜　李佑静

目　　录

第一章

古今社区治理理论渊源

社区的发展，与人类社会历史进程一样源远流长。任何时期、任何社会成员在其生命的某个时段，都无例外会在某一个相对固定的区域合群而居。聚居于社区的社会成员，因日常生活息息相关之所需而频繁交往，在相互之间密切的互助关系推动下，便具有一定的共同利益、共同文化和主动参与社区治理的意向。显然，作为人类社会生活的一种自然状态和基本形式，社区乃是人类社会有史以来即已有之的实体存在，社区共同体的治理问题，则始终是为古今中外的人们长期关注和思考的重要领域。

第一节

我国历代传统社会社区治理思想

当代常用的“社区”（Community）这一词汇，为今人从国外学术著作中翻译而来，我国古代汉语并没有这样的词组构造，不过这绝不意味着历代中国人对与自己及家庭日常生活密不可分的安身之处缺乏了解。

研究我国社区治理问题，必须植根于国情。国情包括历史和现实，历史是现实的前身，现实是历史的延伸，因而把握中国国情，不能忽视中国社会历史发展中所形成的社会思想基本精神。尽管我国历朝历代关于基层社会社区治理的系统性文献资料有所欠缺，但仍有众多散布于历史著作的相关专题材料可供发掘整理。事实上，作为一个拥有五千多年文明史且极具自身思想文化特色的国度，我国传统社会社区发展历史极为悠久，历代思想家设身处地、身体力行于其间，对此自有其极深认知。数千年来，我国有关基层社会治理的思想见解可谓极为丰富多彩，涵盖社会生活方式、人的社会化、阶级与阶层、社会变迁、社会冲突、社会互动、社会控制、社会规范等理论范畴，在我国地域范围土生土长的社会理念和思想文化经过长期整合，逐渐筑牢了广泛的群众基础，深刻影响着我国社会各个领域及各时代人们的心理和行为规范，其积淀深厚的思想精华和时代精神，是探索我国社会社区治理思想的过去与现在乃至未来趋势的源头活水。

一、先秦时期

我国古代文献典籍之中，不乏有关远古时代的原始人群社会生活及其聚居地域基本组织形式的零星记载。“昔太古尝无君矣，其民聚生群处，知母不知父，无亲戚、兄弟、夫妻、男女之别，无上下、长幼之道，无进退揖让之礼”①，这些由来已久的古老传说，对于还原华夏先祖的社会生活状态，追忆原始群时期社区概貌，有其珍贵的史料价值。远古氏族通过原始宗教等礼仪活动，按约定规范和秩序组织社会群体生产和生活，维系整个社会及族群的繁衍与发展。

延至夏商，国家机器建立，具有整体性的社会治理思想开始萌芽，并逐渐趋向于形成一套完整体系。商代“德—礼—孝”思想，强调“用德彰厥善”②，用以整合社会，规范和控制人们的社会行为。西周确立以血缘关系为纽带的宗法社会并形成与之相适应的社会规范和制度文化，通过构建系统的礼治思想体系，以“经国家，定社稷，序民人，利后嗣”，突出“惟忠惟孝”③，规定等级森严的个体名分，维护尊卑有别的社会秩序。

春秋战国礼崩乐坏之际，诸子百家纷纷阐发各自的社会治理思想，尽管学派林立，其间存在极大差异，不过总体上还是反映出了理解民情民意、引导民众行为、建构普遍性社会规范的基本倾向。先秦诸子从不同角度讨论社会生活、社会问题以及理想社会模式，其博大精深的思想和理论长久影响我国社会治理实践达两千多年，亦为研究我国古代社区居民日常生活及组织方式提供了十分重要的资料。管仲的四民定业论，“四民者，勿使杂处，杂处则其言哤，其事易”④，四民分居于各自的社区，减少相互间的社会流动，认为在当时社

① 《吕氏春秋·恃君览》
② 《尚书·盘庚上》
③ 《周书·蔡仲之命》
④ 《国语·齐语》

会状况下，才是社会治理和维持已有阶层关系的长久方式。老子“道法自然”思想，体现于社会治理实践，即是所谓“无为”，“天地不仁，万物为刍狗；圣人不仁，以百姓为刍狗”[①]，圣人治理社会，所需要效仿的就是天地无偏无私的精神，让民众能够自由自在生存。“治大国若烹小鲜”[②]，“圣人常无心，以百姓心为心”[③]，在治理社会过程中不干涉，不扰民，理想的治世模式莫过于清静无为。而“无为”却并非什么事都不做，“无为而无不为”[④]，“为无为则无不治”[⑤]，强调的是治理社会要因循天道，不顾民意的强行妄为是社会秩序混乱的根本原因，因而不合乎“道”的强行妄“为”必须加以反对。儒家学说创始者和奠基人孔子，身处春秋末期剧烈震荡的社会转型时代，面对周礼崩坏的局面，力图重建社会价值体系与道德秩序，变“无道”为其理想中的“有道”社会。孔子认为，社会治理离不开“礼”这一社会关系的基本准则和行为规范，“不学礼，无以立”[⑥]。“礼”具有定名分、序民人的重要功能。孔子以“复礼”和“正名”为治世方略，“道之以德，齐之以礼”[⑦]，体现于具体社会治理之中，就是养民惠民的德政，并以此形式化民成俗，培养民众对“仁者爱人”社会理想的自觉性，进而为造就美好和谐的社会秩序提供稳定的思想文化基础。出生社会下层、极具社会服务精神的墨子，亦以一系列社会改革方案成为“世之显学”[⑧]。墨子认为社会之所以无序，源于人与人之间不相爱，因而他极力倡导“兼相爱，交相利”的社会理想，针对当时“民有三患：饥者不得食，寒者不得衣、劳者不得息”[⑨] 的社会现实，希望能够予以切实可行的社会救济，“天下贫，则从事乎富之；人民寡，则从事乎众之；众而乱，则从事乎治之”[⑩]，呼吁社会各方各尽所能，社会组织选贤任能，共同增进社会福祉，“官无常贵，而民无终贱，有能则举之，无能则下之”[⑪]，“视人之国若

① 《老子·第五章》
② 《老子·第六十章》
③ 《老子·第四十九章》
④ 《老子·第四十八章》
⑤ 《老子·第三章》
⑥ 《论语·颜渊》
⑦ 《论语·为政》
⑧ 《吕氏春秋·有度》
⑨ 《墨子·非乐上》
⑩ 《墨子·节葬下》
⑪ 《墨子·尚贤上》

其国，视人之家若其家，视人之身若其身”[①]，“各因其力所能至而从事焉”[②]，惟其如此才能达到爱无差等的社会治理良好效果。孟子论证了人的善性和“仁、义、礼、智”与宗法社会人伦关系的密切相关性，如果把人的“恻隐之心”加以扩充，就可以成就人的“仁”的德性。每个人都有不忍见到他人困苦的“不忍人之心”，推己及人，运用于社会治理，就是必须施行仁政，“以不忍人之心，行不忍人之政”[③]，“老吾老以及人之老，幼吾幼以及人之幼，天下可运于掌”[④]。仁义之政，至为重要，事关民心之向背，绝对不可懈怠，“民为贵，社稷次之，君之轻，是故得乎丘民为天子”[⑤]，“以力服人者，非心服也，力不赡也”[⑥]，“得天下有道，得其民，斯得天下矣”[⑦]，仁政学说即是其社会治理方案，若以仁义规范人们行为，则必能保持社会和谐稳定。荀子提出“人性恶”假说，“凡古今天下之所谓善者，正理平治也；所谓恶者，偏险悖乱也。是善恶之分也已”，“今人之性恶，必将待师法然后正，得礼义然后治”[⑧]，坚持主张“化性起伪”，将人的生物属性改造成为具有“礼义”的社会属性，这是人的社会化过程，通过抑制恶性而使之趋向于善，从人为加工和社会矫治的角度发挥孔子礼教学说，突出其中法的社会控制作用，“隆礼重法，则国有常”[⑨]。其群学理论则强调了人群集合的社会特性，“君者，善群者也”[⑩]，社会管理者必须“能群”，才能有效治理社会。“人何以能群？曰分”[⑪]，“人之生不能无群，群而无分则争，争则乱，乱则穷矣”[⑫]，建立社会意义上的“群”，必须进行社会角色定位，只有“明分”才能“使群”，社会成员各守本分，各自发挥专长，互相依赖，才能维持正常的社会生活秩序。韩非则认为社会是一个不断变迁发展的过程，社会治理方案必须随时代环境的变

---

① 《墨子·兼爱中》
② 《墨子·公孟》
③ 《孟子·公孙丑上》
④ 《孟子·梁惠王上》
⑤ 《孟子·尽心下》
⑥ 《孟子·公孙丑上》
⑦ 《孟子·离娄上》
⑧ 《荀子·性恶》
⑨ 《荀子·君道》
⑩ 《荀子·王制》
⑪ 《荀子·王制》
⑫ 《荀子·富国》

化而变化，“世异则事异”，不能以“先王之政，治当世之民”[①]。韩非视儒家仁义为无用之说，“用法之相忍，而弃仁人之相怜也”[②]，“抱法处势则治，背法去势则乱”[③]，治理必须赏罚并重，要对民众进行有效治理，必先治理官吏，“刑过不避大臣，赏善不遗匹夫”[④]，强调“以法为本”[⑤]，以势立威，专任法术，才能实现对社会的有效控制。

二、秦汉魏晋南北朝时期

秦汉之时，大一统集权专制统治已达成，皇帝制、官僚制和郡县制得以全面推行。历经春秋战国战乱兴亡以及秦代“二世而亡”经验教训，时人为对社会治理提出了诸多见解。成书于汉初的《礼记》，阐述礼乐理论及古代宗法社会基本状况，主要体现了先秦儒家的社会伦理思想。“大道之行也，天下为公，选贤与能，讲信修睦。故人不独亲其亲，不独子其子，使老有所终，壮有所用，幼有所长，鳏寡孤独废疾者，皆有所养”，其“大同”模式结合上古社会状况，融入儒家“仁政”“王道”以及墨家“兼爱”观念，描述了时人所憧憬向往的理想社会景象，为当时及后世之人所津津乐道，影响极为深远。“今大道既隐，天下为家，各亲其亲，各子其子，贷力为己，大人世及以为礼，城郭沟池以为固，礼义以为纪。以正君臣，以笃父子，以睦兄弟，以和夫妇，以设制度，以立田里，以贤勇知，以功为己”[⑥]，其“小康”特征有利己之心和公私之分，却是言近而易行，若修明礼乐，孝治天下，亦可使之规范有序，等级制下仍然能够保持一种社会和谐的状态，相较于“乱世”的状况已属相当理想，实为儒家所向往大同社会的循序之途径。汉初陆贾鉴于其时社会经济凋敝和实情，主张“顺民之情与之休息”，不以繁苛赋役扰民，“论议务在宽厚”[⑦]，使民众各得其所，人人按自己的角色和社会规范办事，虽然依黄老学

---

① 《韩非子·五蠹》
② 《韩非子·六反》
③ 《韩非子·难势》
④ 《韩非子·有度》
⑤ 《韩非子·饰邪》
⑥ 《礼记·礼运》
⑦ 《汉书·刑法志》

说，倡导无为而治，实则也是深具积极济世的用意，与民休息，以安社会，一时也的确起到了“政不出房户，天下晏然。刑罚罕用，罪人是希，民务稼穑，衣食滋殖”[①] 的社会政策效果。贾谊认为，秦朝“二世而亡”在于“仁义不施，而攻守之势异也”[②]，治理社会必须反秦之道而为之，针对汉初黄老“无为”之术，极力主张确立新的社会整合思想。他倡言“民本”观念，“闻之于政也，民无不为本也”[③]，进一步提出社会治理应重视以德为教，“置天下于仁义礼乐”[④]，“夫民者，诸侯之本也；教者，政之本也；道者，教之本也。有道，然后教也；有教，然后政治也；政治，然后民劝之；民劝之，然后国丰富也”[⑤]。董仲舒强调统治者的教化责任，极力鼓动通过制礼教化百姓，“目视正色，耳听正声，口食正味，身行正道，非夺之情也，所以安其情也”[⑥]，并引《春秋》以决狱，“春秋之听狱也，必本其事而原其志。志邪者不待成，首恶者罪特重，本直者其论轻”[⑦]，以儒家思想指导法律的实践，看重的就是将世道人心的维系作为社会之根基，其“罢黜百家，独尊儒术”的主张，对后世社会治理的思想影响更是至为深远。

魏晋南北朝，清谈与玄学盛行，主要以《老子》《庄子》及《周易》即所谓“三玄”为研究对象，在儒道关系相互激荡过程中，其实虚玄高远形式仍离不开社会现实问题的讨论。王弼以“无”为本，但并不因“无”而废“有”，认为社会治理应当如同自然之道那样“无为无造”，让“万物自相治理”[⑧]，从而取得“不令而自均，不求而自得”[⑨] 之效。阮籍、嵇康等所谓竹林名士任性放达，亦有济世之志，早期强调儒家仁义礼乐在社会治理中的作用，“建天下之位，定尊卑之制”[⑩]，其后又激烈批判“君子之礼法”乃“天下残贼、乱危、死亡之术”[⑪]，“物情顺通，故大道无违；越名任心，故是非

---

① 《史记·吕后本纪》
② 贾谊《新书·过秦论》
③ 贾谊《新书·大政》
④ 贾谊《新书·治安策》
⑤ 贾谊《新书·大政》
⑥ 《春秋繁露·天地施第八十二》
⑦ 《春秋繁露·精华第五》
⑧ 王弼《老子注》第五章
⑨ 王弼《老子注》第三十二章
⑩ 阮籍《通易论》
⑪ 阮籍《大人先生传》

无措也”[①]，不愿受名教礼法的所谓是非标准的束缚，实与当时现实社会的黑暗关系极大。诚如鲁迅先生分析“魏晋时代，崇拜礼教的看来似乎很不错，而实在是毁坏礼教，不信礼教的。表面上毁坏礼教者，实则倒是承认礼教，太相信礼教”[②]。辞官归隐的陶渊明倡导逃避现实的处世态度，道儒杂糅，所构想的“世外桃源”怡然康乐的理想社会，愿望虽然良好，终究亦不过是难以实现的乌托邦。葛洪以“道”作为其治世论述的基本出发点，“夫道者，其为也，善自修以成务；其居也，善取人所不争；其治也，善绝祸于未起；其施也，善济物而不德；其动也，善观民以用心；其静也，善居慎而无闷。此所以为百家之君长，仁义之祖宗也”[③]，而其“道本儒末”之说，并非简单抑儒扬道，而是主张“外儒内道”，注重儒家教化治理社会之术，“释老庄之不急，精六经之正道也”[④]，从而援儒入道，“匠之以六艺，轨之以忠信，莅之以慈和，齐之以礼刑”[⑤]，以儒道调和互相补充实施社会治理。

三、唐宋元明清时期

隋结束自东晋十六国以来长达近三百年分裂割据局面，制《开皇律》，删繁就简，律文500条对后世社会治理影响深刻。唐代思想开放，文化昌明，“贞观之治”“开元之治”强化社会治理，调适社会关系，社会秩序清平安定，盛极一时。安史之乱后，唐王朝再次陷入藩镇割据格局，权威失坠，社会面临无序状态。其时佛教外来文化及寺院经济膨胀，“今之伽蓝，制过宫阙，穷奢极壮，画缋尽式，宝珠殚于缀饰，环材竭于轮奂”[⑥]。韩愈认为必须重建国家权威，而首当其冲的即是在于重整思想秩序。他激烈批评僧道之人不事生产，极大浪费社会财富，不仅妨碍了正常社会秩序，且对社会民风民俗造成了不良影响，“焚顶烧指，百十为群，解衣散钱，自朝至暮，转相仿效，惟恐后时，老少奔波，弃其业次”，“若不即可禁遏，更历诸寺，必有断臂脔身，以为供

---

① 嵇康《释私论》
② 鲁迅《魏晋风度与文章与药及酒的关系》
③ 葛洪《抱朴子·内篇·明本》
④ 葛洪《抱朴子·外篇·崇教》
⑤ 葛洪《抱朴子·外篇·君道》
⑥《旧唐书·狄仁杰传》

养者。伤风败俗，传笑四方，非细事也”[①]，因而，对此必须大力抵制，清算佛老，“人其人、火其书、庐其居”，恢复儒学，并据历史资源提出儒家道统论，“尧以是传之舜，舜以是传之禹，禹以是传之汤，汤以是传之文、武、周公，文、武、周公以是传之孔子，孔子传之孟轲，柯之死，不得其传焉”，以此突出儒家之道的历史的合理性与权威性，“明先王之道以道之”[②]，建立一个儒学为主导的社会治理规范体系，使之能在现实社会秩序重建中发挥作用。柳宗元指出社会的变迁进化，是一个由乱到治、由愚昧到文明的过程，其间最应重视的是人的因素和“德化”的客观作用。“夫假物者必争，争而不已，必就其能断曲直者而听命焉。其智而明者，所伏必众；告之以直而不改，必痛之而后畏；由是君长刑政生焉”[③]。他认为，君权并非神授，而是取决于人，“受命不于天，于其人。休符不于祥，于其仁。惟人之仁，匪祥于天。匪祥于天，兹惟贞符哉！未有丧仁而久者也，未有恃祥而寿者也”[④]，如果社会管理者行为符合“仁”的标准，则国运长久，反之亦然。“凡吏于土者，若知其职乎？盖民之役，非以役民而已也”[⑤]，官吏职责是“民之役”而绝非“役民”，老百姓才是官吏的“衣食父母”，其以民为本，“吏为民役”的主张，对民间疾苦予以深切关注，极具时代闪光点，继承了儒学社会思想的重民传统，突出强调了社会治理必须高度重视民生问题。

宋代儒学变革，开创新儒家学说并得以逐渐兴盛。宋学尤其是其间之理学极尽哲理思辩，且讨论的范围甚为广泛，体现了宋人重新认识儒家经典以指导社会现实进而倡导经世致用学风的信念。在社会治理思想与理论方面，尽管宋代士人论证繁复，却也留下了许多可供深入研究的真知灼见。李觏《礼论》称“圣人之所以治天下国家，修身正心，无他，一于礼而已矣”[⑥]。礼具有社会整合功能，而“若以人之情皆不善，须礼以变化之，则持是论者之视天下不啻如蛇豕，如虫蛆，何不恭之甚也”[⑦]，因而仅仅依靠制礼来治理社会亦有

① 韩愈《论佛骨表》
② 韩愈《原道》
③ 柳宗元《封建论》
④ 柳宗元《贞符》
⑤ 柳宗元《送薛存义之任序》
⑥ 李觏《礼论》第一
⑦ 李觏《与胡先生书》

所不足，犹如人不能无手足，还须辅之以刑政等措施。王安石用儒家所言先王之道指导变法图强的改革运动，“今天下之财力日以困穷，风俗日以衰坏，患在不知法度，不法先王之政故也。法先王之政者，法其意而已。法其意，则吾所改易更革，不至乎倾骇天下之耳目，嚣天下之口，而固已合先王之政矣”，其所谓“法先王之政”，并非简单之照抄照搬，实质在于“法先王之意”，不必拘泥于细节。如将社会基层组织单位与军队编制结合的保甲法，“籍乡村之民，二丁取一，十家为保，保丁皆授以弓弩，教之战阵”①，作为民兵后备武装力量，农闲练武，战时出征，即是“法其意”推行富国强兵政策并以维护社会治安的举措。张载“复三代”及“民胞物与”的理想社会构想，强调儒家社会治理之精神，不仅在于养民更在于教民，“管摄天下人心，收宗族，厚风俗，使人不忘本”②，主张实行严格的宗法制度规范，认为宗法制是最能培养人的本能善性的社会组织形式，通过扩充体现在宗法家庭生活中的人心固有的善，便有利于实现社会和谐。程颢“天者理也”、程颐“性即理也”的概念和命题，虽然主要论述道德修养、知行关系等学说，然而二程之“识仁”“定性”“人伦者，天理也”，“礼即是理”的论断，则显然是更加关注于社会规范体系的构建，高扬天理，旨在强调社会价值观的统一性，用以维护社会生活秩序。二程兄弟结合其时代特点，对传统的儒家社会思想概念进行了新的阐释和新的发挥发展，“圣人创法，皆本诸人情，极乎物理，虽二帝、三王不无随时因革，踵事增损之制。然至乎为治之大原，牧民之要道，则前圣后圣，岂不同条而共贯哉”③，古今有同异，社会治理亦相应地有所损益，与时俱进。朱熹认为“天下国家之大务莫大于恤民”④，此为儒家之民本思想的延续。而为政之要则在于“存天理，灭人欲”，其说自有良苦用心，当主要是针对君王而发，并非针对普通百姓。要求身居高位者一举一动皆不可不慎，必须时时省察其心，只有去除私欲于私心，方能选贤任能，“不求其可喜，而求其可畏；不求其能适吾意，而求其能辅吾德；不忧其自任之不重，而常恐吾所以任之者未重；不为燕私近习一时之计，而为宗社生灵万世无穷之计”⑤。为此他特别强

---

① 《宋史·王安石传》
② 张载《经学理窟·宗法》
③ 程颢《论十事劄子》
④ 朱熹《庚子应诏封事》
⑤ 朱熹《戊申封事》

调“诚而中”之所谓中庸原则，“喜怒哀乐之未发，谓之中；发而皆中节，谓之和。中也者，天下之大本也；和也者，天下之达道也。致中和，天地位焉，万物育焉”①，以社会规范为准则而保持平正，社会生活秩序便能常处和谐状态。

明儒王阳明，以其格物致知之理和知行合一之学，“明学术，变世风，以成天下治”，深刻影响当时及后世，其儒家社会治理思想付诸实践的事功业绩亦为世人所称道。“明明德者立其天地万物一体之体也。亲民者达其天地万物一体之用也。故明明德必在于亲民，而亲民乃所以明其明德也”②，把“明明德”和“亲民”视之为体用之关系，推行德政，宽恤百姓。王阳明大举社学，“看得教民成俗，莫先于学”③，在各地设立乡馆，选聘“学术明正，行止端方者”任教，“遍行开导讯告，务行立志敦本，为求身心之学，一洗旧习之陋”④，以此规范青少年，移风易俗，成礼仪之治。首倡“十家牌法”，选练民兵，维护地方的社会治安。他进而开启乡规民约的订立，以一定的社区组织形式和约众公意方式，“彰善纠恶”“协和尔民”，促成基层社区民间约众群体的自我组织、自我管理和道德自律，使之“务为良善之民，共成仁厚之俗”⑤，并抑制以富欺贫，以强凌弱，差吏士卒“揽差下乡，索求赍发”等危及社区治理和同约修睦的行为。

明末清初，一代士人感伤于明亡之痛，对传统社会治理进行深刻反思，诸多关切社会民生的思想观点有其颇具时代特点的启蒙意义。黄宗羲指出无视民生之疾苦，一味只为君主的社会管理者，无异于仆妾，社会治理之成效“不在一姓之兴亡，而在万民之忧乐”，“天下之大，非一人之所能治，而分治之以群工。故我之出而仕也，为天下，非为君；为万民，非为一姓也”⑥。他主张“治天下之具皆出于学校”“学校，所以养士也”⑦，理应具有评判是非、敦厚风俗的社会功能。王夫之激烈批判传统社会思想将人欲与天理割裂为二的观

---

① 朱熹《中庸章句》

② 王阳明《大学问》

③ 王阳明《批立社学师耆老名呈》

④ 王阳明《牌行委官逅设教灵山》

⑤ 《南赣乡约》

⑥ 黄宗羲《明夷待访录·原臣》

⑦ 黄宗羲《明夷待访录·学校》

点，“天理充周，原不与人欲相对垒”①，纠正宋儒“存天理，灭人欲”在社会组织层面给社会带来的不良影响，认为一个健全合理的社会，应当是一个万物皆能各得其所的社会。同时，他坚持社会组织和社会成员皆应循礼而行，“礼”是社会进行自我组织的一个根本原则，“奉一礼以为则，一取于礼以定其非”②，唯其如此才能达致儒家的社会理想。顾炎武博大通达，讲求实证，崇实致用，“明学术，正人心，拨乱世以兴太平之事”③，指出天下兴亡关乎每一个人之痛痒，主张“以天下之权寄之天下之人”④。这一理念的贯彻落实，重点在于必须重视作为社会最基层的乡村组织管理，“小官多者其世盛，大官多者其世衰”“惟于一乡之中官之备而法之详，然后天下之治，若网之在纲，有条而不紊”⑤。他主张“以县治乡，以乡治保，以保治甲”⑥，延续传统宗族自治，才是基层自治的起点，认为“一家之中，父兄治之；一族之中，宗子治之。其有不善之萌，莫不自化于闺门之内”⑦，从下至上形成系统的基层社会管理体系，方可“治之于已乱”，且更能“遏之于未萌”，从而有效强化基层治理，从根本上保证社会安定有序。其地方基层社会乡族自治之说，虽有历史局限，而如此重视基层自治，却也符合当时的社区结构实际状况，并反映出时人对突破旧的社区治理格局的一种期待。

1840年鸦片战争爆发，中国逐渐沦为半殖民地和半封建社会，晚清王朝内忧外患。众多有识之士在中华民族危难之际挺身而出唤起民众觉醒，与此同时在理论与实践层面，也对经世济民和社会治理等诸多方面也予以了极大关注和推动。龚自珍指出士大夫阶层是社会组织者和管理者，其能力品节对社会发展十分重要，这一阶层必须是“犹有如贾谊所言‘国忘家，公忘私’者”⑧，主张以礼待士，养士之廉，“士皆知有耻，则国家永无耻矣；士不知耻，为国之大耻”“士无耻，则名之曰辱国，卿大夫无耻，名之曰辱社稷”⑨，其尖锐言

① 王夫之《读四书大全说》卷六

② 王夫之《四书训义》卷六

③ 顾炎武《日知录·自序》

④ 顾炎武《日知录·守令》

⑤ 顾炎武《日知录·乡亭之职》

⑥ 顾炎武《日知录·里甲》

⑦ 顾炎武《日知录·爱百姓故刑罚中》

⑧ 龚自珍《明良论一》

⑨ 龚自珍《明良论二》

论对当时庸碌自为的官吏阶层可谓是振聋发聩之声。他坚持认为“人心者，世俗之本也”①，善于治理社会者，能在社会财富分配上注重维持一个“小不相齐”的社会各阶层可接受的合理分寸，而不善治世者则拉大各阶层的差距，贫富悬殊势将导致人心风俗败坏并成为社会大乱之源。魏源总结鸦片战争失败的经验教训，认为“善师四夷者，能制四夷；不善师外夷者，外夷制之”②，极力主张将“西洋之长技，尽成中国之长技”③，为国人摒弃传统束缚扫除思想障碍。为变法图强，他也对漕运、水利、盐政等政策提出了许多改革建议，高度重视商人货殖行为，“海运之事，其所利者有三，国计也，民生也，利商也”④，希望以此增加社会财富，突破以农为本的单一模式。康有为遍考西洋各国社会治理体制、社会组织和文化教育，思索中国社会治理之路，“用其新去其陈，病乃不存，此道家养生之术，治身如此，治国何不独然。故千年一大变，百年一中变，十年一小变”“自强之策，计万世之安，非变通旧法，无以为治”⑤。他高度重视基层社会治理，寄望开启民智教育，“天下之治，必自乡始”“夫才智之民多则国强，才智之士少则国弱”⑥，认为培养掌握近代工业技术的专业人才和经世济民的道德之士，须坚守自身文化传统基础，“孔子所以为圣人，以其改制，而曲成万物、范围万世也”⑦，主张以儒学维系民族精神、道德风俗和社会礼仪。近代民主主义革命先行者孙中山，毕生追求“天下为公”社会理想，将解决人民衣食住行的民生问题视为社会发展的原动力，“兴大利以厚民生，必使吾国四百兆生民各得其所，方为满志”⑧，其社会民生思想结合近代东西方文化，立意高远深刻，于后继者具有弥足珍贵的指导价值。

综上所述，我国数千年来有关基层社会治理思想极其丰富，凸显出与西方社区治理的不同特点。而不同特点源于不同社会的历史文化个性，历代思想家从整体上、结构上、组织与制度上考察人们在具体的社会社区共同生活以及这

---

① 龚自珍《平均篇》
② 魏源《海国图志叙》
③ 魏源《道光洋舰征抚记上》
④ 魏源《军储篇一》
⑤ 康有为《变则通通则久论》
⑥ 康有为《上清帝第二书》
⑦ 康有为《桂学答问》
⑧ 《孙中山全集》第8卷

种共同体的维系模式，并从一般的经验层次提升到理论与学说的抽象层次，传递着中国社会发展进程的深层次信息，从历史文化传承角度看，历代关于社会治理的思想见解，在相当程度上仍不失为解读当今诸多社会事实的理论及实践基础。

第二节 学术界社区治理研究理论观点述评

一、社区及其构成要素

拉丁语“Gemeinschaft”，意为共同的东西和亲密的伙伴关系，国际学术界普遍认为这是“社区”这一词汇的来源。1871 年，亨利·梅因《东西方村落社区》使用了“社区”一词。1887 年，斐迪南·滕尼斯出版《社区与社会》①，开始从社会学视角研究社区问题。在滕尼斯语境下，Gemeinschaft 即 Community，初始含义就是指人们生活的共同体和亲密的伙伴关系，是由情感、习惯、记忆以及地缘和心态而形成的社会有机体，如家庭、邻里、村落和城镇等。20 世纪 30 年代，我国学者将 community 翻译为由汉语单字“社”和“区”合成的新词汇“社区”，用以表达 Gemeinschaft 即 Community 本身含义，皆因 Community 具有“社区”和“共同体”双重含义，并由此区别于主要以契约关系结合的“社会”。当然，滕尼斯当时所言共同体主要局限农村社区，在这种共同体中，社区既是社会的最简单形式，又是一种自然的状态，其间情感的、自然的意志占有优势，主要是以血缘、感情和伦理关系为纽带，建立在自然情感较为一致基础上的社会联系或共同生活方式。处于“共同体”的人群具有共同价值观念，人们关系亲密，守望相助、疾病相抚，且富有人情味。这里强调是社区的人群基于共同目标、文化价值、理想信念而形成的社会联系，具有较强的政治经济文化取向。以至于后来许多社会学家认为这里所分析的实质对象主要是传统农业社会的社区，体现的是农村社区特点，现代城市社会固然也存在这种状况，但不完全相同。人们比较一致的认同是，“社区”被

① “*Gemeinschaft and Gesellschaft*”，英文版译为 *Community and Society*

理解为具有认同感的社会生活“共同体”，普遍意义上的社区，是居住在同一区域的人群，但这并非仅仅是一个地域性概念，同时也是一个文化概念，拥有共同文化和共同地域，才是形成社区的基础。

显然，这样的理解对社会学意义上的社区概念形成有着重要影响，由此直接推动了社区专题研究的产生与发展。此后各国学者从不同的角度研究社区，众说纷纭，所产生的社区概念的含义也有所不同，如有的认为社区是具有某种互动关系和共同文化维系力的人类群体及其活动区域，也有的认为是在一个居住地域内社会活动或生活方式属于同一类型的地区性社会等。学派众多，见仁见智，并无统一界定。地域、人口、组织结构和文化，是学术界大致认同的社区构成要素。

其一，地域要素。无论是农村集镇、还是城市社区，都有地域载体。相对而言，“社会”研究并不特别注重地域观念，社会中人们的活动空间范围广泛，并不限于稳定的地理的活动区域，而“社区”研究则必须强调地域要素，即社区必须具备一定的地理区域共同体和地缘关系的特征。社会上人与人之间的互动交流，需要在一定的地理、环境、空间里进行，而社区就是那个一定的地理、环境、空间范围内的社会共同体。当今社会，科技和信息化快速发展，网络技术广泛应用，“社区”的概念似乎已超出了地理环境的限制，人们的社会互动和交往活动似乎还存在一个虚拟的社区空间，如论坛、BBS、贴吧、博客、微社区等。不过，这只是人们借助于社区的基本形态所做的一种所谓拓展性描述罢了。社区居民的主要活动通常集中在某一特定的地域空间，地域性实体反映了生活共同体的聚居及活动的范围和界限，是社区存在和发展必要的物质前提，不仅为每个社区成员提供了立足之地，提供了赖以生存、生活的地域空间和基本场所，而且提供了社区建设的自然资源，是影响社区变迁的重要因素。

其二，人口要素。就普遍认知而言，社区是作为整体社会一个部分而存在的，兼有人群与地域环境、空间两大核心要素。“社会”研究关注的重点在于社会基本矛盾的调整、社会问题的解决、社会关系的协调，社会稳定的维护等，并不特别强调人们居住地是否集中固定在一定地域的“聚居性”。而“社区”可以被看作小社会，从社区外延看，社区也可视之为所谓“地区社会”，但较之于“大社会”概念又有其区别。社区总要有一定人群，单个的人不能构成社区，社区的人们在经济、政治、文化各项活动和日常生活进行社会互动，形成各种社会关系，相互间没有社会互动的人群也不能构成社区。社区由居民组成，人是社区的主体，社区人口是社区产生、存在和发展的前提与基础，没有一定数量的人口就不可能构成社区。社区的人口，包括区域内相对稳定的常住人口和社会变迁中的城乡交流、异地流动和反映人口增长的动态人口。“聚居”强调的是居住地集中性，在社区场合交互活动中的社会关系，极易形成人们共同的生活利益和社区意识。

其三，组织结构要素。这里强调的是，社区成员之间有着较为密切的社会交往，较多互动关系易于形成有特定文化有组织有秩序的社会实体。“社会”研究的关注点在于社会组织及其职能具有的共性和普遍性，重在维护整个社会的稳定与发展，“社会”由于空间的广大和各种社会关系的复杂性，人与人之间的关系相对较为松散。而“社区”既有丰富的内部联系，又有复杂的外部联系，由此产生的社区职能，有明确针对性，旨在维持社区居民生活及社区组织的有序性，目的主要是为满足本社区居民的相关需求，管理和服务的对象更为具体和专门化。

其四，文化要素。强调的是社区成员具有共同的利益和意识，社区居民由于共同需要和共同利益交往频繁，日常生活交谈、打招呼，节日期间共同进行一些欢庆活动，共同参与社区管理事务等，都使这些居住在同一社区的人们有了更多的直接或间接的联系。人们对自己所在社区存在一种集体意识，即有一种浓厚的社区意识和共同的归宿情感，这种认同感来自人们的身体力行和集体首肯。由于各个社区地理条件、历史传统、形成过程、发展水平等存在各种差异，在此基础上产生和形成的社区文化各有其特点和特色。而不同社区的文化特征，也是社区互相区别的标志，是社区成员归属感、认同感以及社区内在凝聚力的基础。

二、本研究相关理论基础

自社区概念提出以来，在社会科学许多领域被广泛使用，不同学者从不同视角进行研究，其含义亦有诸多变化，有研究者统计，关于社区的定义多达140多种。时至今日，人们对社区仍有不同理解，这从一个侧面也说明了社区本身的复杂性和多样性。同时，众多社区理论研究过程中，人们以不同的研究范式形成了不同的社区理论体系，并普遍对社区成员的积极参与予以了高度重视，以期通过对各类型社区状况的理论分析，达到建立社区行动计划的目的。社区研究的基础理论，主要出自社会学以及经济、政治、管理学等有关学科，也包括与社会运动和社会政策相关的理论阐释。其中，以下方面对社区研究具有重要影响。

一是类型学理论。关于不同社区类型，学界主要以“地域型社区类型”“功能型社区”进行划分。此外，亦有基于历史发展进程角度的所谓“社会变迁区分法”，基于社区居民习惯、分层、分类等角度的所谓“文化区分法”等。滕尼斯所言的社区与社会，分别为一个连续变化系统的两端：一端为地域范围较小、居民具有紧密联系关系的传统性较强的地方性社会；另一端为大规模的、关系较松散的现代性较强的社会。这一理论被用来衡量社会变迁水平，广泛运用于刻画传统社会和现代社会的差异。韦伯认为理想类型是一种理念，存在于人的观念而非现实中。迪尔凯姆在《社会分工论》中探讨社会转型过程中不同的社区类型以及个人与社区的关系，所提出的“机械团结”，主要指的是集体意识维系的传统社区，而“有机团结”则指的是社会分工维系的现代城市社区，认为从机械团结向有机团结转变意味着社会现代化发展水平不断提升。

二是人文区位学理论。20 世纪上半叶，美国城市社区研究形成了多个流派和学派，芝加哥学派帕克等创立人文区位学理论，主张从社区整体研究城市结构和动态。社区综合研究学派林德夫妇以小市镇为研究对象，从不同角度详尽描述居民的社区生活。社区权力流派亨特等通过调查，研究社区权力结构及社区决策的影响因素。社会文化生态学派将文化与价值观作为生态学理论中心，基于人类社会结构和个体行为，从文化角度解释都市空间的社会特性，提出文化与价值决定城市结构和生长，强调文化认同和居民价值观念对社区空间布局和变迁的影响。

三是社会冲突理论。1956 年，科瑟尔在《社会冲突的功能》中最早使用“冲突理论”这一术语，反对帕森斯认为冲突只具有破坏作用的片面观点，力图把结构功能分析方法和社会冲突分析模式结合起来，修正和补充帕森斯理论。科瑟尔从齐美尔“冲突是一种社会结合形式”命题出发，广泛探讨社会冲突的功能，认为冲突具有正功能和负功能，在一定条件下冲突具有保证社会连续性、减少对立两极产生的可能性、防止社会系统的僵化、增强社会组织的适应性和促进社会整合等正功能。依据这一理论，社区是一些人聚集在一起追求各自利益的地方，社区范围的社会变迁是由冲突引发；冲突不仅是固有的，同时是社区发展中有用的部分；社区工作可以有意识地选择运用冲突、预防冲突和以第三方角色控制冲突等不同的冲突策略。

四是集体行动困境理论。社区治理中不可避免地会遇到集体行动的困境，集体行动困境的理论主要有：其一，“公用地悲剧”，源于英国学者哈丁所言，“在一个信奉公地自由使用的社会里，每个人追求自己的目标，破坏了所有人向往的目标”,[①] 这一概念含义是公共资源自由使用的情况下，每个人都只关心自己的利益，忽视集体利益和公共事务，即私人过度消耗公共资源。其二，“搭便车”理论，1965 年，曼柯·奥尔逊提出无论是否为收益付出成本，因为大家总是平等获得收益，所以大多数成员都想“搭便车”，不付成本而坐享渔翁之利。其三，“囚徒困境”，是博弈论非零和博弈的经典案例，两个囚徒关入监狱，互相无法进行沟通，两个人互不揭发情况下每个人坐牢一年；如果一人坦白且另一人沉默，则告密者无罪，另一人入狱十年；如果互相揭发，两个人都判刑八年，最后纳什均衡仅出现非合作点上，说明在集体行动中个人理性可能导致集体的非理性。

五是社会场域理论。桑德斯指出，社区运行受到各种环境因素的影响，是一个社会行动与互动的场域，各组成部分都对彼此发生影响。社会场域理论重视人际互动，注重分析社区的领导、决策和社区参与的过程，社会参与是主要的社区行动方式。

长期以来，国内外学者对社区问题进行了有目的的及系统的资料收集和理论研究，相关理论探讨旨在认识和理解社会结构、政治经济制度、文化传统、社区环境、社区居民行为方式、社区组织的作用和功能特征，以及选择适当的社区治理策略与发展路径等。诸多社区研究视角，促进了从政府到民间社会对于社区发展及其重要性的进一步理解。其中，与本课题研究内容直接相关、并具有启迪价值的，主要有以下较为成型的理论见解和可资借鉴的实践经验。

其一，社会转型。从生物学角度看，转型是指物种之间的变异，即物种的结构形态向另一种形态转变的过程。学术界借此概念引申到社会转型，即社会结构形态向另一种结构形态转变的过程，用以阐述传统农业社会向现代工业社

---

① Hardin Garrett. The Tragedy of the Commons. Science162 (1968)

会的历史变迁以及由传统模式转向现代模式的重构过程[①]。从进化论角度看，转型是指从一种存在类型向另一种更高的存在类型的转变，有着向更好方向发展之意。在社会学意义上对社会转型的解读，是指社会结构形态由较低层次向更高层次的转变过程。当代中国社会转型是一个包括生产力、生产关系、经济基础和上层建筑的社会系统结构的整体性变迁。[②] 这是在全面建成小康社会目标推动下，以改革开放为动力，社会生产、生活方式、社会文化、价值观念等各方面在新时期不断调整与时俱进，社会发展朝着更加开放的全面现代化方向转变的历史性进程。

其二，社区治理。1992 年，世界银行发布了主题为“治理与发展”的年度报告提出了治理概念。20 世纪 90 年代起，随着世界范围内新公共管理运动的蓬勃发展，旨在解释在社会经济发展中市场失灵、政府失灵问题的治理理论被赋予了更新的内涵和更多的内容，从而在国内外经济学、管理学、社会学、政治学等众多学科普遍使用。总的说来，治理概念是指从传统的以统治阶级为主导的强制性力量为主的方法演变成为一种合作互动平等参与的共生性行动机制，如詹姆斯·N. 罗西瑙在《没有政府的治理》指出，治理和统治的不同在于不是通过国家强制力实现，包含的意义比统治更加丰富，含非政府和非正式的机制。我国学术界从 20 世纪 90 年代开始引介和研究治理理论，并在实践层面加以运用。俞可平提出颇具影响的“善治”观点，认为治理是在一个既定的范围内运用权威维持秩序，满足公众的需要，具有合法性、透明性、责任性、法治性、回应性和有效性等基本要素，而合作是善治的本质特征。[③] 相关治理理论应用于社区实践的必要性在于，新形势下因利益主体和利益诉求多元导致社会矛盾复杂；群众权利意识增强导致政府公信力和权威性降低；风险社会导致社会安全感下降；信息化、网络化时代的双刃剑效应逐渐显现。[④] 治理是学界在社区发展过程一直关注的理念，人们于实践中认识到政府职能有限，机制也有缺陷，社区管理需要多方主体参与和合作，因而学术界更愿将以治理理念为指导的社区管理称为治理。这一理念倡导的是在一个既定空间范围内由多元行动者运用各自权威对社会组织、社区事务和生活秩序进行规范、协调和

---

① 向德平. 城市社会学［M］. 武汉：武汉大学出版社，2002

② 林默彪：论当代中国社会转型的分析框架［J］. 马克思主义与现实，2005，(5)

③ 俞可平. 治理与善治［M］. 北京：社会科学文献出版社，2000

④ 郑杭生，黄家亮. 当前我国社会管理和社区治理的新趋势［J］. 甘肃社会科学，2012

服务的过程。近年在社区治理理论研究方面，学界从不同切入点归纳出不同研究范式，如“国家—社会”“文化—认同”“政策—过程”等，从而导致了社区治理模式的不同建构路径①。其中，“国家与社会的关系始终是社区研究中最具有影响力的研究范式”②。从国家—社会关系视角来看，治理实际上是公共权力向社会回归。社区的多元化合作发展，是各参与主体，以社区公共利益、社区认同为原则，通过有效的合作，为社区提供公共物品，满足需求，优化秩序的过程与机制。③

其三，社区公共服务。④ 新公共服务理论由美籍公共管理学家罗伯特·登哈特夫妇为代表提出，指的是以居民为中心的治理系统中公共行政所扮演角色的理念。⑤ 新公共服务理论强调在治理体系中须以居民为中心，公共管理本质在于服务，推崇公共服务精神，重视公权和政府、社区、居民之间的民主协商、多元治理、开放参与，提升公共服务价值。培育和发展第三方组织可以提升公众参与的热情，第三方组织可以发动居民进行广泛的社区参与，能调动社区资源，提升服务品质满足居民需求⑥，在此方面，地方政府应扮演的角色是大力发展第三方组织，使之在组织居民社区参与中发挥重要作用。我国学术界和实务界对于社会转型时期的社区公共服务创新极为重视，基本共识是社区公共服务的目的在于满足社区居民需求和社区发展需要。⑦ 社区公共服务应以政府为主导，社区组织、社区居民多方参与，充分挖掘社区内部资源，通过公共管理形式，为社会弱势群体提供的福利服务及全体社区居民提供的公益性服务。⑧ 在公共服务社会化进程中，重要的是保持社会组织在公共服务购买合作

---

① 林磊．我国社区治理研究范式的演进与转换—基于近十年来相关文献的回顾与述评［J］．学习与实践，2017（7）

② 肖林．“‘社区’研究”与“社区研究”—近年来我国城市社区研究述评［J］．社会学研究，2011（4）

③ 姜昆生．社区建设政策百问百答［M］．北京：中国社会出版社，2014

④ 莱斯特·M·萨瓦斯．民营化与公私部门的伙伴关系［M］，北京：中国人民大学出版社，2003

⑤［美］罗伯特．登哈特，珍妮特．登哈特．新公共服务：服务而非掌舵［M］．北京：中国人民大学出版社，2004

⑥ Hollneseiner, M. R. “Citizen Participation and Social Planning” in Assignment Children［J］. UNICEF. 1982：57－57

⑦ 杨团．社区公共服务新论［M］．北京：华夏出版社，2001

⑧ 王健．试论我国政府信息公开诉讼救济制度——以我国《政府信息公开条例》为视角［J］．黑龙江：省政法干部学院学报，2008（7）

中的独立性。① 为此，社会组织必须强化其竞争力，政府则重在履行服务于民以及提高服务质量、降低服务成本的责任和职能，承担财政资金筹措、业务监督及绩效考评的责任。

其四，社区社会组织能力建设。20 世纪 90 年代起，被视为社会经济发展重要内生变量的能力建设问题，成为国内外学术界的研究热点，我国相关研究多运用于公共行政、政府机构、社会组织等各个领域。学术界普遍认为，社区社会组织参与社区治理和各种公共服务，在相当程度上有助于弥补政府失灵和市场失灵带来的公共服务空缺，满足社区居民日益增长的多样化、多层次、个性化、专业化的物质和精神生活需求，客观上亦对协调疏通政府与社区居民的沟通渠道、促进社会整合和社区善治、完善社区支持网络、增进社区的社会资本存量起到了有效的助推作用。对于其工作人员而言，作为社区社会组织和社区居民的中介人、社区计划相关政策的制定人、社区资源链接的协调人，亦需具备较强的职业素质和专业能力，如计划、组织、指挥、协调和控制能力等，才能将社区治理和公共服务做到更有效率和有效益，才能更好地针对社区居民开展的活动、帮助有需要的社区居民特别是其中弱势人群，并为其提供助人自助的成长和改变机会。不过目前我国社区社会组织呈现的状况是存在自我生存能力不强，专业人才流失严重，参与社区治理和公共服务亦存在着较大阻力和障碍，门槛低、规模小、项目资源及活动场地少、竞争力弱、外部监督缺乏等是其外在体现，而社会组织内部定位不明确、规范化欠缺、稳定性不够和自律性差导致的自身能力不足，则是其内在原因。对此，政府作为社区治理主体“同辈中的长者”②，理应立足社区治理和公共服务大局，加大对社区社会组织培育力度，并对其准入、竞争、激励和监督进行规范管理，帮助并促进社区组织稳定发展。而社会组织则必须注重内在提升，通过在社区环境不间断地学习和经验积累，强化去自身专业化、职业化、本土化综合能力，实现自我组织和自我发展。

① 乐园．公共服务购买：政府与民间组织的契约合作模式——以上海打浦桥社区文化服务中心为例［A］，中国非营利评论（第二卷）［C］．北京：社会科学文献出版社．2008

② 徐林．殊途同归：异质资源禀赋下的社区社会组织发展路径［J］．公共管理学报，2015，10（4）

第二章

中外社区治理和公共服务实践

早在1952年，联合国就成立了“社区组织与社区发展小组”，倡导全球“社区发展”运动。1955年，联合国《通过社区发展促进社会进步》专题报告提出社区发展的基本原则，推动各国城乡社区建设发展。到20世纪60年代，已有60多个国家开始推行社区建设与发展计划，不少国家成立社区服务与管理学院等机构，以培养社区工作专业人才。与此同时，各国开始高度重视社区治理，运用各种社会资源，充分发展社区自助力量，协同行动，以弥补政府能力的不足和市场经济的缺陷，进而有效解决贫困、疾病、失业等共同社会问题。虽然各国对社区治理的理解存在一定共性，但由于其各具特殊历史经历及特别的发展模式，由不同文化背景、不同宗教信仰、不同生活习惯的人群形成大大小小社区构建的社会结构、社会情境及所面临的社会问题不尽相同，各种社区的生活需求、利益关系、群体矛盾、阶层结构和运行逻辑千差万别，因而各国及各地区社区治理的实施运作并不一致。

第一节

历史视角下西方国家的社区治理模式

一、英国社区治理概况

英国社会建设进程中，以助人自助为原则的社区治理发挥着重要作用，而其社区治理结构、战略和行动，在不同历史阶段亦有不同的特点。

（一）萌芽阶段

英国社区生活有三个传统：一是非正式的团结自助，表现为类似家族之类的小规模社会合作团体成员之间相互的支持和帮助；二是正式团体的互相帮助，表现为缴纳会费成立的协会成员之间提供帮助和分享资源，如英国早期的手工会协会和友好社会协会；三是为不幸人群提供帮助和服务的慈善活动，19世纪英国募捐施舍和睦邻运动就是典型示例。这三个传统常与竞选运动、矫正教育、品格培养和施惠解困结合在一起，为后来发展形成社区治理理念、目标和组织策略奠定了一定思想基础。20世纪初期，国家开始意识到社区主导社会福利的作用和价值，政府引导的社区治理出现在英国本土及其殖民地。20世纪30年代，英国工业革命和城市化基本完成，其后20多年里，社区官员引导城市化进程中搬迁到城市的居民，成立自治团体和策划帮扶项目推动居民“构建社区归属感”，实施激励集体热情和发挥集体力量的战略。这一阶段社区治理模式有如下特征：一是社区官员由政府社会服务部门雇佣，充当福利国家代理人，而不是社区居民的行动代表；二是睦邻友好是社区治理活动首要目标；三是通过建立志愿组织，社区被赋予保护在缺乏人情味的企业里工作的个体的责任，使其具有民主参与机会。可见，英国社区治理萌芽阶段，治理主体是政府，治理目标是解决城市化带来的社会融合问题并“构建社区归属感”，治理策略是建设志愿组织。

（二）成长阶段

20世纪60～70年代，自由、放纵和享乐主义腐蚀人们的责任感的同时，贫困也侵蚀着社区的健康，社区治理将自己定位为社会工作的预防性分支，强调个人发展和社会福利。在这一阶段，英国社区治理一方面运用教育战略促进个人发展，另一方面运用反贫困行动普及社会福利。教育战略实施对象既包括社区工作者，也包括社区居民，由内到外全面推行。针对社区工作者的职业教育活动，旨在提高社区工作人员的专业性。在这一历史阶段，社区工作者的工作涵盖如下范畴：帮助社区居民在可获得外部资源的协助下，决定、计划和采取行动满足自身需求；帮助社区服务更加有效和有用，让需要获得服务的人群更容易获取；切实推进以人为本的社会服务计划；预测持续变动的社会环境可能出现的新的社会需求，准备备选治理方案。在意识到贫困仍是英国一个显著社会问题之后，政府开始寻找一个更经济更有创意的反贫困行动方案，居民自助和居民参与被看作改善贫困状况的可能性。1969 年，英国政府开始实施社区发展项目，这一计划是英国政策迄今为止投资最多的行动目。项目公开声明，其目的是收集关于社会政策和社会服务带来的社会影响，以及鼓励变革和合作的相关信息。项目具有明确的调查倾向，强调社会行动是“一种创造更多有责任感的社区服务和鼓励居民自助的方法”。项目在 12 个处于社会剥夺状况即缺乏食物、衣物，住房条件差，缺乏教育、就业机会，社会服务和参与等综合不利状况的社区开展，社区人口 3000～15000 人。每个社区作为其中一个子项目，由专业社区工作者和调查研究者组成项目小组负责。社区发展项目重视研究，意味着项目小组需要向政府提交社区工作的本质、项目实施区域的社会、政治、经济状况的书面材料。但是，在项目执行过程中，项目小组成员在建构主义对国家经济体制分析理论启示下，在反对种族主义，性别平等，残疾人权益运动的影响下，开始拒绝实施社区发展项目最初的意图和计划，他们拓展只关注社区组织的视野，开始调查研究与不公平和去工业化等相关的较大的社会问题，如期望工作组织和生活社区连接依托；寻找团体合作的办法，从而能够共同影响政府提升决策质量。虽然政府于 1974 年放弃社会发展项目，但此前的社区发展项目已为其后的社区治理提供宝贵的经验教训：社区治理从教育导向模式转化为过程导向的非指导性模式，治理目标落脚于构建社区居民责任感；社区工作者和社区居民参与意识增强，在社区计划、教育和健康等领域居民参与政府决策程度提升；通过咨询、自信提升、集体意识培养、沟通交流等助人自助策略，增强社区居民利用社会福利的效率和效益。

（三）延展和内修阶段

20 世纪 80 年代开始，虽然英国经济快速发展，城乡一体化完成，但在撒切尔主义影响下，社会福利减少和社会组织萎缩，英国社区治理呈现出三种发展趋势：即退出协会和社区团体活动的现象逐渐普遍、管理主义的兴起、推崇由市场经济来解决社会问题。在政治权力的驱动下，社区治理服务领域和治理策略发生了很大改变。服务领域的改变表现为服务领域外展，除了传统社区青年工作、成人教育、社区计划、公共健康和社会工作促进个人发展和普及社会福利，另外三个方面的工作被提到重要位置：一是帮助社区居民为事关其利益的重要事宜采取行动，如寻找资源；二是培养社区居民的责任感；三是提升社区凝聚力。可见此阶段的治理目标定位于促进社区居民的参政意识和积极行动。为了落实这三个方面的工作，社区工作者积极开拓治理策略，主要呈现出五种潮流：第一，社区行动，旨在推动集体力量挑战现有社会经济结构和秩序，探索和解释造成人们所处状况的现实权力，期望通过这把双刃剑，培养居民的批判视角、新的权力来源和行动能力；第二，社区发展，强调自助、相互支持、构建整合的邻里关系、培养社区解决问题和自我呈现的能力、推动社区集体行动以引起政府决策者关注；第三，社会规划，全面系统进行战略规划满足社区的需要并解决社区的问题。社会规划过程包括，分析社会条件、社会政策和代理服务，设立目标和优先顺序，设计服务项目和动员资源，实施和监督服务质量和项目进展；第四，社区组织，促进社区之间或者福利组织进行合作，推动共同创新；第五，服务延展，将服务延伸至社区，让服务对象能够见到服务工作的负责人，旨在提升社区服务多元化和可获得性，成立和支持社区组织和安全网络，为社区居民提供更多的机会，参与民主提升政府决策质量。在此阶段，社区治理基本原则没有发生本质变化，治理目标定位于促进社区居民发展社区的参与意识和积极行动。此外，随着服务领域和治理策略改变，社区治理在管理主义影响下提到了战略高度，要求治理主体应该具备计划，组织、指挥、协调、控制的治理能力。

20 世纪 90 年代初，在公共经费短缺，当地政府活动缩减，持续增高的失业率和贫困率的社会大背景下，社区工作疲于应付，活动缩减，社区的治理重点转向社区照顾，以致理论界认为社区工作的概念和内涵可能要重新界定。20 世纪 90 年代中期，传统社区服务方式受到社区照顾之类的政府尝试性计划的限制，社区组织以往关注的社区发展领域也不断受到挑战，人们认为当下社区治理的当务之急不应该是推动民主，而是帮助企业，发展地方经济。直到 1997 年，政府政策和基金项目强调引导社区居民和社区服务，以解决“社会排外”问题和提高贫困社区的“生活质量”。在英格兰，一个被称作“社区复兴”的国家战略，将提升社区参与的政治活动和促进教育、住房、医疗等主要的社区服务供给的愿望结合在一起，威尔士、苏格兰和北爱尔兰也出现类似的战略规划。政府支持这一战略的信念是期望给贫穷等复杂和普遍社会问题寻找整合的、可持续的解决办法。为实现国家战略，政府较青睐促进社区参与度、提升社区领导力和发展融合伙伴关系的实务工作。这些工作需要社区治理操作者不仅富有影响魅力，还要勤勉敬业，既是领导者，也是创业者，不管社区治理领域如何拓展，他们也能影响利益相关者为实现共同的目标而努力。所以在此阶段，社区治理一直伴随着为社区服务组织成员及相关政府官员开展各种“能力构建”项目。这些项目旨在加强社区组织和社区团体治理能力的教育工作，建设和优化组织结构和制度体系以及提升工作人员的知识技能，帮助社区组织和团体有能力在制订服务计划、提供咨询服务、管理社区项目、合作社区企业的过程中实现既定目标。如英国12个部门联合开展的鼓励更好地为社区服务的创新项目“团结就是力量”，就是政府支持社区工作者学习进步，提升治理能力的范例。在此阶段社会大背景下，“能力构建”项目希望尽量与社区经济发展规划保持一致，20世纪70~80年代盛行的传统社区治理理念和方法因此也发生了很大改变：一是社区治理目标由促进政治参与的单一目标变革为促进政治参与和发展社区经济的双重目标；二是治理能力上升到战略高度，尤其是社区领导力和创业精神的培养。

（四）社区治理的持续发展

进入21世纪以来，英国政府将社区治理聚焦于全球化所带来的社会融合问题，恐怖主义引发的社区安全问题，陌生人社会的社区凝聚力问题，社区计划可持续发展等问题。基于历史经验，社区治理目标一是扶持社会组织，二是规范从业标准，内外兼修。从历史经验来看，社区治理从治理理念的确立到治理目标的明确、从治理战略的规划到治理策略的实施都离不开社会组织的参与。所以，从20世纪90年代末，英国政府就开始扶持发展非营利性和非政府的社会组织/社区项目，旨在通过这些组织提供社会照顾和促进经济发展等社会服务。新世纪三个社会组织/社区项目，在政府扶持下蓬勃发展，工作绩效显著。一是租房管理组织由居民、租户和承租人组成，在地方议会或住房协会帮助下，就住房日常维修、分配出租、租赁管理、清洁照料，收取租金等事务，制定和执行具有法律效力的管理协议。二是社区新政计划，是迄今最重要的地方发展计划之一，1998年作为社区复兴的国家发展战略推出，国家投入20亿英镑，实施10年，决策工作由包括了社会服务组织和社区代表的39个合作单位共同承担。计划核心目标是缩小社区的贫富差距，治理的效表现在两个方面：环境方面，包括犯罪率、住房和周围环境、社区公共设施；居民方面，包括教育、医疗和就业。三是成长保护项目，在英格兰首先启动，之后威尔士、苏格兰和北爱尔兰出现类似版本，强调通过社区治理提升幼儿照护，学前教育，健康和家庭支持，给每一个孩子在生命起点有一个最好的开始，2010年，成长保护项目国家监督报告显示，该项目在很多方面达到了最初的目标。然而，社会组织的运行，社会项目的实施，需要拥有治理能力的主体才能完成，所以20世纪90年代已经提到战略发展高度的“治理能力”的培养开始规范化和制度化，三个社会组织负责发展具备治理能力的社区领袖：社区发展基金会负责制定社区承诺和社区生活绩效指标；社区发展学习联盟负责确定社区治理胜任力，并依据胜任力制定和优化国家职业标准；社区交换委员会则专门制定帮助社区治理从业者熟悉工作领域，掌握所需方法、知识和技能的教育战略。这三个组织的工作均是基于科学研究的基础之上的，如社区交换委员会近年一直在调查承担社区发展的工作者的雇佣条件、面临困难，特别是与低劣管理、短期合同和培训可及性相关问题；社区发展基金会和大学建立长期合作关系，共同调查诸如社区治理方法、社区网络、社区社会资本和健康促进、犯罪减少、雇佣提升等“生活质量”结果指标之间的关系。目前，英国理论界和实务界认为社区治理能力应该包括全局视野、环境分析、创新思维、领导激励、制订计划、组织行动、动员资源、团结协作和监督评估等方面。

英国社区治理的百年历史，其助人自助的核心原则没有发生变化。从理论上讲，这一核心原则主要缘于西方社会工作的两大重要理论：一是强调人具有自我实现需要、自我选择自由和自主发展能力的人本主义理论；二是坚信个体、群体或社区能凭借赋权掌控环境，增进自我尊严感、福祉感及重要感，并在此基础上实现自身目标的赋权增能理论。与此同时，助人自助的治理原则对社区治理亦提出了基本要求，即助人主体需要具备助人能力，助人目的是让其能够自助。不过，在不同历史阶段具体实施过程中，社区及居民面临的问题不尽相同，其社区治理目标亦随事而制，因时而变。

二、美国社区治理概况

从20世纪初开始，美国社区发展一直围绕治理低收入社区的贫困及相关社会问题展开。为了解决这些问题，治理模式不断变革，从单一的市政建设走向全面的经济文化建设，从自上而下的政府管治走向利益相关者的共同治理，从关注社区环境走向关注社区居民。①

（一）自上而下的市政建设治理模式

19 世纪 90 年代至 20 世纪 20 年代是美国历史的进步时期，社会各方面普遍认为贫困、拥挤、犯罪、青少年问题等社会疾病均源于穷人居住的肮脏丑陋的贫民窟。于是，除了全面批判雇佣、教育和福利不公平等现代社会罪恶，提出社区治理的概念，并试图通过治理社区居住环境提高社会底层阶级的生活状况。20 世纪 30 年代，美国大萧条时期，富兰克林·罗斯福当选总统之后进行的社区建设新政等系列改革中得以实施，政府着手开发田纳西河流域，修建新城市，建造公租房，改造贫民窟等。尽管罗斯福的社区建设新政富有理想且用心良苦，但由于只依靠所谓专家来创造新世界，没有和劳工领袖、宗教组织、民族组织联手，更没有在决策过程中听取普通民众声音，治理模式自上而下，极不民主，在实践中妨碍了市政建设进程。比如，为迎合种族聚居区公租房邻域构成条例，内政部提出先拆毁贫民窟的民族，是允许进入公租房唯一民族，这一政策本质上的种族隔离，严重延误了新政社区治理计划实施。随后爆发的二次世界大战，极大地改变了美国城市地区。战争用品工厂吸引了非裔美国人和其他少数民族来到城市，城市人口拥挤问题再次出现。由于白人社区的种族歧视、房地产市场利益和联邦政府政策，数量不断飙升的黑人和其他族裔逐渐形成种族贫民窟，这些曾经令进步人士震惊的肮脏丑陋的贫民窟重新出现。芝加哥、底特律等大城市，黑人暴动也随之而来。但是，此时的政治家还只关注贫穷问题的表层原因，而忽视问题深层次的种族歧视的社会根源。1949 年住房法案开启了联邦政府的城市复兴项目和高速公路项目。美国权力阶层的官员、商人和公民领袖等，期望住房法案能一石二鸟，既能清除丑陋的贫民窟，又能给非裔美国人一个向上流动的机会。不过他们高估了住房法案的作用，住房法案事先没有征得要搬迁的民众的同意，并在拆毁房子之后，也没有给房子被拆毁的人人们安置一个新家。更为糟糕的是，20 世纪 50 年代市政部门专为种族贫民窟居民修建的公租房社区，实质上强化了种族隔离的传统。自上而下

① 基于 *Alexander von Hoffman* 撰写的 *The past, present, and future of community development in the United States*，出自 *Investing in what works for American's communities* 一书，该书为美国旧金山联邦储备银行和低收入投资基金合作项目，哈佛大学房屋研究合作中心 2012 年出版。

的市政建设模式在美国实施了五十余年，从这一模式应对社区贫穷和治理社区萎靡的目的来看，无疑是失败的，因为其在本质上就是简单粗暴地将低收入家庭从他们的家中赶到另外一个所谓的新社区。

（二）宣战贫穷治理模式

20 世纪 50 年代中期，坚信城市问题来自居民住房等市政规划的理论界和实务界人士再次陷入不安。日益富裕的美国人看到越来越多的社区变为低收入的少数民族聚居区，“贫穷”依旧根深蒂固，相关社会问题特别是青少年犯罪和黑帮团伙盛行。所以，社区发展者开始采取各种应对行动。1958 年，哥伦比亚大学社会工作部的教师雷乔德·克劳瓦德和劳艾乔治·奥林格在曼哈顿下东区启动治理青少年犯罪的青年动员行动，为青少年提供工作培训、精神健康咨询，教育项目。尽管青年动员行动是为低收入人群着想，但社区学校官员、社会福利工作者和其他专业人员并不欢迎，在双方的敌意中，很多工作无法开展。社区发展者意识到贫穷相关问题的解决，需要各种力量合作推进经济发展和文明进步，以及允许民众参与提高社区居住环境的规划，才能达到治理效果。20 世纪 60 年代初期，美国社区治理向贫穷全面宣战。1962 年，关注青少年犯罪的总统顾问委员会在纽约提出哈莱姆青年机会无限计划，肯尼迪总统同意实施美国反贫困实验方案。林顿·约翰逊总统上任之后，提出全面反击贫困的施政纲领；1964 年，国会通过经济机会法案，约翰逊总统指派萨金特·施赖弗负责实施该法案和后续项目，比如模范城市等完全社区行动计划，旨在铲除贫困根源。该计划采用补救教育、工作训练、健康和职业咨询、邻里关系促进等方法，期望将美国人从贫困中解救出来。其中有一个完全项目，从幼儿阶段开始的学前教育项目和儿童营养餐项目一直到青少年阶段的大学教育准备项目，为低收入家庭的孩子和家庭全程提供“健康、教育、营养、社交和其他服务”。20 世纪 60 年代早期的宣战贫困治理模式，全面完整的理念贯穿始终。但是，因为没有打破不同类型的社会服务之间的壁垒，消除政府中介组织的敌意，这一理念未能真正应用于实践。在政策决策者考虑对付贫困的最好办法之时，美国民众也开始为自己的利益行动起来。在马丁·路德金、罗勃特·布朗等民权运动领袖的带领下，反对教育、雇佣和住房种族不平等的民权运动遍布全国，焕发非裔美国人对美好生活的期望。民权斗争精神激发民众走向街头，阻止大规模城市复兴和高速公路建设项目。人们进行示威游行，反抗政府为了建设公租房和昂贵的别墅而拆毁他们的家。尽管这些运动不尽成功，但是让政策决策者开始意识到许多社会问题根源不是房屋道路建筑这些表面原因。政府反贫困实验提出全面系统治理方案的同时，草根民权运动呐喊治理城市病应有他们的参与。所以与市政建设治理模式不同，宣战贫穷治理模式在一定程度上唤醒民权意识。也正因为这个原因，社区行动组织、社区发展公司等非营利性组织在反对声中存活下来，并在之后的几十年里，逐渐发展壮大。

（三）第三方介入的商业经济治理模式

1964～1968 年，约翰逊总统的政府宣战贫困项目和社区治理方案，唤醒民权意识，猛烈刺激了大城市的少数族裔聚居区。任何一个事件，都会演变成一场暴动，愤怒的黑人和警察发生争斗，抢劫防火。1965 年夏，洛杉矶瓦茨地区发生斯巴拉克式暴动，34 人死亡，几百人受伤，4000 余人被逮捕；1966 年，芝加哥西区、克利夫兰市哈夫区等地接连发生暴动，特别是底特律市的暴动，持续四天，43 人死亡，超过 7200 人被捕。芝加哥、华盛顿等遍布全美的暴动，民众需要政治领袖的解释和解决问题。在底特律暴动之后，约翰逊总统建立全国民事骚乱咨询委员会，研究暴乱原因和对策。对于暴乱的原因，包括委员会在内的不少人认为贫民窟是社会动荡的源泉，少数族裔聚居区的条件状况推动了暴动的发生和恶化。所以，20 世纪 60 年代后期，美国政府继续加快步伐和加大力度治理城市贫民窟和少数族裔社区。这一时期，美国政府及其领袖认识到私人企业可以在城市危机治理中发挥核心作用。以罗伯特·弗朗西斯·肯尼迪为首的该理念支持者们开始转向大企业，提出“社区发展公司”概念，期望“让市场来做政府没有办法做的事”。肯尼迪 1966 年 11 月提出修订经济机会法案，修订内容为：在城市社区新增特别影响项目，为贝德福德—斯都维森重建公司之类的社区发展公司提供资金支持。当年 12 月，肯尼迪成为两家非盈利的社区发展组织，一家由当地领导组成，另一家由大企业高层管理者组成，这一创举得到不少大企业高管的支持。不久之后，该项目的主管陷入白人公司跨界管理的尴尬境地。尽管几年后该项目障碍重重，但社区发展公司还是得到法律的许可，出现了美国城市社区之中，并在一定的历史时期中承担着社区治理的重要任务。在 20 世纪 60 年代后期的社区治理之中，大企业帮助政府承担反贫困社会使命，成立和资助非营利机构和慈善项目，雇佣贫困人群，实施教育、住房、安全帮扶措施，政府也积极支持和推进大企业的社会责任，比如落实由私人企业运行的针对低收入人群的新住房法案等。在社区治理和民权运动的进程中，部分政策决策者和社区管理者坚信穷人和少数族裔应该搬到中上等收入人群社区，在其中找到工作和获得更好的教育。不过另一部分决策者和管理者却质疑民族融合的可行性，并建议更多的努力应该是促进穷人居住社区的发展。在双方理念博弈的过程中，出现种族融合居住和社区发展不应该是相互排斥的，而是可以兼容发展的思想火花。

（四）纵横联动的协同治理模式

20 世纪 60 年代种族暴动，仅仅是城市社区下滑的开端。随着城市犯罪率上升，黑帮、贩毒分子占据社区，城市人纷纷向郊区搬迁，城市人口大幅下滑，城市房地产行业衰败。此时一种向社区组织提供贷款和基金的国家机构的金融中介创立，推动社区治理形成新模式。在秉持社会使命和商业实践联合是振兴社区和提升民众生活可行有效的途径的信念推动下，各自作战的政府、企业、社区、金融、慈善等各类组织渐渐发展成为纵横联动的协同治理系统。如组建邻域房产服务，作为金融中介机构，旨在说服银行借贷给不易获得房贷的低收入人群。1970 年，联邦政府家庭贷款银行在尼克松总统支持下，将邻域房产服务理念和措施推广到全美。1978 年，政府成立美国邻里工作会，在其帮助下，60 家邻域房产服务贷款中介形成一个系统，遍布全美。与此同时，各种各样的非营利组织在城市和郊区的穷人居住社区出现，比如美籍墨西哥人成立的洛杉矶东部社区联盟、美籍非洲人成立的瓦茨劳动党行动委员会等，都在积极为提高贫困社区民众的居住条件和生活品质而努力。大企业也持续提供慈善基金浇灌社区草根经济，推动社区经济发展。伴随金融中介和慈善机构对非营利组织的支持，银行也开始向社区提供社会借贷基金，如河岸银行持续为工人社区居民和非营利组织提供贷款。20 世纪 80 年代是美国社会资金投资社区的兴盛时期，贫困社区的幼儿照护、教育培训、青年项目、住房改善等得到各种社会资金的支持。1994 年，国会成立社区发展财务机构基金，联合银行、信用机构和其他金属中介，通过各种各样的贷款项目，扩大社区金融投资，推动社区经济发展。其协同治理系统中，政府部门所起的作用甚大，联邦政府持续的投资成为社区治理不可或缺的资金来源。政府政策引导作用也很突出，如 1974 年政府了颁布住房和社区发展条例取代城市复兴项目、模范城市项目和其他社区治理街区基金支持的项目，通过儿童照护、老年餐、小企业或少数族裔企业贷款、住房改善、减少房产税、降低租金等治理贫困的办法，专注于扶持低收入家庭。特别值得一提的是低收入住房税收优惠证的创新之举，激励银行和公司投资建设公租房。迄今为止，该条例帮助了近两百五十万美国家庭。州政府也积极参与和支持国家的社区合作系统治理模式，1980 年，42 个州成立房贷中介，其中部分州政府大力支持社区金融和经济发展，为社区发展公司提供技术支持和咨询服务、为社区居民提供职业培训、改善社区儿童照护设施。不过，纵横联动的协同治理也不是一帆风顺的，如重新投资社区法案就花了将近 20 年的时间才得以落实。在纵横联动的协同治理模式的发展过程中，社区治理者逐渐认识到社区经济发展可以将社会使命和经济发展目标合二为一，但需要多方合作。20 世纪八、九十年代，城市经济复苏和城市文化多元发展，纽约、芝加哥、华盛顿、洛杉矶、迈阿密等城市人口开始上升。得益于纵横联动的协同治理模式的不断创新，社区为城市新移民提供新生活环境条件，如房产价值回升、城市犯罪率下降，同时非营利机构也蓬勃发展，为社区提供广泛的社会服务，低收入社区也渐渐成为人们愿意居住和投资之地。但是，纵横联动的协同治理模式在不断试验和犯错的发展过程中也陷入一些困境，如全面发展的目标过高导致社区治理实践中难以做到面面俱到，战略措施与实践脱节导致难以完成，社区治理目标不清晰导致发展者对社区的未来产生困惑，治理系统各方关系紧张导致利益冲突及合作障碍等。

21 世纪，美国的贫困问题已经发生很大的变化，城市社区由于中高收入人群的迁入，由此形成的高房价和生活成本致使低收入人群难以承担。受大萧条的影响，2010 年低于贫困线的人口比例是 1993 年以来最高的一年，达到全国人口的 15.1%；人口流动频繁使得贫困的地理范围扩大，从城市拓展到郊区，郊区软硬件的匮乏加剧社区治理的难度。为克服协同治理模式陷入的困境和应对新世纪出现的新问题，美国社区治理理念和具体策略发生了重大的改变，过去治理的重点是社区，现在社区治理的重点转变为人。这种改变源于实务界发现，以“社区”为重点的治理模式实质上是房地产开发，并不能真正解决社区的贫困问题，只是治理贫困的社会根源，没有解决个体原因。在米歇尔·赛拉顿的理论启发下，社区治理开始以“人”为本。赛拉顿是华盛顿大学社会工作专业教授，在多年的扶贫救困活动中，他发现个人财富增加，特别是个人拥有属于自己的房产，能够提升家庭的稳定性、幸福感、社会地位，敢于去计划未来和承担风险，愿意参与社区活动和公民事务，孩子能够健康成长。所以，以人为本的治理模式最重要的一个政策就是增加个人财富的个人发展账户，当个人在个人发展账户中储蓄大学学费或购买住房费用时，基金会或非政府组织直接向该账户中匹配转入同样的金额，该政策帮助到很多急需经济支持改变贫穷困境的个体。在个人发展账户的帮助下，不少低收入者拥有了自己的住房，并努力维持住房良好状况和参与社区事务。看到个人拥有资产之后的良好效应，政府认同这样的治理模式。比尔·克林顿总统和乔治·布什总统均宣称提升个人拥有住房数量是美国的最优先国策。在这样的政策环境中，住房贷款规定发生很大改变，更多的低收入家庭能够获得贷款。为了避免低收入者出现房贷问题，非营利组织不仅给首次购买住房的个人提供结构性固定比例贷款，还给他们提供房产管理培训，这些治理举措为低收入者的未来工作规划带来了希望。以人为本的治理模式中还有一个值得一提的重要措施，即提供资金扶持个人发展微小企业。在美国，穷人需要经济帮助的时候，很难得到亲戚朋友的援助，所以需要社会发展组织为个人提供小额启动资金、财务服务和技术帮助，这样的支持推动微小企业发展，同时也促进社区经济发展。以人为本的治理模式除了为个人提供经济援助，还积极推动教育和医疗的公平，治理贫困的结构性根源问题。在教育领域，典型案例是哈尔姆儿童特区项目，通过在该区域建立高质量的公立教会学校，给每个孩子和提供支持的成年人创造一个接受高等教育导向的同伴的环境。该项目还提供家长教育工作坊、学前教育、儿童健康饮食等活动，以及个体从出生到就业的教育帮助。在医疗领域，波士顿多切斯特地区开设的可德曼街区健康中心不仅为社区人群的身体健康、心理健康和社会适应良好提供医疗服务和社会支持，而且将健康的概念拓展至经济健康，和政府财务结算中心合作，在临床诊室为个人提供财务知识工作坊，帮助个人做到经济健康。总之，在21世纪初期，双管齐下的治理下，社区发展组织及其他非营利社会组织蓬勃发展，政府、银行和慈善资金的支持也与日俱增，社区的治理成效良好，但是，由于经济萧条对中低收入社区的影响如因失业还不起房贷摒弃住房，以及非营利组织管理问题、组织运营成本日渐高昂、社区治理项目误区等问题也给这一时期的社区治理带来困扰。

一个多世纪以来，美国的社区治理经历了市政建设模式、宣战贫穷模式、商业经济模式、协同治理模式及人本模式等，这些社区治理模式的演变原因、呈现形式和治理成效，源于其明确的社区治理愿景就是消除贫困。美国是一个商品经济社会，其社会文化鄙视贫困，过上富裕的中产生活是大多数民众的心愿。由于贫困不仅是一个尖锐的社会问题，同时是社会动荡的根源，消除贫困自然也是政府的愿望，由此政府、社会各界和民众之间具有共识基础。所以，尽管贫困问题的表现及根源在不同时期不尽相同，其社区治理一直都在为消除贫困作出努力，而且不断变革治理模式，以期实现其愿景。

第二节

我国社会转型时期社区治理及公共服务基本状况

一、我国社区治理发展历程

（一）基层社区建设的曲折经历

我国有关基层社区治理的思想见解，自古以来不绝于书，在实践层面亦多有建树，如保息六政、九惠之教、社仓乡约等均不同程度展现了我国古代基层社会救助制度化建设的经验积累。近代西学东渐的过程中，中外社区治理思想观念交流碰撞，呈现出不同的特点。我国著名社会学家吴文藻、费孝通等一代学者引入西方社会学和社区理论与方法，致力于与中国的社会实际相结合，促进了我国社区研究的发展。吴文藻先生认为社区研究就是“大家用同一区位的或文化的观点和方法，来分头进行各种不同地域的社区研究”①，主张把社会学理论及方法与文化人类学结合起来，探索一条与中国国情“最吻合”的社区研究之路。费孝通先生初期以乡村为研究对象，其后进一步扩展到小城镇研究。他提出“以全盘社区结构的格式作为研究对象，这对象不是概然性的，必须是具体的社区，因为联系着各种社会制度的是人们的生活，人们的生活有时空的坐落，这就是社区。每一社区有它一套社区结构，各种制度配合的方式。因之，现代社会学的一个趋势，就是社区研究，也称作社区分析”②，这些观点极具中国学术研究特点。在“社会学本土化”激励下，我国社区研究一度兴盛，众多学者进行的社区分析和调查研究在产生了重要影响，以至于被誉为形成了“社会学的中国学派”，并受到国际学术界的重视，其理论观点和

① 吴文藻．吴文藻自传［J］．晋阳学刊．1982.（6）
② 费孝通．乡土中国［M］．北京：人民出版社．2008

思想见解一直被众多研究者、实际工作者乃至政府官方文献所沿用。由于旧中国经济建设和社会发展长期处于落后状态，虽然学术界和实务界有一批开拓者在基层社区治理研究与实际操作领域进行探索，但基层社区建设历经艰辛而复杂的过程。20 世纪 50 年代初，新中国处于百废待兴状态，发展进程充满曲折。高度集中统一的计划经济管理体制形成，实行“统包统配”，计划经济指令性、统筹性、资源动员方式、组织形式等对社会政策起到了推动作用，不过大包大揽的集中统一管理导致诸多社会问题的累积。由于各种原因，社会科学理论研究领域遭受冲击，社会学等学科一度被迫中断，社区研究随之停滞不前，相应的，基层社区治理亦极少受到实质性关注。

1954 年，全国人大一届四次会议通过《城市街道办事处组织条例》和《城市居委会组织条例》，基层社会建设开始实行街居体制。条例阐明居民委员会是群众自治组织，不是政权组织，街道办事处是市或区政府的派出机关。1958 年以后，开始大力发展街道经济，地方政府部门将部分职能下放到街道，扩大街道以及居委会管理职能。“文革”期间，基层社会建设处于混乱停顿状态，曾经有过的所谓“向阳院”之类，亦不过体现的是街居体制行政性质进一步增强，居民群众自治则相应弱化。一段时期里，许多过去遗留的社会问题，主要依赖政府行政力量加以推动和解决。社会劳动力由政府统一调配和安置，实行以固定工为主体的用工制度，工资管理“一刀切”，职工福利保障和服务单位化、企业化，社会化管理程度低，导致严重的“过度就业”与“隐性失业”现象并存，严格的户籍管理将占劳动力总数 70% 以的农民固定在土地上，不能自由迁徙和自主择业。各种企事业单位则成为社会治理与整合的主要手段，承担着大量的社会职能，公共服务资源重复建设，基层社会管理事务的处置都以单位为基础并由地方政府部门主导。政府似乎成为万能保姆，代替社会承揽一切公共职责，将各种资源分配到每个单位，单位再具体包揽其成员的相关事务，而社会自我管理与自我发展能力则由此弱化，趋于低下。在此状况下，极少有人关注其居住地的发展问题，人们的归属感显然是更多的凝聚于“单位所有制”。很多人及其家庭居住的是其所在工作单位分配的住房，单位对于居民来说不仅是其职业场所，而且是其生活与福利的全面管理机构。单位往往包揽其成员的生老病死、吃穿住行，社会性劳动保险亦成为“单位保险”，员工的住房、医疗、养老、子女教育、子女就业以及供养直系亲属待遇等，多由单位负责承担，即所谓“单位办社会”，单位与社区高度重叠，即所谓单位社区化、社区单位化。然而，尽管单位无所不包、无所不能，很多人却对所在单位居住的地方却不会有真正关心，即使是诸如有人无视公益、破坏环境之类，似乎也只是由单位解决的事情，和居住者没有多大关系。在单位办社会的情况下，人们对居住地的想法不过是“单位宿舍”，自己并无财产权，其家庭居住在单位宿舍里不过是一个暂住的过客，当所在单位下一次分房之时就可能离开。当时人们对社区的认知是欠缺的，甚至是十分陌生。因而，除了作为人口聚居之地的理解外，在相当长一段时间里，并没有特定指向的诸如社区治理和公共服务等基本观念，当然社区建设实践经验积累也就多有欠缺。

（二）改革开放以来社区治理的持续推进

1978 年 12 月召开的党的十一届三中全会，重新确立实事求是思想路线，党的国家工作重点转移到以经济建设为中心的社会主义现代化建设上来。改革开放拉开大幕，我国社会经济体制结构发生了重大变化，社会主义市场经济体制逐步建立，极大地促进了我国社会主义制度的自我完善和发展，对我国经济社会发展的未来走势产生了极其深远的影响，经济建设从此走上了快速而持续发展的轨道，社会生活领域也发生了巨大而深刻的变化。在此转型过程中，现代企业制度要求企业成为独立核算实体，“单位所有制”则造成企业社会负担畸轻畸重，不利于企业公平竞争，单位所有制体制与市场经济的内在要求之间的矛盾越来越尖锐，以往由政府部门及单位大包大揽的制度与市场经济体制形成结构性矛盾，传统的社会管理体制和方法越来越不适应社会结构的变化，传统管理方式已无力承载社会纷繁事务的压力，管理社区事务和协调社区利益难度增大。不过，一方面市场竞争机制有效推动了经济发展，为社会创造了巨大的物质财富；另一方面市场机制却难以满足社会每一个成员的实际需求，更较难解决失业、贫困、社会分化、教育不平等问题，需要通过必要的政府干预方式去弥补市场、家庭和个人能力的缺陷，以期在社会公平方面有所作为，并进而解决各种社会问题。为适应现代企业制度的建立和社会主义市场经济发展，政府管理服务职能逐步转变，政府和企业逐渐将先前全盘包揽的社会职责卸了下来，促使“单位人”开始向“社会人”过渡。为重点解决体制转轨遗留的社会问题，迫切需要进行社会职责的重构与划分。由此，社区研究又重新成为我国学术界和实务界的一个热门话题，并进一步影响到了政府决策乃至整个社会生活的各个方面。

改革开放以来，我国广大居民群众生活形态最大的变化，是从单位制到社区制的转型，以及社会治理的重心逐渐向基层社区下移，这种变化已经非常显著地体现于人们的日常生活当中。20 世纪 80 年代后，随着改革开放的推进，“单位所有制”逐步趋向解体，人们的生活状况随之出现重要的改变，社区逐渐与每一个社会成员的生活息息相关。与过去“单位宿舍”居住地的情况颇不相同，居民与所在的社区关系越来越密切，社会成员以社区为中心的日常生活格局亦由此逐渐形成。居民在社区的住房是各自的私产，社区居民之间为应付共同的生活问题而存在共同的利益并相互交往，逐渐形成诸如业主委员会等组织形态并具有其主体意识。社区内公共事务的解决往往需要通过居民民主议事共同解决，要求居民必须学会与陌生人共同生活。社区作为众多社会成员的生活共同体，不可避免地会面临各种社会问题，需要通过强化社区治理和公共服务加以解决。

1986 年，国家民政部正式提出开展社区服务，并使之成为政府重要的行政职能。尽管在社区服务起步阶段，政府部门从小事到大事、从公事到私事仍然较多地直接参与社区管理，但社区服务一经启动就显示出极强的生命力。1989 年全国人大通过《城市居民委员会组织法》，社区服务提上了法治高度。1991 年，民政部召开全国性社区服务工作会议，就政府职能转变和单位制解体后社区居委会承接公共服务事项，社区服务出现偏离福利性服务，社区服务的组织管理等问题进行深入探讨。1993 年，民政部、国家计委等 14 个部委发布《关于加快发展社区服务业的意见》，要求针对广大居民对社区服务的质量、内容、形式等提出的差异化需求推动社区服务业的发展，经营性的商业服务、通过市场运作提供社区服务等应运而生。与社会主义市场经济体制相适应，社区居民、驻区单位、政府部门以及民间组织等共同参与社区建设，促进社区管理主体从政府一元向着政府、市场、社会等多元参与社区服务的方向转变。2011 年，《民政事业发展第十二个五年规划》提出政府转移职能，向社会团体、社区组织开放更多的公共资源。2012 年，民政部、财政部制定的《关于政府购买社会服务工作服务的指导意见》《中央财政支持社会组织参与社会服务项目资金管理办法实施细则》等文件出台，对政府购买公共服务的申报、审批、监督、施行等进行规范，加速政府购买公共服务全面实施，各地亦纳入政府常态化工作。2016 年，中办、国办印发《关于改革社会组织管理制度促进社会组织有序健康发展的意见》，专门提出大力培育发展社区社会组织，民政部等十余部门联合印发《城乡社区服务体系建设规划（2016～2020年）》，提出我国“十三五”时期社区社会组织的发展目标。2017年，中办、国办《关于加强和完善城乡社区治理的意见》推出系列扶持政策，促进社区社会组织快速发展。所有这些旨在提高社区公共服务质量的重大举措，既惠及社会民生，也是“服务型政府”的重要组成部分。①

随着我国社会转型发展的深化以及政府职能的转变，基层社区在提供公共服务，满足社区居民的多元化需求，实现社区治理与居民自治良性互动，推动和谐社区建设等方面的实效日益凸显，以社区为平台、社会组织为载体、社会工作专业人才为支撑的“三社联动”社区服务机制逐渐成形。② 尤其是在发挥社区社会组织作用方面开始有了实质性进展，社会各界对于专业社会工作介入社区治理以及专业社区工作者能力建设问题的重要性，已有了较深认识并予以高度重视，在此过程中，社区社会组织逐步形成了多样化的组织形式。政府对社区社会组织的培育和扶持力度亦不断加大，各地采取社区社会组织服务中心、促进会等多种创新形式进行孵化培育，协助政府以项目制等形式购买社会组织服务，为社会组织生存与发展提供支撑性平台。各种以服务社区居民为宗旨，不以营利为目的，具有正规性、独立性、公众利益性、利润非分配性、志愿性、民间性、自治性等特征并享有合法免税资格的社区社会组织通过其专业项目运作，为社区治理和公共服务功能开拓、提供充分就业和保持社会稳定注入了活力，随着其专业化、职业化能力建设及影响力、公信力的提升，所带动的社区居民参与度和所获得社会支持度亦不断扩大。

（三）“共建、共治、共享”的社区治理大局观

中国共产党始终坚持中国特色社会主义发展信念，为加强和创新社会治理指明方向。党中央有关促进社会建设高质量发展的决策部署目标明确，不断强化基层组织建设，完善社会事业投入机制，加大对社会事业的支持力度。党的十六大提出全面建设小康社会目标，推进以人为本的社会治理理念的贯彻落实。党的十七大提出“加快推进以改善民生为重点的社会建设”，社会建设被

① 迟福林，张飞．推进政府购买公共服务：“十三五”政府职能转变的重点［J］．社会治理，2016（2）

② 城乡社区服务体系建设规划（2016～2020），2016年12月

放在极为重要的地位。与经济、文化等建设比较，社会建设与促进公正、构建和谐社会、关注民生具有密不可分的关系，直接与社会中人们的实际生活紧密联系，其核心含义是采取各种社会性行动，满足社会成员的基本需求、解决社会问题、保持社会稳定和提高社会生活质量。党的十八大提出“五位一体”建设目标，社会建设重在社会管理创新，要求“必须从维护最广大人民根本利益的高度，加快健全基本公共服务体系，加强和创新社会管理，推动社会主义和谐社会建设”。党的十八届三中全会第一次将“推进国家治理体系和治理能力现代化”写进全面深化改革的总目标。党和国家在政策层面制定的我国社会建设领域的各项方针政策导向，更加注重社会管理向社会治理的转型。习近平总书记指出：“治理和管理一字之差，体现的是系统治理、依法治理、源头治理、综合施策”。传统社会管理一般被认为主要体现政府职能，治理除了政府之外，更强调社会整体力量，不仅仅局限于政府，也包括多元角色的互动。从目标上来看，社会治理是由传统的“善政”向“善治”转变，“善政”要求政府公务员清正廉洁，法度严明，追求行政效率。而“善治”的含义更为广泛而深远，旨在实现公共利益最大化，形成国家与社会的良性互动关系。从主体上来看，社会治理重视多元主体的功能发挥鼓励和支持各方面的参与，重建社会信任，以此增强社会自我管理能力。社会治理强调从全能政府到有限政府的转变，政府和社会组织共同为社会成员提供其所需要的公共服务，而社会组织则必须健全规范并逐步发展壮大，以具备承接政府下移的职能的能力，通过双向的互动，承担或分担各自的责任，共同管理社会公共事务，化解社会矛盾，协调社会关系，达到社会运行安定有序的目的。

党的十九大报告明确指出，我国社会主要矛盾已经由“人民日益增长的物质文化需要同落后的社会生产之间的矛盾”转化为“人民日益增长的美好生活需要和不平衡不充分的发展之间的矛盾”，在加强和创新社会治理领域，提出建立共建共治共享的社会治理格局，在国家十三五规划表述“共建、共享”基础上，增加了“共治”，体现了以人为本，执政为民的核心思想。习近平总书记进一步明确指出，社会治理核心在人，重点在城乡社区，关键是体制机制创新。构筑基于“共建、共治、共享”理念的社区治理格局，昭示我国社区治理模式正在发生深刻变化，这是党和国家在新时期中国特色社会主义建设发展进程中，为适应新情况，解决新问题，追求卓越发展成就而做出的观念创新和顶层设计。社会建设基本内涵是在社会领域建立和完善合理配置各种社会资源的机制，对此必须逐渐调整、理顺并协调政府组织、市场组织和社会组织三大社会部门的关系，进一步简政放权，保证以改善民生为切入点的社会公益目标的实现。社区治理体系建设是一项涉及面广泛而内容丰富的系统工程，实施过程必须统筹规划，有序推进，具体的体现就是必须落实到社区多方主体的共同参与和合作这个最基础的层面，必须充分发挥社会各方面力量的协同作用，有效提高社区治理的社会化水平，形成和谐稳定的社区发展环境，“共建、共治、共享”理念才能真正落到实处。

二、一个区域的特点与经验介绍：我国澳门特别行政区的社区治理

我国澳门特别行政区有着特殊的历史经历、特别的经济发展和特制的政治模式，其社区治理模式及实施方式亦极具特点。澳门是一个由不同文化背景、不同宗教信仰、不同生活习惯的人群形成大大小小社区构建的多元社会结构，各社区的生活需求、利益关系、群体矛盾、阶层结构和运行逻辑千差万别。回归后，澳门的社区治理和公共服务历经发展，而无论是游人如织的赌场区，还是老旧狭窄的楼群街区，大都清洁整齐、井然有序，政府、社区组织和居民组成的治理主体权责分明，通过社会工作路径提供社会服务和体现社会福利，通过咨询协商路径鼓励助人自助和保障公平正义，在解决社区问题、改善社区环境、提高社区生活质量、增强居民社区归属感等方面积累了颇具区域特点的经验。

（一）澳门回归前后的社区状况

1. 葡治时代的社区。400 多年前，澳门只是一个小渔村，当地居民以捕鱼为生，因为明朝政府的“准侨寓濠镜”政策，葡萄牙人非武力占领澳门。葡萄牙人在澳门开埠之后，在保留原民居住区基本构成的基础上，建造城堡和要塞，并且修建医院、学校、教堂、塔楼、监狱、住房等各类建筑物以及道路，为如今澳门城市社区物理空间的形成奠定了基础。城市布局主要采用葡萄牙传统模式一村街模式。村街中的村是由人们根据自己的职业类型、宗教信仰、生活习惯聚居形成；村街中的街就是指城市中的直街，是澳门城市街道的基本框架。街道、街区和聚居人群，构成了澳门最初的社区。葡萄牙人统治时期，澳

门原住民社区主要从事葡萄牙人贸易产业衍生的手工业和服务业，其宗教信仰与葡萄牙人不尽相同。葡治时代早期，根据人种、职业、信仰、文化进行划分，澳门社区可分为三大类：葡萄牙人社区主要在内城区域；华人社区主要在周边乡村；葡华混合社区主要在内港一带。第一次鸦片战争之后，华洋杂居现象愈来愈多，葡华混合社区成为澳门社区的主要形式，社区格局非常复杂。

2. 澳门回归后的社区。1999 年 12 月，澳门回归祖国，其后社区在保留葡治时期的基本格局的基础上逐渐发展。目前，澳门是以葡治时期以“村”的形式发展而来的“堂区”，作为类似于大陆的行政区划单位，每个堂区以区域代表性教堂命名。堂区只是地域上的区划，没有正式的行政机构设置。澳门现有七个堂区，澳门半岛内有花地玛堂区、圣安多尼堂区、望德堂区、风顺堂区和大堂区五个堂区，两个离岛，氹仔是嘉模堂区，路环是圣方济各堂区。此外在氹仔和路环之间的填海地区是不属于其他堂区的路氹新城。堂区内的社区按照街区进行划分，葡萄牙人撤离后，社区逐渐恢复华人传统文化特色。社区是澳门社会的基本单元，在澳门政府、社会组织和社区居民的共同治理下，澳门社区的文化维系力和内部归属感大大增强，呈现和谐稳定的发展态势。

（二）澳门社区治理主体

1. 特区政府。特区政府在澳门社区治理承担责任主体，具体表现为：一是制定相关法规。政府在调查研究基础上提出社区治理政策意见，征询民众意见之后形成或修订法规，引导扶持社区组织发展和监督规范社区组织行为。二是资源支持保障。特区政府通过人员培训、提供信息形式为社区治理提供技术支援；通过支持民间社会服务机构运营资金等提供财政资助；通过委托服务方式，提供服务场所、设施等相关物质条件给社会组织使用。三是动员指导协调。特区政府通过社会工作局等相关机构，积极动员社区居民参与社区治理，按照规划指导实施社区治理工作，沟通协调社区治理相关单位合作开展社区治理。然而，澳门社区治理结构却出现一种趋势，特区政府行政力量过于弱化，社会力量有限介入，社区治理出现缺乏权威引导又无力自治的结构性困境之中。出现这种困境是由于澳葡时代直接面对社区居民的“二级政权”（市政议会和市政厅）在回归之后，转变为需要民政总署中介的“三级政权”，所以经常出现民政总署与其他政府部门之间职权不清，社区事务要么政出多门，要么无人问津的现象。对于这个问题，特区政府目前正在实施在社区居民和政府部门之间重新塑造以议员为主体的“类行政力量”，通过这种力量，让政府和居民之间的沟通交流更加通畅，社区问题的解决能够得到政府各个部门的支持。如：目前澳门街坊总会副会长，同时也是澳门立法会议员，双重身份参与社区治理，提升了社区治理的实际效果。

2. 社区居民。一般情况下，社区居民是社区治理的客体，但是澳门社区治理中社区居民是基本主体，他们参与社区治理的积极性和主动性直接影响社区治理的成效。社区居民通常通过参加公益活动、关心公共事务、参与社区决策、监督社区建设，甚至投诉社区问题和协商解决措施等形式参与社区治理。社区居民从治理客体向治理主体的转变，社区问题得以自我化解，减轻了政府负担，更重要的是为社区稳定向前发展创造了和谐环境。但是澳门回归之后，社会建设跟不上经济发展速度，导致贫富差距大、住房问题多、法制建设拖、城市精神颓等问题出现。与此同时，澳门居民个人意识觉醒，自我保护行为趋多，主动参与精神和社会责任意识逐渐淡漠，参与社区治理的意愿减弱。目前，澳门社区经常出现管理权纠纷不断，社区公共空间无人管理等问题。为了走出困境，澳门目前提出“小政府、大社区”的理念，给民间社会的发展提供制度空间，推动公民意识培养和公民社会重塑工作，期望激发社区居民社会建设的主动参与和责任意识。

3. 社区组织。截至 2014 年，澳门社区组织总数达到 251 个，多为以社区地域为活动范围，社区居民自主成立并作为成员，以满足社区居民需求为目的的非政府非营利组织。这些社区组织遍及社区，是社会团体的一种表现形式，而社会团体本质上还是一个利益代表体系，能够将社团成员利益以组织化的形式联合到决策结构中去，社区组织居民借助社区组织平台参与社区管理，以及主张和争取社区权益。由于社区组织能直接了解居民的迫切需要，作为社区居民和政府之间的桥梁及居民的代言人，在维持社区安定、化解社区矛盾、协调居民利益、推进社区建设、满足居民需求等方面发挥了重要的作用。目前澳门社区组织大致可以分为三大类：第一类是服务类，主要为社区居民提供社会服务，重点提供长者服务、幼儿及青少年服务以及社区及家庭服务。第二类是权益类，主要为社区居民维护合法权益，如大厦工作委员会，重点维护大厦居民物业方面的利益。第三类是活动类，主要为社区居民提供文体娱乐活动，如舞蹈协会、文艺协会、书画协会、粤曲剧社等。其中最有代表性的社区组织是

1983 年成立的澳门街坊会联合总会组织[①]。澳门街坊会目前由三个分区办事处、28 个基层坊会、30 多个服务机构、50 多个大厦业主会联系会员和社区组织构成，会员超过 40000 人，义工 2000 人，宗旨是“坚持爱国爱澳、拥护一国两制、团结街坊、参与社会、关注民生、服务社群、共建和谐社区、促进社区发展”。澳门街坊会联合总会下属社区组织参与社会事务，解决社会民生问题，努力为居民办实事、谋福利。总会成立 33 年来，开办 2 所学校，3 所幼儿园，30 多个不同类型服务中心，6 间学生自修室和 3 间诊疗所，为社区家庭、长者、幼儿、青少年等不同群体开展多元化服务。仅 2016 年提供服务超 24 万人次，跟进个案近 7000 个。其推进社区建设的典型案例，有协助处理同安街华强大厦受损事件、持续跟进黑沙环水质污染问题、积极推动筷子基坊会重整宏开、宏建休息区等；多元社区服务案例，有新口岸社区中心每月举办“非凡家长学堂”，长者关怀服务网络办事处开展“三心”（耐心、关心和同理心）、“二意”（留意和诚意）陪伴的生命教育活动等。

（三）澳门社区治理的社工发展及咨询协商路径

澳门社会工作发展历史并不长，但通过社会工作提供有效的社会服务实现社会治理目标则颇有成效。1980 年澳门政府将负责慈善工作的社会救济处改组为社会工作司，其真正意义的社会工作才正式落地。如今，澳门社会工作体系结构由“三驾马车”构成，即行政长官负责制定社会工作政策和监督评估政策执行效果，多个政府部门代表、民间机构人员和社会服务领袖组成社会工作委员会为政策制定和执行评估提供意见，社会工作局负责执行社会工作政策、落实政府的施政目标。其服务领域包括：社会援助服务，通常以现金津贴的形式，对不符合社会保障基金申领资格的老弱病残人士进行援助，如老人福利金、贫穷援助金、全无工作能力援助金、失明人士援助金等；家庭助理服务，社工司在家庭助理服务方面每月投入 10 万余元，对有需要的个人或家庭提供协助，特别是为孤寡空巢老人家庭提供医疗服务、家务料理、陪伴、户外活动、洗澡和送膳服务；膳食供应方面，社工司向贫穷学生、贫困老人和其他有需要的人士提供廉价货免费的中午晚餐；援助灾民难民服务，对受台风、水灾等其他意外灾害而导致无家可归的人提供庇护、给予援助金；其他如托儿及

① 怀珍瑜，2016 年工作年报［R］，澳门：澳门街坊会联合总会，2017

老人服务、防止虐待妇孺服务、领养服务、法院支持服务、发展小区活动、解决行乞、吸毒、露宿街头问题等，所提供的多元化社会服务以及财政资助、设施援助等均几近完备的程度。

《澳门特别行政区基本法》第66条规定，“澳门特别行政区行政机构可以根据需要设立咨询组织”。目前，澳门几乎所有制定政策的政府部门都成立了相应的咨询机构，如文化咨询委员会、交通咨询委员会、公共房屋咨询委员会、环境咨询委员会等。澳门现有近50个咨询机构，大致可以分为五个层级：第一层级是行政会；第二层级是直属行政长官的咨询机构；第三层级是隶属于各司级政府部门的咨询机构；第四层级是政府自治部门中连同行政委员会运作的咨询机构；第五层级是分区社区服务咨询委员会。这些不同类型不同层级的咨询机构形成多功能多元化的咨询网络结构，通过会议、研究、调研、听证等活动，帮助政府机构的公共政策能够吸纳民意、反映民声，保障社区治理决策减少错误，政策措施更加科学化、社会化。社区座谈会是政府和社区居民面对面沟通协商的重要平台，通常一月一次，在不同的社区举行，座谈会的时间地点媒体以公告形式向居民发布，讨论议题为社区建设和社区服务等居民关心的问题，邀请议题相关的政府部门官员参加，以现场办公形式解释政策，解答疑问，收集意见，可能的话解决问题。咨询委员会和社区座谈会为特区政府、社区居民和社区组织三方在承认各自利益的基础上通过咨询协商，实现最优的社区治理绩效。

从澳门历史变迁和现状看，特区之“特”不只表现在其特制的政治形式和特别的经济模式上，亦表现在其特殊的社会文化背景下的社区治理模式。澳门社区治理路径多头并进，政府、社区组织和居民等治理主体各司其职、各尽其事，展现出为澳门社区居民构建和谐社区和美好家园的多元化特征突出的治理路径。

第三章

我国社区治理体系和公共服务能力实证分析

第一节

调研方法和样本总体特征

一、调查实施情况

本课题组旨在通过调查研究，了解社区治理和公共服务体系覆盖面情况，观察分析各个相关社会组织和群体的社区归属感与角色期望值、参与渠道与融入程度，以及对社会福利、物质文化生活服务条件、社区工作者能力素质等方面的实际感受和评价尺度，剖析不同类型社区治理结构和综合服务能力的典型案例，并对相关政策法规、公共投入、服务体系、运行状况等进行逐一评估。同时，通过实证调研分析社区服务管理及能力建设存在的问题及其原因，梳理和厘清各级政府管理部门、社区机构、属地单位、各类居民群体以及相关市场之间的利益博弈关系，对由于缺乏协调机制而导致的社会角色错位、越位和缺位现象，特别是对社区治理结构长期难以理顺、地方政府机构的职能重叠、管理界限模糊，服务意识淡薄，社会组织和社区居民参与度不高、专兼职社区工作者以及各类志愿者队伍素质不高能力不足等突出问题进行客观的深度分析，诊断我国社区服务管理及能力建设问题症结所在，探究形成原因及其对社区治理结构调整和社会管理创新要求的影响。本课题组的调研目的，在于为我国社区自治机制和服务能力建设提出实施对策，提出基于我国国情和社情民意的社区治理转轨方向、实现政府主导型多元协作、社区建设和能力优化的基本思路。为保证实证调研的有效性，调查实施前对课题组成员和访问员进行了培训，并进行了小范围的预试，符合要求后才全面开展调研查工作。

本课题组共组织76名访问员，采用分层随机抽样方法，抽取了全国东南西北四个区域的社区工作人员300名和社区居民1100名作为调查对象，于2017年7月~9月分赴各地城镇社区和农村社区，围绕“社区治理与公共服务”主题展开调查。与此同时，本课题组成员以及访问员在各地城乡社区进行了为期3个月的实地考察，在征得被访者同意的前提下对部分被调查者进行了结构性访谈。访谈内容主要从四个方面展开：一是工作所在社区有哪些特色的公共服务内容；二是工作所在社区主要有哪些特殊的公共服务方式；三是工作所在社区在社会治理方面有何创新；四是工作所在社区在社会治理和公共服务方面主要面临哪些困难等，以掌握基层社区治理与公共服务建设现状、问题和运行等实际情况。

本次问卷调查考虑到了从全国范围内选取样本，其中东部地区以安徽省、浙江省、江苏省为主，中部地区以湖北省、湖南省、江西省为主，北方主要以河北省、河南省为主，华南地区主要以广东省、广西壮族自治区为主，西南地区主要集中于重庆市、四川省、云南省。共调查社区211个，其中城市社区123个，农村社区40个，集镇社区48个。

本次调查共发放问卷1400份。其中，针对社区居民发放问卷1100份，有效回收976份，回收率88.7%，调查内容主要是了解社区治理与公共服务情况：一是被调查者的基本情况；二是社区居民归属感与社区参与；三是居民对社区公共服务的需求及满意度。针对社区工作人员以概率抽样的方式发放问卷300份，有效回收211份，回收率70.3%，社区工作人员问卷主要侧重了解社区治理与公共服务情况：一是被调查者的基本情况；二是社区基本情况；三是居民对社区公共服务的供给及问题等。

二、样本结构及质量分析

（一）社区工作人员样本结构

1. 样本区域结构。抽样考虑到地区差异和经济水平，调查范围涵盖全国14个省区市，东部沿海地区3个省（浙江、广东、江苏）28个社区、北部地区2个（河北、河南）16个社区，中部地区4个（湖北、湖南、江西和安徽）32个社区、西南地区4个（重庆、四川、贵州和云南）134个社区，另外还有广西1个社区。样本区域结构有较好的代表性见表3－1。

表3－1　　社区工作人员样本结构

			次数	百分比	有效的百分比	累积百分比
省市	东部沿海地区	江苏	5	2.4	2.4	35.1
		广东	11	5.2	5.2	15.2
		浙江	12	5.7	5.7	65.4
	北部地区	河北	6	2.8	2.8	25.1
		河南	10	4.7	4.7	29.9
	中部地区	湖北	4	1.9	1.9	31.8
		湖南	2	0.9	0.9	32.7
		安徽	21	10.0	10.0	10.0
		江西	5	2.4	2.4	37.4
	西南地区	贵州	14	6.6	6.6	22.3
		四川	32	15.2	15.2	52.6
		云南	15	7.1	7.1	59.7
		重庆	73	34.6	34.6	100.0
		广西	1	0.5	0.5	15.6
	总计		211	100.0	100.0	
性别	男		90	42.7	42.7	42.7
	女		121	57.3	57.3	100.0
	总计		211	100.0	100.0	
年龄	18～34岁		64	30.3	30.3	30.3
	35～49岁		116	55.0	55.0	85.3
	50～64岁		29	13.7	13.7	99.1
	65岁及以上		2	0.9	0.9	100.0
	总计		211	100.0	100.0	
受教育程度	初中及以下		9	4.3	4.3	4.3
	高中/中专		60	28.4	28.6	32.9
	大专		83	39.3	39.5	72.4
	本科及以上		58	27.5	27.6	100.0
	总计		210	99.5	100.0	

续表

		次数	百分比	有效的百分比	累积百分比
社区性质	城市	123	58.3	58.3	58.3
	农村	40	19.0	19.0	77.3
	集镇	48	22.7	22.7	100.0
	总计	211	100.0	100.0	

2. 样本性别结构。课题组抽样调查了 90 名男性社区工作人员，占比 42.7%，女性社区工作人员 121 名，占比 57.3%，样本性别结构均衡，基本符合社区工作人员从业情况。

3. 样本年龄结构。年龄在 35 岁以下的社区工作人员被调查者有 64 名，占比 30.3%，样本年龄结构主要分布在 35～49 岁，占比 55%，50 岁及以上的被调查者 31 名，占比 14.6%。样本年龄结构合理，较好代表了社区工作人员的总体结构。

4. 教育程度结构。教育水平大专及以上的社区工作人员被调查者占比 67.1%，28.6% 为高中、中专，初中及以下仅有 4.3%，样本教育程度结构合理，有较好的代表性。

5. 社区性质结构。本课题组抽样调查 123 个城市社区和 48 个集镇社区，还有农村社区 40 个，分别占比 58.3%、22.7% 和 19%，城镇社区样本占比稍高，基本反映社区总体分布，且符合本课题的研究目的。

（二）社区居民的样本结构

1. 样本区域结构。调查范围涉及 16 个省、自治区、直辖市，主要集中在东部沿海地区、中部、西南地区，由于实际情况所限仅对西北地区的新疆做了极少的抽样（具体情况见表 3－2）。

北方主要调查了河北、河南两省，共计 71 份问卷；东部沿海地区主要对福建、浙江、江苏和广东四省 54 位居民做了调查；西南地区主要调查了重庆、四川、云南、贵州等四省共 491 份，占比 66.6%；中部地区则主要调查了湖南、湖北、安徽和江西 4 个省共计 188 份问卷，另外还调查了广西和新疆做了较少的抽样。样本地区覆盖面较广，基本反映了我国的地区差异。

表 3-2　　社区居民样本区域结构

			次数	百分比	有效的百分比	累积百分比
省市	东部沿海地区	福建	1	0.1	0.1	11.7
		广东	7	0.7	0.7	12.4
		浙江	33	3.4	3.4	56.6
		江苏	13	1.3	1.3	32.6
	北部地区	河北	13	1.3	1.3	22.3
		河南	58	5.9	5.9	28.3
	中部地区	湖北	27	2.8	2.8	31.0
		湖南	2	0.2	0.2	31.2
		安徽	114	11.6	11.6	11.6
		江西	45	4.6	4.6	37.1
	西南地区	重庆	425	43.4	43.4	100.0
		四川	131	13.4	13.4	50.5
		贵州	72	7.3	7.3	21.0
		云南	25	2.6	2.6	53.3
		广西	12	1.2	1.2	13.7
		新疆	2	0.2	0.2	50.7
	总计		980	100.0	100.0	

2. 样本性别结构。社区居民男性样本 439 份，占比 45%，女性 537 份，占比 55%，样本性别结构较为均衡，较好满足研究需要（见表 3-3）。

3. 样本年龄结构。居民被调查者平均年龄 36.1 岁，其中 45 岁以下的社区居民被调查者占比 76.8%，46～59 岁的被调查者占比 16.8%，60 岁以上的占比 6.4%。结构合理，较好满足抽样要求（见表 3-3）。

4. 职业结构。社区居民被调查者职业大多是学生、自由职业者、企业工作人员、党政机关、事业单位工作人员等，各占 23.8%、21%、18.1%、13.7%，抽样覆盖面较广（见表 3-3）。

表 3－3　　社区居民样本结构

		次数	百分比	有效的百分比	累积百分比
性别	男	439	44.8	45.0	45.0
	女	537	54.8	55.0	100.0
	总计	976	99.6	100.0	
缺失值		4	0.4		
总计		980	100.0		
年龄	25 岁及以下	291	29.7	29.8	29.8
	26～35 岁	188	19.2	19.2	49.0
	36～45 岁	272	27.8	27.8	76.8
	46～59 岁	164	16.7	16.8	93.6
	60 岁及以上	63	6.4	6.4	100.0
	总计	978	99.8	100.0	
缺失值	系统	2	0.2		
总计		980	100.0		
受教育程度	初中以下	255	26.0	26.5	26.5
	高中/中专	253	25.8	26.3	52.8
	大专	149	15.2	15.5	68.2
	大学以上	306	31.2	31.8	100.0
	总计	963	98.3	100.0	
	总计	17	1.7		
总计		980	100.0		
职业	党政机关、事业单位工作人员	134	13.7	13.7	13.7
	企业工作人员	176	18.0	18.1	31.8
	学生	232	23.7	23.8	55.6
	自由职业者	205	20.9	21.0	76.6
	离退休人员	59	6.0	6.1	82.7
	进城务工经商人员	91	9.3	9.3	92.0
	其他	78	8.0	8.0	100.0
	总计	975	99.5	100.0	
缺失值		5	0.5		
总计		980	100.0		

5. 教育程度结构。社区居民被调查者有31.8%受教育水平分布在大学及以上，26.5%分布在初中及以下，相比较而言居民受教育程度比较低，符合整体情况（见表3-3）。

居民样本中已婚占比61.1%，居住在小区的平均时长为12.6年，家庭住房状态有56.6%的被调查者是自购，居民所在社区为城镇社区占比49.8%，农村社区居民50.2%。调查问卷样本结构均衡，基本符合整体情况，代表性较好。

此外，本课题组还对部分社区工作人员进行了结构性访谈，访谈内容主要从工作所在社区有哪些特色的公共服务内容；工作所在社区有哪些特殊的公共服务方式；工作所在社区在社会治理方面有哪些创新；工作所在社区在社会治理和公共服务方面面临的困难主要有哪些等。访谈结果进行了量化统计处理。

本次调查数据处理工具是社会科学统计软件包Spss22.0。

（三）问卷质量分析

为了保证调研内容有效性，本次调研对问卷内容做了较好的设计，内容主要是了解社区治理与公共服务情况：一是被调查者的基本情况；二是社区居民归属感与社区参与；三是居民对社区公共服务的需求及满意度。另外，针对以概率抽样的方式发放社区工作人员问卷侧重了解社区治理与公共服务情况：一是被调查者的基本情况；二是社区基本情况；三是居民对社区公共服务的供给及问题。同时对问卷部分内容进行了信度分析，具体情况如下：

社区归属感的问题包含9个问题：201. 你与周围邻居关系如何；202. 你对社区公约熟悉程度；203. 你对所在社区的喜爱程度；204. 你对社区居委会的信任程度；205. 你对业主委员会的信任程度；206. 你对小区居民的信任程度；207. 你与邻居相互帮忙情况；208. 你对在社区发生事情的兴趣度；209. 你参与社区活动的情况。

表3-4　　可靠性统计

类别	克隆巴赫系数	基于标准化项目的克隆巴赫系数	项数
社区归属感	0.867	0.870	9
社区服务满意度	0.995	0.995	60

从表3-4可以看出，反映社区归属感的9个题目的内部一致性信度系数，

即克隆巴赫系数为0.867，社区服务满意度的60个测题的内部一致性系数为0.995，信度甚佳。

由表3-5可知，校正后项目与总分相关性介于0.539~0.674，相关系数均高于0.400，达到中等程度相关，项目删除后的克隆巴赫系数值没有高于0.867，表明反映社区归属感的9个题目一致性信度很好。

表3-5 项目总计统计

	删除项目后的标度平均值	删除项目后的标度方差	校正后项目与总分相关性	平方多重相关	项目删除后的克隆巴赫系数
你与周围邻居关系如何	21.37	28.003	0.601	0.479	0.853
你对社区公约熟悉程度	21.16	25.746	0.674	0.495	0.846
你对所在社区的喜爱程度	21.46	28.530	0.622	0.472	0.851
你对社区居委会的信任程度	21.32	28.112	0.638	0.505	0.850
你对业主委员会的信任程度	21.45	28.700	0.563	0.412	0.856
你对小区居民的信任程度	21.42	29.514	0.609	0.403	0.854
你与邻居相互帮忙情况	21.23	28.249	0.608	0.470	0.852
你对在社区发生事情的兴趣度	21.19	28.588	0.582	0.403	0.855
你参与社区活动的情况	20.57	27.962	0.539	0.345	0.860

第二节 社区治理发展现状基础分析

一、社区人口数量发展状况

（一）社区辖区人口总量大，社区治理绝对压力大

从调查结果（见表3-6）来看，社区人口数算术均值和标准差为10903.88和17164.189，总体分布不均衡，内部差异极大，中位数指标为5302.50，较为反映整体情况。可以看出我国很多社区辖区人口总量大，呈正偏分布，说明存在较大的人口社区。从个案访谈也反映居民多且杂，治理压力

大。正如其中一些访谈者谈到面临的困难时说："人口复杂性大、流动人口多、人员不足、社区矛盾多样""人口较多，工作人员较少，治理难度大""人口太多，人口流动性大，素质低，不利于管理"等。总的来看，有36人次的访谈者谈到了居民数量多和素质低等引出基层治理难的问题，占比26.1%。

表3－6　　社区人口总体分布情况

	样本数	最小值（M）	最大值（X）	平均值（E）	标准偏差	中位数	偏度		峰度	
							统计	标准错误	统计	标准错误
社区总人口数	202	192	120000	10903.88	17164.189	5302.50	3.784	0.171	17.122	0.341

（二）社区辖区人口地区分布不均衡，异质性高

从表3－7可看出，农村社区人口数最少，均值为3640，中位数为1800，城市社区人口数分布比集镇社区人口数分布较为均衡一些，二者算术均值和中位数比较大小顺序相反，同时集镇社区比城市社区人口的标准差大得多，说明集镇社区情况更为复杂。

表3－7　　社区人口分布情况

所在社区的类型	平均值	5%截尾平均值	中位数	标准偏差	F检验
城市	11747.53	9352.14	7200.00	16109.256	F＝5.128 P＝0.007
农村	3640.67	2839.40	1800.00	5338.157	
集镇	15060.05	11260.40	6000.00	23923.095	
总计	10903.88	8123.69	5302.50	17164.189	

进一步对城市、集镇和农村社区的人口数进行单因素方差分析，发现三者存在显著差异（F＝5.128，P＝0.007），同时做了方差不齐性的多重比较发现，农村社区人口数显著少于城市社区和集镇社区，而城市社区和集镇社区人口在整体上差异不显著（见表3－8）。表明我国城市化主要是农村人口向城市和集镇迁移趋势日渐明朗。

表 3－8　　　　不同性质社区人口分布比较

因变量	(I) 社区的类型	(J) 社区的类型	平均差 (I－J)	标准错误	显著性	95% 置信区间	
						下限值	上限
社区总人口数	城市	农村	8106.863*	1706.284	0.000	3990.05	12223.68
		集镇	－3312.516	3897.164	0.779	－12883.47	6258.44
	农村	集镇	－11419.379*	3706.455	0.010	－20577.55	－2261.21

*. 均值差的显著性水平为 0.05。

二、社区人才队伍发展状况

本课题对社区工作人员界定为服务社区居民的相关人员，包括村（居）委会工作人员，街镇从事与社区有关的科室人员，社区辖区的社工、社区工作站人员和其他直接服务社区居民的人员。样本中的社区居委会工作人员、街道或政府工作人员、社区工作站工作人员、社工等，各占 47.7%、22.4%、10.5%、6.3%。

（一）社区人才队伍数量偏少，岗位配备有待完善

从表 3－9 可以看出，社区工作人员配备平均 20 人，中位数 13 人，不同社区间差异较大（标准差为 19.285），岗位配备不均衡，没有严格按照社区管辖居民人口数来配备社区工作人员，表 5 反映了社区人口数和社区工作人员数配备的相关情况，二者并不存在显著的相关，且相关系数很低（r＝0.088），说明社区工作人员配备不适应社区人口数分布的复杂状况。

表 3－9　　　　社区人才配备情况

	平均值	5% 截尾平均值	中位数	标准偏差
社区工作人员人数	20.06	17.63	13.00	19.285
社区总人口数－社区工作人员人数皮尔孙相关：r＝0.088　　p＝0.215				

在访谈中，涉及社区人才队伍问题共有 62 人次，其中 14.9% 被访者谈到了事烦，工作人员少，积极性不高的情况，如“人口复杂性大、流动人口多、

人员不足、社区矛盾多样”“人手不够，工作量繁杂”“社区服务人力资源不足，群众工作难做，上面的压力大，工作多，事物杂、政策不合实际、操作难度高”等。

（二）社区人才队伍专业化程度有待提升

从表3-10中可知，从事社区有关的工作人员中，取得社会工作职业资格证人数在8人左右，中位数5人，专业化人才比重不高，从受教育水平来看，大中专及其以上的工作人员为12人左右，中位数7人，占总数60%左右。从社区内社会组织的服务效果上也反映了社区服务的专业化水平不高，专业化程度有待提升（见表3-11）。

表3-10　　　　社区人才专业化程度

	平均值	5%截尾平均值	中位数	标准偏差
取得社会工作职业资格证书的人数	8.57	6.73	3.00	12.913
大中专文凭及其以上人数	12.27	10.15	7.00	14.862

表3-11　　　　社区社会组织服务作用

		频率	百分比（%）	有效百分比（%）	累积百分比（%）
有效	没有社会组织或没有享受过服务	29	13.7	14.8	14.8
	服务很专业	67	31.8	34.2	49.0
	服务一般	97	46.0	49.5	98.5
	服务不好	3	1.4	1.5	100.0
	总计	196	92.9	100.0	
缺失		15	7.1		
总计		211	100.0		

在社区居民回答社区公共服务存在主要问题时，专业性不足被排在了第一位，占比12.20%（见图3-1），另外，提供服务不适用（5.70%）、提供服务工作人员素质不高（4.30%）、服务质量差（4.90%）等项目均与专业性不足有关，累计占比27.1%。表明社区服务人员的专业性问题是一个突出问题。

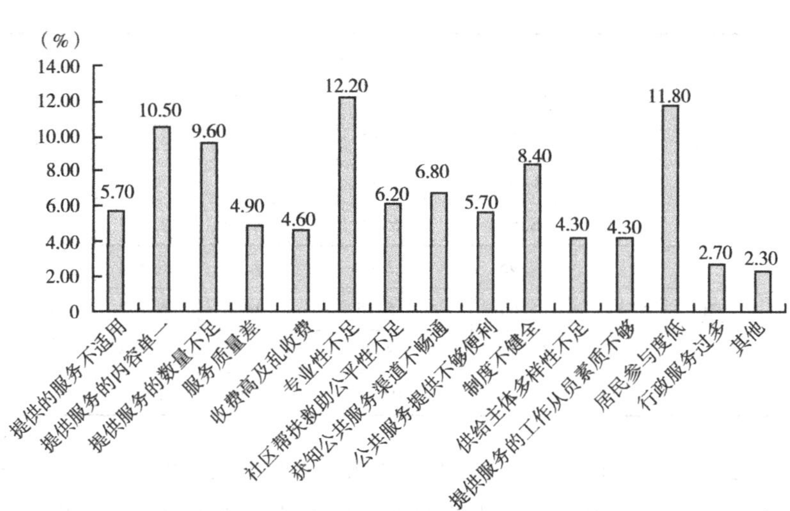

图 3－1　社区公共服务存在的主要问题

从访谈中发现了同样问题，有 27 人次谈到社区工作人员专业化不够，占比 19.6%，如“考核力度不够，专业技能低”“没有专业人员和机构，没有带头作用”“人力资源不足，人力资源紧张，居民参与度不高，专业人员不足”　“相关专业人员的技能有所欠缺”和“专业人员不足、效率低下”等。

（三）社区人才队伍城乡分布不平衡

表 3－12 还反映了城市社区、集镇社区和农村社区的社区人才配备情况，农村社区弱于集镇社区，集镇社区又比城市社区稍差，尤其是农村社区在上述三个方面均存在较大差距。进行单因素方差分析发现社区人才配备的 3 个方面均存在显著的差异，说明城乡是社区人才队伍的重要影响因素。

表 3－12　　社区人才配备情况

		平均值	5%截尾平均值	中位数	标准偏差	F 检验
社区工作人员人数	城市	22.90	20.49	13.00	21.183	F = 5.421 P = 0.005
	农村	11.75	11.48	11.00	7.217	
	集镇	19.36	16.95	15.00	19.114	
	总计	20.06	17.63	13.00	19.285	

续表

		平均值	5% 截尾平均值	中位数	标准偏差	F 检验
取得社会工作职业资格证书的人数	城市	10.77	9.05	5.00	13.951	F=5.153 P=0.007
	农村	3.28	2.52	0.00	5.690	
	集镇	6.97	4.80	2.00	13.108	
	总计	8.57	6.73	3.00	12.913	
大中专文凭及其以上人数	城市	14.95	12.67	9.00	16.544	F=5.595 P=0.004
	农村	5.64	5.15	4.50	5.122	
	集镇	10.49	8.79	5.00	13.665	
	总计	12.27	10.15	7.00	14.862	

为了进一步了解不同类型社区的人才队伍差异，进而做方差不齐性多重比较（见表3-13)，在社区工作人员数上，城市社区和集镇社区工作人员上差距不明显，而农村社区与前二者存在显著差异，落后较多；在取得社会工作职业资格证书人数上，集镇社区介于城市社区和农村社区之间，但均不存在显著差异，但城市社区与农村社区存在显著差异；同样的情况也体现在社区人员的受教育程度方面，只有城市社区与农村社区差异显著。

表3-13　　　　不同社区的人才配备多重比较

因变量	(I) 社区的类型	(J) 社区的类型	平均差 (I-J)	标准误	显著性	95%置信区间	
						下限值	上限
社区工作人员数	城市	农村	11.386*	2.242	0.000	5.98	16.80
		集镇	3.378	3.453	0.698	-5.04	11.79
	农村	集镇	-8.008*	3.098	0.037	-15.63	-0.38
取得社会工作职业资格证书的人数	城市	农村	7.406*	1.593	0.000	3.56	11.25
		集镇	3.709	2.458	0.352	-2.30	9.72
	农村	集镇	-3.697	2.303	0.302	-9.37	1.98
大中专文凭及其以上的社区工作人员数	城市	农村	9.470*	1.713	0.000	5.34	13.60
		集镇	3.373	3.132	0.631	-4.28	11.02
	农村	集镇	-6.097	2.854	0.107	-13.13	0.94

*. 均值差的显著性水平为0.05。

从以上数据中可发现社区与社区之间发展差距，较大型的社区人才配备齐全，且社区工作人员具有专业的资格证书，享受较多的专业技能培训，但发展较为落后的社区，工作人员参加技能培训次数较少，无法更好地提升自身职业技能，专业人才流失，从而社区与社区之间发展差距逐渐拉大。城市社区和农村社区人才配备不均衡，城市社区享有完善的基础设施，薪资待遇福利较好，技能培训较多，能更好地为工作人员创造工作生活的条件，但农村社区基础设施落后，薪资待遇较差，缺乏较好的福利与技能培训，导致专业人才流失，城市社区应更加完善自身基础设施建设，促进社区自治，农村社区应大力引进专业人才如社会工作者等，加强基础设施建设，促进农村社区建设。

三、基层社区治理资金及基础设施配备状况

（一）社区治理资金来源较为单一，政府拨款依赖

从表3－14社区资金来源可以看出，社区资金主要来源于政府拨款，占比达74.4%，其次是经营性收入，占比35.7%，而社会捐款最低，占比7.0%，社区资金来源渠道有待拓展。我国社区治理模式是政府主导，多方参与，从社区资金来源类型可知，政府对社区发展的物质资金支持大，不过亦应最终促进社区多方参与，权衡政府宏观调控与市场调节，促进社区自治。

表3－14　　不同社区的人才配备多重比较

		响应		个案数的百分比
		N	百分比	
资金来源[a]	政府拨款	148	52.7%	74.4%
	经营性收入	71	25.3%	35.7%
	捐款	14	5.0%	7.0%
	其他	48	17.1%	24.1%
总计		281	100.0%	141.2%

a. 二分法组值为1时进行制表。

从访谈发现，基层社区治理中资金压力明显，有47人次谈到资金问题，是社区治理面临困难中的首位，占比34.1%，如“经费无法保障，员工的积极性不高”“资金投入不够，体制不够完善”“资金欠缺，扶持力度有待加强”“资金比较短缺很多政策服务施展不开”和“工作难开展，无资金补给，经营

性收入少”等。

表 3－15　　城乡社区的资金来源

			所在社区的类型			总计
			城市	农村	集镇	
资金来源	政府拨款	计数	91	25	32	148
		占总额的百分比	45.7%	12.6%	16.1%	74.4%
	经营性收入	计数	39	13	19	71
		占总额的百分比	19.6%	6.5%	9.5%	35.7%
	捐款	计数	9	2	3	14
		占总额的百分比	4.5%	1.0%	1.5%	7.0%
	其他	计数	29	10	9	48
		占总额的百分比	14.6%	5.0%	4.5%	24.1%
总计		计数	114	40	45	199
		占总额的百分比	57.3%	20.1%	22.6%	100.0%

表 3－15 反映了不同社区类型其资金来源方式不同：城市社区资金来源45.7%依靠政府拨款，19.6%依靠社区经营性收入，4.5%依靠社会捐款；集镇社区资金来源中政府拨款、经营性收入、捐款各占比 16.1%、9.5%、1.5%；而农村社区由于发展较为落后，对政府拨款、经营性收入、社会捐款等资金来源所占比重最小，分别为 12.6%、6.5%、1.0%。农村社区发展起步晚、速度慢，且政府支持力度小于城市社区支持力度，应缩小城乡社区发展差距，统筹城乡发展，加大对农村社区扶持力度，落实精准扶贫，完善农村社区基础设施。

（二）社区基础设施

1. 社区基本配套设施齐全，社会福利设施不足

从表 3－16 可知，在所列的 21 类社区配套设施中，平均每个社区配套有近 14 类设施，其中医疗卫生配套最高，平均占比 85.10%，其次是商业服务，平均占比 83.65%，第三是治安配套设施，平均占比 80.60%，最差配套设施是社会福利设施，仅占比 44.87%，此类属于普惠性服务，有待加强。

表 3-16　　社区基础配套设施分布情况

		响应		个案数的百分比（%）	各大类平均占比（%）
		N	百分比（%）		
教育设施	幼儿园	178	6.20	84.40	51.78
	小学	161	5.60	76.30	
	初中	117	4.10	55.50	
	高中	69	2.40	32.70	
	大学	21	0.70	10.00	
治安	派出所及巡察	170	5.90	80.60	80.60
医疗卫生	社区医院、社区医疗服务站	182	6.30	86.30	85.10
	诊所	177	6.20	83.90	
文化体育	室内活动场所	147	5.10	69.70	77.25
	室外活动场所	179	6.20	84.80	
社区管理服务	社区服务中心	189	6.60	89.60	76.63
	物业管理公司	137	4.80	64.90	
	社区活动中心	159	5.50	75.40	
社会福利	养老院	92	3.20	43.60	44.87
	老年活动中心	138	4.80	65.40	
	残疾人康复托养所	54	1.90	25.60	
交通	公交站	167	5.80	79.10	54.30
	轻轨站、地铁站	52	1.80	24.60	
	停车库	125	4.40	59.20	
商业服务	菜市场	166	5.80	78.70	83.65
	其他（理发店、银行、电信营业厅等）	187	6.50	88.60	
总计		2867	100.00	1358.80	554.18

从访谈中也发现，认为存在资源缺乏和利用率不高（场地）问题的有 21 人次，占所面临困难中的 16.7%，主要认为是“发展慢 交通不便”“公共配套不足，商业设施很不够，满足不了社区居民的实际需求，造成流动摊贩很多，破坏环境”“群租房难治理”“夜晚路灯熄太早”“社区投入力度有待加强，部分设施老化，需要翻新”等。

2. 城乡社区基础配套设施分布不均衡，农村社区配套设施建设需加强

表3－17显示，教育设施中。城市社区所拥有的教育资源如小学、初中、高中、大学远远高于集镇社区和农村社区的占有率，各占比60.3%、23.1%、16.6%。城乡社区教育资源差距巨大，农村教育基础设施不完善，师资力量薄弱。城市社区、集镇社区、农村社区中幼儿园、小学、初中、高中、大学数量依次递减，提升社区居民受教育水平，普及高等教育，提高教学质量、完善教学设施尤为重要。

表3－17　城乡社区基础设施分布比较

			所在社区的类型是			总计
			城市	农村	集镇	
教育设施	幼儿园	计数	109	25	44	178
		百分比	54.8%	12.6%	22.1%	89.4%
	小学	计数	90	29	42	161
		百分比	45.2%	14.6%	21.1%	80.9%
	初中	计数	65	15	37	117
		百分比	32.7%	7.5%	18.6%	58.8%
	高中	计数	45	8	16	69
		百分比	22.6%	4.0%	8.0%	34.7%
	大学	计数	19	1	1	21
		百分比	9.5%	0.5%	0.5%	10.6%
总计		计数	120	33	46	199
		百分比	60.3%	16.6%	23.1%	100.0%
医疗卫生	社区医院、社区医疗服务站	计数	107	31	44	182
		百分比	53.0%	15.3%	21.8%	90.1%
	诊所	计数	98	34	45	177
		百分比	48.5%	16.8%	22.3%	87.6%
总计		计数	116	38	48	202
		百分比	57.4%	18.8%	23.8%	100.0%
文化体育	室内活动场所	计数	93	21	33	147
		百分比	48.9%	11.1%	17.4%	77.4%
	室外活动场所	计数	106	27	46	179
		百分比	55.8%	14.2%	24.2%	94.2%
总计		计数	114	29	47	190
		百分比	60.0%	15.3%	24.7%	100.0%

医疗设施中。城市所拥有的医疗卫生资源如社区医院、社区医疗服务站、诊所远远高于集镇社区和农村社区的占有率，各占比 57.4%、23.8%、18.8%（见表 3－17）。城乡医疗卫生资源差距大，城市社区医院、医疗服务站、诊所发展较为完善，但农村社区医院、医疗服务站数量少，医疗卫生水平低。我国目前进入人口老龄化社会，老年人基数大增长快，老年人口对医疗卫生需求较大，农村医疗卫生资源薄弱易出现供需矛盾。

文化体育设施中。城市所拥有的文体资源如室内活动场所、室外活动场所高于集镇社区和农村社区占有率，各占比 60.0%、24.7%、15.3%（见表 3－17）。文化体育设施为社区居民休闲提供场所，有利于加强居民身体素质锻炼，丰富居民精神文化。农村社区、集镇社区文体资源缺乏，社区基础设施有待完善与提高。

表 3－18　城乡社区基础设施分布情况

			所在社区的类型是			总计
			城市	农村	集镇	
社区管理服务中心	社区服务中心	计数	116	29	44	189
		百分比	59.5%	14.9%	22.6%	96.9%
	物业管理公司	计数	99	12	26	137
		百分比	50.8%	6.2%	13.3%	70.3%
	社区活动中心	计数	102	21	36	159
		百分比	52.3%	10.8%	18.5%	81.5%
总计		计数	121	30	44	195
		百分比	62.1%	15.4%	22.6%	100.0%
社会福利	养老院	计数	50	16	26	92
		百分比	31.6%	10.1%	16.5%	58.2%
	老年活动中心	计数	84	19	35	138
		百分比	53.2%	12.0%	22.2%	87.3%
	残疾人康复托养所	计数	33	10	11	54
		百分比	20.9%	6.3%	7.0%	34.2%
总计		计数	95	22	41	158
		百分比	60.1%	13.9%	25.9%	100.0%

续表

			所在社区的类型是			总计
			城市	农村	集镇	
商业服务	菜市场	计数	101	22	43	166
		百分比	51.8%	11.3%	22.1%	85.1%
	其他（理发店、银行、电信营业厅等）	计数	118	27	42	187
		百分比	60.5%	13.8%	21.5%	95.9%
总计		计数	122	29	44	195
		百分比	62.6%	14.9%	22.6%	100.0%
交通	公交站	计数	111	16	40	167
		百分比	59.7%	8.6%	21.5%	89.8%
	轻轨站、地铁站	计数	38	4	10	52
		百分比	20.4%	2.2%	5.4%	28.0%
	停车库	计数	87	13	25	125
		百分比	46.8%	7.0%	13.4%	67.2%
总计		计数	122	21	43	186
		百分比	65.6%	11.3%	23.1%	100.0%

社区管理服务。城市所拥有的社区资源如社区服务中心、物业管理公司、社区活动中心等远高于集镇社区和农村社区的占有率，各占比 62.1%、22.6%、15.4%（见表 3-18）。由于农村社区发展较为落后，大多数农村社区未建立正式的社区管理机构，缺乏有效的民主管理机制、社区自治机制。

社会福利资源。城市所拥有的社区资源如养老院、老年活动中心、残疾人康复托养所等远远高于集镇社区和农村社区的占有率，各占比 60.1%、25.9%、13.9%（见表 3-18）。农村由于大量劳动力外出，空巢现象严重，农村空巢老人医疗问题、养老问题较为严重，农村社区基础设施落后，尤其是养老资源，养老院、老年活动中心数量少而无法为老年人提供相应的服务，农村社区陷入发展窘境。

交通资源、商业服务。城市拥有的社区资源，如公交站、轨道交通站、停车库、菜市场等远远高于集镇社区和农村社区的占有率，城市社区基础设施发展完善，相应配套实施配备完全，为社区居民提供相应的社区公共服务，而农村社区发展起步晚，速度慢，相应基础设施发展不完善甚至滞后农村发展速度，社区居民无法享受相应服务，且从城乡社区资金来源中可知，城市社区资金来源大部分依靠政府拨款，政府支持力度大，且城市社区有相对饱满的经营性收入，物质基础雄厚有利于基础设施建设与发展，有利于社区建设与社区自治发展，而农村社区相对城市社区、集镇社区其政府拨款、经营性收入相对较少，资金相对不充足不利于社区基础设施建设，从而导致城乡社区发展差距逐渐拉大。

四、社区公共服务状况

（一）社区公共服务供给主体多元参与格局初步形成

由表3－19可看出，社区公共服务供给主体已形成多元参与格局：以社区居委会为主（社区工作人员角度和居民角度均排第1位，占比高企：分别为88.0%和77.6%），街道办事处（社区工作人员和居民角度占比各为53.6%和54.3%）、社区党委会（社区工作人员和居民角度占比各为59.8%和26.3%）、物业管理公司（社区工作人员和居民角度占比各为49.3%和53.8%）和业主委员会（社区工作人员和居民角度占比各为41.6%和35.3%）四大供给主体多元参与社区公共服务，说明在社区治理主体由“单一”向“多元”转变的过程中，出现了居委会/村委会、业委会/物业管理公司、社工机构等治理主体，由单一权威结构向多权威结构转变，政府与诸治理主体的关系也由领导与被领导向协商平等转变。

表3－19　　社区公共服务供给主体分布

	社区工作人员角度			居民角度		
	响应		个案数的百分比（%）	响应		个案数的百分比（%）
	N	百分比（%）		N	百分比（%）	
社区居委会	184	29.4	88.0	752	30.3	77.6
社区党委会	125	20.0	59.8	255	10.3	26.3
业主委员	87	13.9	41.6	342	13.8	35.3
物业管理公司	103	16.5	49.3	521	21.0	53.8
街道办事处	112	17.9	53.6	526	21.2	54.3
其他	14	2.2	6.7	83	3.3	8.6
总计	625	100.0	299.0	2479	100.0	255.8

（二）党委引领不彰，多元主体间的不协调互动，社会参与动力不足

由于政府掌握大部分的财政资源，当前大部分社区仍然由政府包揽社区的公共事务，其他治理主体为了争取资源，也围绕政府为中心，而非围绕社区居民为中心展开服务。如居委会/村委会主要承接上级政府的任务来开展服务，出现行政化的趋势，社工机构等社会组织也主要依靠开展受政府欢迎的服务项目来获取资源，体现了社区公共服务政府主导，但比较社区工作人员和居民调查结果，除了社区党委会外，其他四个主体作用相当一致，而作为社区工作人员眼中的第 2 公共服务主体的社区党委会，在居民眼中变为了第 5 位，还排在业主委员会的后边，说明社区党委在基层社区治理中主导作用不彰，服务有脱离服务对象之虞。

从访谈中发现，有 30 人次提高社区治理体制问题，主要涵盖职责、权利不明，保障不够，创新不够，配合不够等，比如："各服务主体的职责不明确，居民参与热情不高，参与度较差""资源配置不合理，没有公平对待""社区职责不清、权责不清、体制问题、小区管理不规范""分工不明确还有待提高，各部门工作内容有交叉的地方""管理上易出现缺失，错位问题""多头管理现象出现"和"群总工作难做，上面的压力大，工作多，事物杂、政策不合实际、操作难度高"。可见多元主体在治理格局中均出现了错位和越位现象，占有政治、经济、社会资源的同时，管理有余，服务不足，造成公共资源浪费；居委会、村委会和社会组织则因资源不足出现了缺位现象，不能很好地提供符合需要的公共服务，同时社会力量主体参与不够，多元主体和社区公共服务供给有效机制尚未形成。

（三）社区公共服务供给内容

1. 社区就业创业服务。主要包括：劳动就业咨询服务、职业介绍服务、就业困难人员再就业服务、"零就业家庭"就业帮扶服务、自主创业就业服务等，在社区就业创业服务中主要提供的是社区劳动就业服务，占比 51.8%，社区职业介绍服务、社区就业困难人员再就业服务、社区"零就业家庭"就业帮扶服务、社区自主创业就业服务依次占比 43.8%、42.7%、35.4%、39.1%，但以上服务社区居民的享受率极其低，社区劳动就业咨询服务存在于大部分社区之中，但仅有 20.6% 的社区居民享受过此服务，社区服务的普及

率较低，且大部分社区居民对此项社区公共服务不知情见表3－20。

表3－20　　社区居民公共服务（劳动就业）供给状况

	无（%）	有（%）	未享受（%）	享受过（%）
社区劳动就业咨询服务	48.2	51.8	79.4	20.6
社区职业介绍服务	56.2	43.8	81	19
社区就业困难人员再就业服务	57.3	42.7	85.6	14.4
社区“零就业家庭”就业帮扶服务	64.6	35.4	89.8	10.2
社区自主创业就业服务	60.9	39.1	87.5	12.5

2. 社区老年人（残疾人）服务。主要包括：社区老年人（残疾人）居家养老服务、社区老年人（残疾人）就餐送餐服务、社区老年人（残疾人）出行服务、社区老年人（残疾人）精神关怀服务、社区老年人（残疾人）电子辅助服务、社区老年人（残疾人）优待服务、社区残疾人温馨家园服务、社区残疾人无障碍设施建设服务、社区老年人信息档案服务、社区企业退休人员服务、社区托老（残）服务、社区低保人员救助服务、社区特殊群体帮扶服务，在社区老年人（残疾人）服务中主要提供社区老年人信息档案服务、社区低保人员救助服务、社区特殊群体帮扶服务，占比51.6%、68.7%、55.5%，其居民享受率依次20.1%、21.1%、17.3%。从社区老年人（残疾人）服务普及率和享受率可知社区老年人（残疾人）服务供给出现较大不足，而我国目前正处于老龄化快速增长时期，老龄人口基数大、增长快，社区养老、机构养老、家庭养老等多元养老方式发展，养老需求正在日渐增长，社区养老服务急需完善。

表3－21　　社区居民公共服务需求现状

	无（%）	有（%）	未享受（%）	享受过（%）
社区老年人（残疾人）居家养老服务	57.4	42.6	87.1	12.9
社区老年人（残疾人）就餐送餐服务	76.5	23.5	91.5	8.5
社区老年人（残疾人）出行服务	70.4	29.6	90.6	9.4
社区老年人（残疾人）精神关怀服务	53.5	46.5	85	15
社区老年人（残疾人）电子辅助服务	75.4	24.6	92.7	7.3
社区老年人（残疾人）优待服务	54.3	45.7	85.5	14.5

续表

	无（%）	有（%）	未享受（%）	享受过（%）
社区残疾人温馨家园服务	62.7	37.3	88.8	11.2
社区残疾人无障碍设施建设服务	61	39	89.9	10.1
社区老年人信息档案服务	48.4	51.6	79.9	20.1
社区企业退休人员服务	51.2	48.8	83.3	16.7
社区托老（残）服务	59.2	40.8	88.7	11.3
社区低保人员救助服务	31.3	68.7	78.9	21.1
社区特殊群体帮扶服务	44.5	55.5	82.7	17.3

3. 社区医疗服务。主要是社区公共卫生和基本医疗服务、社区居民健康档案服务、社区计划生育服务、社区独生子女家庭服务、社区急救保健服务，占比78.6%、50.9%、72.4%、59.8%、46.7%、57.9%，社区居民对社区医疗服务的享受率相对其他社区公共服务来说，占比较高，均维持在30%以上，随着医疗服务技术不断发展，社区医疗服务显著提高。

表3-22　　社区居民公共服务（卫生、文体教育）需求现状

	无（%）	有（%）	未享受（%）	享受过（%）
社区公共卫生和基本医疗服务	21.4	78.6	60.8	39.2
社区居民健康档案服务	49.1	50.9	60.8	39.2
社区计划生育服务	27.6	72.4	57	43
社区独生子女家庭服务	40.2	59.8	65.7	34.3
社区急救保健服务	53.3	46.7	60.2	39.8
社区群众文化服务	42.1	57.9	60.2	39.8
社区教育培训服务	55	45	72.6	27.4
社区早教服务	64.6	35.4	79.6	20.4
社区中小学生社会实践服务	51.4	48.6	72.8	27.2
社区科普服务	47	53	60.2	39.8
社区居民阅览服务	40.9	59.1	53.3	46.7
社区体育设施建设服务	29.7	70.3	41.8	58.2
社区群众性体育组织建设服务	47.2	52.8	58.5	41.5
社区群众体育健身服务	47.2	52.8	58.5	41.5
社区居民体质测试服务	44.2	55.8	58.5	41.5
社区健身宣传培训服务	56.1	43.9	70.6	29.4

4. 社区文体教育服务。此方面主要包括社区群众文化服务、社区教育培训服务、社区早教服务、社区中小学生社会实践服务、社区科普服务、社区居民阅览服务、社区体育设施建设服务、社区群众性体育组织建设服务、社区群众体育健身服务、社区居民体质测试服务、社区健身宣传培训服务等，其中社区群众文化服务、社区科普服务、社区居民阅览服务、社区体育设施建设服务、社区群众性体育组织建设服务、社区群众体育健身服务、社区居民体质测试服务普及率达50%以上，且居民享受率达35%以上，大部分社区文体教育服务普及率较高，居民对此服务的需求度较高。

表3－23　　社区居民公共服务（社区治安）需求现状

	无（%）	有（%）	未享受（%）	享受过（%）
社区流动人口服务	50.5	49.5	73.3	26.7
社区出租房屋相关服务	38.8	61.2	65.2	34.8
社区治安状况告知服务	32.1	67.9	47.2	52.8
社区治安服务	24.6	75.4	40.4	59.6
社区矫正服务	71.2	28.8	82.2	17.8
社区帮教安置服务	68	32	82.4	17.6
社区禁毒宣传服务	36	64	59.9	40.1
社区青少年自护和不良青少年帮教服务	62.6	37.4	80.2	19.7
社区法律服务	45.9	54.1	64	36
社区消防安全服务	19	81	42.9	57.1
社区安全稳定服务	32.8	67.2	49.5	50.5
社区应急服务	42.7	57.3	64.6	35.4
社区警务设施和警力配备服务	42.1	57.9	63.8	36.2
社区物技防设施建设服务	63.2	36.8	77.8	22.2
社区环境综合治理服务	34	66	51.1	48.9
社区绿化美化服务	18.9	81.1	35.5	64.5
社区环境保护服务	30.5	69.5	44.4	55.6
社区节能服务	52.8	47.2	67.8	32.2
社区市政公共设施建设服务	37.5	62.5	54	46
社区便民商业服务	28.5	71.5	36.9	63.1
社区家政服务	52.5	47.5	36.9	63.1
社区代收代缴服务	43.4	56.6	51.5	48.5
社区心理咨询服务	68.1	31.9	86.6	13.4
社区网络信息服务	56.1	43.9	67.5	32.5
总计				

5. 社区治安服务。主要包括：社区流动人口服务、社区出租房屋相关服务、社区治安状况告知服务、社区治安服务、社区矫正服务、社区帮教安置服务、社区禁毒宣传服务、社区青少年自护和不良青少年帮教服务，其中社区的社区出租房屋相关服务、社区治安状况告知服务、社区治安服务、社区禁毒宣传服务依次占比61.2%、67.9%、75.4%、64%，社区治安状况告知服务、社区治安服务享受率高达52.8%、59.6%，社区治安服务维系社区稳定，促进社区长远发展。社区基础设施服务主要包括：社区法律服务、社区消防安全服务、社区安全稳定服务、社区应急服务、社区警务设施和警力配备服务、社区物技防设施建设服务、社区环境综合治理服务、社区绿化美化服务、社区环境保护服务、社区节能服务、社区市政公共设施建设服务、社区便民商业服务、社区家政服务、社区代收代缴服务、社区心理咨询服务、社区网络信息服务。其中社区的社区法律服务、社区消防安全服务、社区安全稳定服务、社区应急服务、社区警务设施和警力配备服务、社区环境综合治理服务、社区绿化美化服务、社区环境保护服务、社区市政公共设施建设服务、社区便民商业服务、社区代收代缴服务普及率达50%以上，社区居民对以上治安服务的享受率达35%以上，社区公共基础设施发展较为完善。

6. 社区公共服务需求及促进服务质量因素。表3－24反映了居民最需要的社区公共服务，排在前3位的分别是公共基础设施服务（19.5%）、医疗保健服务（15.7%）和社区治安服务（10.9%），可见居民对传统的主要公共服务需求仍然很大，此类服务对居民重要且具有普遍性，也有服务质量和效果问题没有很好满足居民需求。残疾人服务、法律援助服务和纠纷协调服务排在后3位，此类服务需求量少，不具有普遍性。

表3－24　最需要的社区公共服务

服务内容	公共基础设施服务	老年人服务	残疾人服务	青少年教育服务	医疗保健服务	家政服务	社区治安服务	劳动就业服务	法律援助服务	文化娱乐服务	环境绿化服务	纠纷协调服务	其他	总计
百分比（%）	19.5	10.7	2.7	7.3	15.7	3.7	10.9	5.7	4.9	6.7	7.4	4.3	0.5	100.0

综上，目前社区医疗服务、社区文化教育服务、社区治安服务、社区基础

设施服务等社区公共服务发展较为完善，社区提供该服务的普及率与社区居民对该服务的使用率发展较高，但是社区就业创业服务、社区老年人（残疾人）服务发展较为薄弱，社区居民对该服务需求较高，且服务需求呈现较大缺口，但是社区服务供给不足，且较多社区缺少该服务项目。

（四）社区公共服务专门服务机构设置情况

1. 社区社会组织总体向好，城乡发展不均衡

作为社会参与基层社会治理的主体力量，社会组织作用越来越重要，从表 3－25 可以看出，绝大部分的社区（占比 75.4%）已有社会组织，仍有 24.6% 的社区没有社会组织，鼓励社会参与的力度应加强。

表 3－25　　不同类型社区的社会组织分布

			所在社区的类型是			总计
			城市	农村	集镇	
您所在社区是否有社会组织	是	计数	98	23	35	156
		百分比在所在社区的类型	81.7%	57.5%	74.5%	75.4%
		占总数的百分比	47.3%	11.1%	16.9%	75.4%
	否	计数	22	17	12	51
		百分比在所在社区的类型	18.3%	42.5%	25.5%	24.6%
		占总数的百分比	10.6%	8.2%	5.8%	24.6%
总计		计数	120	40	47	207
		百分比在所在社区的类型	100.0%	100.0%	100.0%	100.0%
		占总数的百分比	58.0%	19.3%	22.7%	100.0%

对不同类型社区的社会组织的交叉分析可知，有社会组织的城市社区占比已达到 81.7%，其次是集镇社区，有社会组织的比例也达到了 74.5%，而农村社区有社会组织的比例仅为 57.5%，卡方检验差异显著（$\chi^2 = 9.462$，$P = 0.009$），农村社区在社会组织服务和培育方面明显落后城市社区和集镇社区见表 3－26。

表 3－26　　不同类型社区的社会组织分布差异的卡方检验

	值	自由度	渐近显著性（双向）
皮尔逊卡方	9.462[a]	2	0.009
似然比（L）	8.856	2	0.012
线性关联	2.420	1	0.120
有效个案数	207		

a. 0 个单元格（0.0%）具有的预期计数少于 5。最小预期计数为 9.86。

2. 社区社会组织发展类型多元，专业组织偏少

表 3－27 中，反映了当前社区社会组织的主要类型发展状况。首先是社区自组织，占比 61.5%，其次是社会团体，占比 51.9%，这是社区存在的主要社会组织类型；作为专业服务的民非组织和基金会的发展较为缓慢，其占比分别为 20.5% 和 12.2%，大力发展专业性社会组织，是今后社区社会组织发展的着力点。

表 3－27　　社区的社会组织类型分布

		响应		个案数的百分比
		N	百分比	
社区内社会组织类型[a]	民非组织	32	14.0%	20.5%
	基金会	19	8.3%	12.2%
	社会团体	81	35.5%	51.9%
	社区自组织	96	42.1%	61.5%
总计		228	100.0%	146.2%

3. 社区社会组织提供公共服务内容

上表反映了社区社会组织提供公共服务状况，在社区提供的 38 项社区公共服务中，社区社会组织提供其中 16.85 项，占 44%，说明社区专业服务机构成长空间较大，就几个大类而言，有 59.3% 社区存在专业机构提供医疗服务，其次是低保、特殊人群和临时救助服务方面的专业机构，社区平均设置比例为 53%，社区老年人（残疾人）服务的专业机构最少，平均设置比例为 34.3%（见图 3－2）。

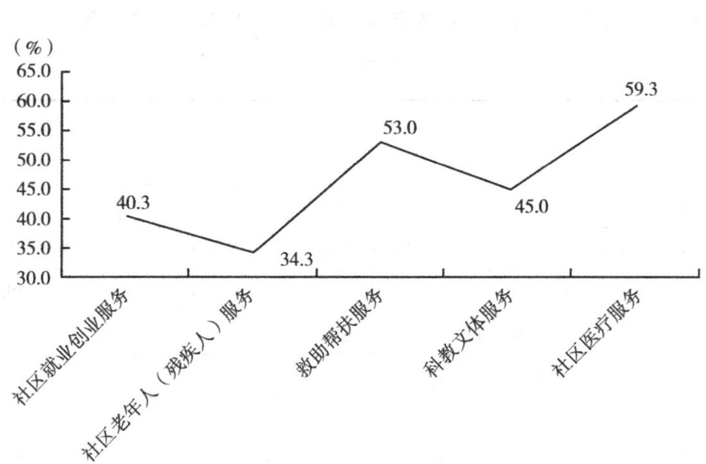

图 3－2　社区专业机构设置状况

从表 3－28 到表 3－30 可以看出，处在前 3 位的专业服务机构是社区公共卫生和基本医疗服务机构、社区计划生育服务机构和社区低保人员救助服务机构，占比分别是 80.1%、78.5% 和 63%；排在最后 3 位的专业服务机构是社区老年人（残疾人）就餐送餐服务机构（占比 17.1%）、社区老年人（残疾人）出行服务机构（占比 19.9%）和社区老年人（残疾人）电子辅助服务机构（22.7%）。具体情况如下：

表 3－28　　社区公共服务（就业创业服务）专业机构设置状况

		响应		个案数的百分比（%）
		N	百分比（%）	
社区就业创业服务	社区劳动就业咨询服务机构	91	3.0	50.3
	社区职业介绍服务机构	71	2.3	39.2
	社区就业困难人员再就业服务机构	73	2.4	40.3
	社区“零就业家庭”就业帮扶服务机构	64	2.1	35.4
	社区自主创业就业服务机构	66	2.2	36.5

在是否设置有专门就业创业服务机构方面，只有社区劳动就业咨询存在专门服务机构，其他社区就业创业服务如社区职业介绍服务、社区就业困难人员再就业服务、社区“零就业家庭”就业帮扶服务、社区自主创业就业服务等缺少专门的服务机构。

表 3-29　社区公共服务［社区老年人（残疾人）服务、救助服务］机构状况

		响应		个案数的百分比（%）
		N	百分比（%）	
社区老年人（残疾人）服务	社区老年人（残疾人）居家养老服务机构	74	2.4	40.9
	社区老年人（残疾人）就餐送餐服务机构	31	1.0	17.1
	社区老年人（残疾人）出行服务机构	36	1.2	19.9
	社区老年人（残疾人）精神关怀服务机构	67	2.2	37.0
	社区老年人（残疾人）电子辅助服务机构	41	1.3	22.7
	社区老年人（残疾人）优待服务机构	79	2.6	43.6
	社区残疾人温馨家园服务机构	53	1.7	29.3
	社区残疾人无障碍设施建设服务机构	66	2.2	36.5
	社区老年人信息档案服务机构	89	2.9	49.2
	社区企业退休人员服务机构	81	2.7	44.8
	社区托老（残）服务机构	66	2.2	36.5
救助帮扶服务	社区低保人员救助服务机构	114	3.7	63.0
	社区特殊群体帮扶服务机构	92	3.0	50.8
	社区临时救助服务机构	82	2.7	45.3

在社区老年服务方面，只有社区老年人信息档案服务、社区低保人员救助服务、社区特殊群体帮扶服务配备较多的专业服务机构，其他老年人（残疾人）服务机构相对较少。

表 3-30　社区公共服务（社区医疗服务、科教文体等服务）机构状况

		响应		个案数的百分比（%）
		N	百分比（%）	
社区医疗服务	社区公共卫生和基本医疗服务机构	145	4.8	80.1
	社区居民健康档案服务机构	97	3.2	53.6
	社区居民转诊服务机构	68	2.2	37.6
	社区计划生育服务机构	142	4.7	78.5
	社区独生子女家庭服务机构	106	3.5	58.6
	有无社区急救保健服务机构	86	2.8	47.5

续表

		响应		个案数的百分比（%）
		N	百分比（%）	
科教文体服务	社区群众文化服务机构	104	3.4	57.5
	社区教育培训服务机构	93	3.0	51.4
	社区早教服务机构	54	1.8	29.8
	社区中小学生社会实践服务机构	76	2.5	42.0
	社区科普服务机构	85	2.8	47.0
	社区居民阅览服务机构	90	2.9	49.7
	社区体育设施建设服务机构	107	3.5	59.1
	社区群众性体育组织建设服务机构	87	2.9	48.1
	社区群众体育健身服务机构	77	2.5	42.5
	社区居民体质测试服务机构	56	1.8	30.9
	有无社区健身宣传培训服务机构	66	2.2	36.5
其他服务	社区流动人口服务机构	91	3.0	50.3
	社区出租房屋相关服务机构	85	2.8	47.0
总计		3051	100.0	1685.6

从社区文体服务中可看出社区群众文化服务、社区体育设施服务占有率与专业服务机构普及率最高，体现社区丰富居民精神文化生活，发展人民群众喜闻乐见的文化，同时注重提高社区居民的身体素质，社区基础设施建设与完善有利于提高居民的社区归属感、参与感，从而提高其社区满意度、生活幸福感。

第三节

居民视角社区公共服务体系结构模型探索

一、管理视角下的社区公共服务体系结构

社区服务体系建设规划从管理视角确定了社区公共服务体系结构。《“十三五”城乡社区服务体系建设规划（2016～2020年）》，从以下方面确定了“十三五”期间社区公共服务发展任务：一是发展城乡社区就业、社会保障服

务；二是发展城乡社区医疗卫生和计划生育服务；三是发展城乡社区社会服务；四是发展城乡社区文化、教育、体育服务；五是发展城乡社区法律、安全服务；六是发展农村社区生产服务等。从落实的角度看，这些内容是否与居民对社区公共服务的认知和情感同构？哪些具体的服务项目是他们所必需的、期待的和认同的？这对于提升居民社区服务质量至关重要。

表 3－31　　管理视角社区公共服务体系一览表

序号	服务类别	服务内容	序号	服务类别	服务内容
1	社区安全服务	社区警务设施和警力配备服务	16	社区便民服务	社区代收代缴服务
2	社区安全服务	社区应急服务	17	社区便民服务	社区家政服务
3	社区安全服务	社区治安状况告知服务	18	社区便民服务	社区心理咨询服务
4	社区安全服务	社区出租房屋相关服务	19	社区便民服务	社区网络信息服务
5	社区安全服务	社区矫正服务	20	社区便民服务	社区便民商业服务
6	社区安全服务	社区禁毒宣传服务	21	社区便民服务	社区市政公共设施建设服务
7	社区安全服务	社区治安服务	22	社区环境管理服务	社区绿化美化服务
8	社区安全服务	社区帮教安置服务	23	社区环境管理服务	社区环境保护服务（绿色社区创建）
9	社区安全服务	社区法律服务	24	社区环境管理服务	社区节能服务
10	社区安全服务	社区青少年自护和不良青少年帮教服务	25	社区就业服务	社区“零就业家庭”就业帮扶服务
11	社区安全服务	社区流动人口服务	26	社区就业服务	社区自主创业就业服务
12	社区安全服务	社区安全稳定服务	27	社区就业服务	社区职业介绍服务
13	社区安全服务	社区消防安全服务	28	社区就业服务	社区劳动就业咨询服务
14	社区安全服务	社区环境综合治理服务	29	社区就业服务	社区就业困难人员再就业服务
15	社区安全服务	社区物技防设施建设服务	30	社区社会保障服务	社区低保人员救助服务

续表

序号	服务类别	服务内容	序号	服务类别	服务内容
31	社区社会保障服务	社区老年人（残疾人）优待服务	46	社区卫生、计划生育服务	社区急救保健服务
32	社区社会保障服务	社区特殊群体帮扶服务	47	社区卫生、计划生育服务	社区居民健康档案服务
33	社区社会保障服务	社区残疾人无障碍设施建设服务	48	社区卫生、计划生育服务	社区独生子女家庭服务
34	社区社会保障服务	社区老年人信息档案服务	49	社区卫生、计划生育服务	社区公共卫生和基本医疗服务
35	社区社会保障服务	社区老年人（残疾人）精神关怀服务	50	社区文化、教育和体育服务	社区科普服务
36	社区社会保障服务	社区托老（残）服务	51	社区文化、教育和体育服务	社区群众性体育组织建设服务
37	社区社会保障服务	社区临时救助服务	52	社区文化、教育和体育服务	社区体育设施建设服务
38	社区社会保障服务	社区残疾人温馨家园服务	53	社区文化、教育和体育服务	社区健身宣传培训服务
39	社区社会保障服务	社区老年人（残疾人）就餐送餐服务	54	社区文化、教育和体育服务	社区早教服务
40	社区社会保障服务	社区老年人（残疾人）出行服务	55	社区文化、教育和体育服务	社区中小学生社会实践服务
41	社区社会保障服务	社区老年人（残疾人）居家养老服务	56	社区文化、教育和体育服务	社区教育培训服务
42	社区社会保障服务	社区企业退休人员服务	57	社区文化、教育和体育服务	社区居民体质测试服务
43	社区社会保障服务	社区老年人（残疾人）电子辅助服务	58	社区文化、教育和体育服务	社区群众文化服务
44	社区卫生、计划生育服务	社区居民转诊服务	59	社区文化、教育和体育服务	社区群众体育健身服务
45	社区卫生、计划生育服务	社区计划生育服务	60	社区文化、教育和体育服务	社区居民阅览服务

本课题组借鉴美国密歇根大学商学院质量研究中心的费耐尔博士的反映满意度模型的费耐尔逻辑模型（1989年），认为居民对社区公共服务满意度评估的心理内涵主要是居民对服务的期望、对服务质量的感知、对服务价值的感知和居民忠诚和抱怨等，从而从满意度的角度探索居民视角下公共服务体系结构。

二、居民视角下的社区公共服务体系结构探索

（一）分析方法

课题组为了研究的需要，对国内现有的各类社区服务进行梳理，汇总成60项社区服务测题，进行满意度调查，采取5级评分：1为最差，2为比较差，3为一般，4为比较好，5为最好，课题组成员根据当前社区服务的通用分类，反复研究确认，把60项社区服务归为7大类。当前社区公共服务体系分类是按照公共服务供给主体不同进行的分类，主要是社区社会保障服务、社区文化、教育和体育服务、社区就业服务、社区安全服务和社区便民服务，具体见表3－31。

然后课题组通过居民对现有60项社区公共服务在探索性因素分析，探索社区服务最佳因素的结构，从而比较居民视角的社区居民服务体系结构与上述分类是否同构。

课题组通过探索性因素分析，将未符合项目分析指标的测量题项排除，然后将符合项目分析的指标值的题项变量纳入因素分析中，再次删除不符合要求的题项，重复前述的过程，直至达到要求，不能继续删除为止。抽取公因子的方法是主成分分析法和主轴因素分析法，不限定公因子数目，以保留特征值大于1的因子。然后利用直交转抽法中的最大变异法进行因素旋转。本次删除题项的原则：一是若一个测量题在两个共同因素旋转会后的共同负荷均大于0.45，可以考虑产出此题；二是在一个共同因子中包含不同层面类别的测量题项，可保留测量题项较多的类别，删除归属题项数少的类别的题项中的最大负荷者。当然在探索过程中被删除的测题可以根据需要重新纳入因素分析，直至探索出最佳的结构。

（二）分析结果

表3－32和表3－33反映了60个测题项目全部纳入因素分析的结果，从表4－1可以看出，60个测题项被归属到4个公因子中，累积解释变异量为83.426%。表4－2是反映了因素旋转后的成分矩阵，第1－2个公共因子分别包含18个和17个测题项，第3公因子包含16个测题项，第4个因子包含9个测题项，从具体的测题项的内容来看，公因子1主要是社区社会保障服务层面测题，公因子2的测题分布较均衡，没有明显的归类倾向，公因子3主要是社区安全服务，公因子4主要是便民服务类。

表3－32　　总方差解释

组件	提取载荷平方和			旋转载荷平方和		
	总计	方差百分比	累积 %	总计	方差百分比	累积 %
1	45.853	76.422	76.422	15.066	25.109	25.109
2	1.810	3.017	79.439	12.856	21.427	46.537
3	1.293	2.155	81.594	12.113	20.188	66.724
4	1.099	1.832	83.426	10.021	16.702	83.426

提取方法：主成分分析。

表3－33　　旋转后的成分矩阵

		组件			
		1	2	3	4
1	社区低保人员救助服务满意度_社区社会保障服务	0.796	0.29	0.338	0.261
2	社区老年人（残疾人）优待服务满意度_社区社会保障服务	0.76	0.288	0.394	0.28
3	社区特殊群体帮扶服务满意度_社区社会保障服务	0.754	0.287	0.358	0.308
4	社区残疾人无障碍设施建设服务满意度_社区社会保障服务	0.728	0.371	0.308	0.344
5	社区科普服务满意度_社区文化、教育和体育服务	0.666	0.393	0.328	0.397
6	社区警务设施和警力配备服务满意度_社区安全服务	0.636	0.431	0.293	0.393
7	社区群众性体育组织建设服务满意度_社区文化、教育和体育服务	0.634	0.425	0.32	0.368
8	社区应急服务满意度_社区安全服务	0.631	0.428	0.389	0.324
9	社区“零就业家庭”就业帮扶服务满意度_社区就业服务	0.629	0.387	0.404	0.215

续表

		组件			
		1	2	3	4
10	社区体育设施建设服务满意度_社区文化、教育和体育服务	0. 628	0. 383	0. 312	0. 4
11	社区老年人信息档案服务满意度_社区社会保障服务	0. 627	0. 335	0. 515	0. 272
12	社区老年人（残疾人）精神关怀服务满意度_社区社会保障服务	0. 624	0. 388	0. 436	0. 225
13	社区健身宣传培训服务满意度_社区文化、教育和体育服务	0. 608	0. 523	0. 37	0. 245
14	社区早教服务满意度_社区文化、教育和体育服务	0. 602	0. 498	0. 435	0. 303
15	社区中小学生社会实践服务满意度_社区文化、教育和体育服务	0. 595	0. 462	0. 395	0. 354
16	社区居民转诊服务满意度_社区卫生和计划生育服务	0. 584	0. 51	0. 392	0. 314
17	社区托老（残）服务满意度_社区社会保障服务	0. 577	0. 34	0. 525	0. 379
18	社区临时救助服务满意度_社区社会保障服务	0. 571	0. 446	0. 465	0. 336
19	社区治安状况告知服务满意度_社区安全服务	0. 3	0. 721	0. 226	0. 399
20	社区出租房屋相关服务满意度_社区安全服务	0. 345	0. 708	0. 417	0. 35
21	社区矫正服务满意度_社区安全服务	0. 336	0. 679	0. 282	0. 365
22	社区禁毒宣传服务满意度_社区安全服务	0. 369	0. 643	0. 301	0. 322
23	社区教育培训服务满意度_社区文化、教育和体育服务	0. 416	0. 624	0. 458	0. 345
24	社区治安服务满意度_社区安全服务	0. 316	0. 623	0. 285	0. 445
25	社区居民体质测试服务满意度_社区文化、教育和体育服务	0. 404	0. 618	0. 466	0. 254
26	社区帮教安置服务满意度_社区安全服务	0. 422	0. 605	0. 349	0. 398
27	社区法律服务满意度_社区安全服务	0. 524	0. 6	0. 365	0. 32
28	社区青少年自护和不良青少年帮教服务满意度_社区安全服务	0. 386	0. 586	0. 347	0. 441
29	社区流动人口服务满意度_社区安全服务	0. 522	0. 581	0. 323	0. 399
30	社区群众文化服务满意度_社区文化、教育和体育服务	0. 538	0. 568	0. 418	0. 336
31	社区残疾人温馨家园服务满意度_社区社会保障服务	0. 505	0. 554	0. 494	0. 256
32	社区群众体育健身服务满意度_社区文化、教育和体育服务	0. 49	0. 545	0. 465	0. 371
33	社区居民阅览服务满意度_社区文化、教育和体育服务	0. 505	0. 521	0. 324	0. 397
34	社区计划生育服务满意度_社区卫生和计划生育服务	0. 518	0. 519	0. 443	0. 325
35	社区急救保健服务满意度_社区卫生和计划生育服务	0. 494	0. 513	0. 364	0. 393
36	社区老年人（残疾人）就餐送餐服务满意度_社区社会保障服务	0. 4	0. 334	0. 698	0. 302
37	社区自主创业就业服务满意度_社区就业服务	0. 392	0. 324	0. 678	0. 35
38	社区老年人（残疾人）出行服务满意度_社区社会保障服务	0. 358	0. 423	0. 671	0. 318
39	社区安全稳定服务满意度_社区安全服务	0. 466	0. 369	0. 624	0. 363

续表

		组件			
		1	2	3	4
40	社区职业介绍服务满意度_社区就业服务	0.422	0.502	0.621	0.271
41	社区老年人（残疾人）居家养老服务满意度_社区社会保障服务	0.457	0.419	0.621	0.255
42	社区居民健康档案服务满意度_社区卫生和计划生育服务	0.457	0.176	0.621	0.367
43	社区劳动就业咨询服务满意度_社区就业服务	0.49	0.37	0.61	0.25
44	社区消防安全服务满意度_社区安全服务	0.394	0.324	0.604	0.362
45	社区独生子女家庭服务满意度_社区卫生和计划生育服务	0.363	0.511	0.601	0.26
46	社区代收代缴服务满意度_社区便民服务	0.191	0.337	0.579	0.502
47	社区企业退休人员服务满意度_社区社会保障服务	0.453	0.551	0.575	0.275
48	社区家政服务满意度_社区便民服务	0.353	0.271	0.568	0.53
49	社区公共卫生和基本医疗服务满意度_社区卫生和计划生育服务	0.413	0.322	0.546	0.348
50	社区就业困难人员再就业服务满意度_社区就业服务	0.538	0.511	0.544	0.197
51	社区老年人（残疾人）电子辅助服务满意度_社区社会保障服务	0.493	0.509	0.522	0.334
52	社区绿化美化服务满意度_社区环境管理服务	0.301	0.236	0.172	0.795
53	社区环境保护服务（绿色社区创建）满意度_社区环境管理服务	0.149	0.321	0.24	0.778
54	社区心理咨询服务满意度_社区便民服务	0.166	0.539	0.239	0.706
55	社区节能服务满意度_社区环境管理服务	0.329	0.38	0.298	0.655
56	社区网络信息服务满意度_社区便民服务	0.4	0.286	0.339	0.653
57	社区环境综合治理服务满意度_社区安全服务	0.394	0.407	0.337	0.648
58	社区便民商业服务满意度_社区便民服务	0.489	0.1	0.485	0.635
59	社区物技防设施建设服务满意度_社区安全服务	0.437	0.431	0.325	0.573
60	社区市政公共设施建设服务满意度_社区便民服务	0.533	0.241	0.426	0.543

根据上述删除测题项的原则，删除了第 6、8、31、32 号测题，再次进行因素分析，得到如表 3－34 和表 3－35 的结果。

表 3－34　　总方差解释

组件	提取载荷平方和			旋转载荷平方和		
	总计	方差百分比	累积 %	总计	方差百分比	累积 %
1	42.542	75.968	75.968	13.694	24.454	24.454
2	1.787	3.191	79.159	12.019	21.462	45.916
3	1.275	2.277	81.436	11.411	20.376	66.293
4	1.053	1.881	83.318	9.534	17.025	83.318

提取方法：主成分分析。

删除后第二次因素分析得到4个公因子的解释总变异量为83.318%，4个公因子包含的测题项见表3－35。

表3－35　旋转后的成分矩阵

测题序号	测题项目	组件			
		1	2	3	4
1	社区低保人员救助服务满意度_社区社会保障服务	0.806	0.294	0.329	0.264
2	社区老年人（残疾人）优待服务满意度_社区社会保障服务	0.769	0.284	0.383	0.288
3	社区特殊群体帮扶服务满意度_社区社会保障服务	0.751	0.292	0.363	0.307
4	社区残疾人无障碍设施建设服务满意度_社区社会保障服务	0.716	0.370	0.317	0.350
5	社区科普服务满意度_社区文化、教育和体育服务	0.669	0.396	0.320	0.402
6	社区老年人信息档案服务满意度_社区社会保障服务	0.640	0.336	0.503	0.272
7	社区老年人（残疾人）精神关怀服务满意度_社区社会保障服务	0.631	0.392	0.427	0.225
8	社区群众性体育组织建设服务满意度_社区文化、教育和体育服务	0.628	0.425	0.324	0.372
9	社区健身宣传培训服务满意度_社区文化、教育和体育服务	0.627	0.524	0.348	0.252
10	社区体育设施建设服务满意度_社区文化、教育和体育服务	0.623	0.393	0.316	0.395
11	社区“零就业家庭”就业帮扶服务满意度_社区就业服务	0.610	0.391	0.421	0.214
12	社区早教服务满意度_社区文化、教育和体育服务	0.603	0.494	0.431	0.309
13	社区居民转诊服务满意度_社区卫生和计划生育服务	0.595	0.510	0.378	0.319
14	社区中小学生社会实践服务满意度_社区文化、教育和体育服务	0.577	0.461	0.409	0.358
15	社区托老（残）服务满意度_社区社会保障服务	0.572	0.339	0.530	0.380
16	社区临时救助服务满意度_社区社会保障服务	0.564	0.446	0.471	0.338
17	社区治安状况告知服务满意度_社区安全服务	0.279	0.724	0.246	0.393
18	社区出租房屋相关服务满意度_社区安全服务	0.348	0.706	0.412	0.350
19	社区矫正服务满意度_社区安全服务	0.321	0.678	0.298	0.364
20	社区禁毒宣传服务满意度_社区安全服务	0.375	0.655	0.291	0.313
21	社区治安服务满意度_社区安全服务	0.293	0.631	0.309	0.433
22	社区教育培训服务满意度_社区文化、教育和体育服务	0.426	0.623	0.449	0.345
23	社区居民体质测试服务满意度_社区文化、教育和体育服务	0.416	0.622	0.450	0.253
24	社区法律服务满意度_社区安全服务	0.505	0.604	0.382	0.316
25	社区帮教安置服务满意度_社区安全服务	0.418	0.604	0.351	0.401
26	社区青少年自护和不良青少年帮教服务满意度_社区安全服务	0.411	0.595	0.321	0.436

续表

测题序号	测题项目	组件			
		1	2	3	4
27	社区流动人口服务满意度_社区安全服务	0.519	0.581	0.319	0.406
28	社区群众文化服务满意度_社区文化、教育和体育服务	0.530	0.569	0.424	0.336
29	社区计划生育服务满意度_社区卫生和计划生育服务	0.509	0.524	0.449	0.321
30	社区居民阅览服务满意度_社区文化、教育和体育服务	0.506	0.523	0.315	0.401
31	社区急救保健服务满意度_社区卫生和计划生育服务	0.509	0.521	0.341	0.395
32	社区老年人（残疾人）就餐送餐服务满意度_社区社会保障服务	0.402	0.337	0.694	0.301
33	社区自主创业就业服务满意度_社区就业服务	0.388	0.332	0.685	0.338
34	社区老年人（残疾人）出行服务满意度_社区社会保障服务	0.355	0.426	0.671	0.317
35	社区安全稳定服务满意度_社区安全服务	0.456	0.377	0.626	0.361
36	社区老年人（残疾人）居家养老服务满意度_社区社会保障服务	0.456	0.415	0.621	0.258
37	社区居民健康档案服务满意度_社区卫生和计划生育服务	0.458	0.192	0.620	0.354
38	社区劳动就业咨询服务满意度_社区就业服务	0.483	0.382	0.618	0.240
39	社区职业介绍服务满意度_社区就业服务	0.431	0.508	0.610	0.267
40	社区独生子女家庭服务满意度_社区卫生和计划生育服务	0.364	0.518	0.597	0.255
41	社区消防安全服务满意度_社区安全服务	0.398	0.330	0.595	0.360
42	社区代收代缴服务满意度_社区便民服务	0.182	0.345	0.590	0.491
43	社区家政服务满意度_社区便民服务	0.342	0.271	0.579	0.527
44	社区企业退休人员服务满意度_社区社会保障服务	0.464	0.554	0.561	0.272
45	社区公共卫生和基本医疗服务满意度_社区卫生和计划生育服务	0.403	0.332	0.553	0.341
46	社区就业困难人员再就业服务满意度_社区就业服务	0.531	0.511	0.547	0.200
47	社区老年人（残疾人）电子辅助服务满意度_社区社会保障服务	0.500	0.506	0.513	0.339
48	社区绿化美化服务满意度_社区环境管理服务	0.292	0.242	0.177	0.796
49	社区环境保护服务（绿色社区创建）满意度_社区环境管理服务	0.149	0.326	0.233	0.778
50	社区心理咨询服务满意度_社区便民服务	0.167	0.545	0.239	0.699
51	社区节能服务满意度_社区环境管理服务	0.318	0.379	0.303	0.662
52	社区网络信息服务满意度_社区便民服务	0.384	0.289	0.352	0.652
53	社区环境综合治理服务满意度_社区安全服务	0.393	0.403	0.339	0.651
54	社区便民商业服务满意度_社区便民服务	0.470	0.101	0.508	0.632
55	社区物技防设施建设服务满意度_社区安全服务	0.449	0.426	0.313	0.580
56	社区市政公共设施建设服务满意度_社区便民服务	0.529	0.240	0.430	0.549

注：提取方法：主成分分析。

旋转方法：Kaiser 标准化最大方差法。

a. 旋转在 11 次迭代后已收敛。

根据删除测题项的原则，第 3 次因素分析前删除第 29、44 和 47 号测题项。以此类推，课题组成员反复探索和比对研究，最终经过 30 余次探索性因素分析后得到最后的结果，见表 3－36 和表 3－37。

最终反映居民社区服务满意度问卷的测题项为 45 项，共减少了 15 项，4 个公因子累积解释变异量 83.151%，KMO 值为 0.814。

表 3－36　　KMO 和巴特利特检验

KMO 取样适切性量数。		0.814
Bartlett 的球形度检验	上次读取的卡方	6170.306
	自由度	990
	显著性	0.000

表 3－37　　总方差解释

组件	提取载荷平方和			旋转载荷平方和		
	总计	方差百分比	累积 %	总计	方差百分比	累积 %
1	33.529	74.508	74.508	10.928	24.284	24.284
2	1.720	3.821	78.330	9.531	21.180	45.464
3	1.165	2.589	80.919	8.488	18.863	64.327
4	1.004	2.232	83.151	8.471	18.824	83.151

提取方法：主成分分析。

（三）因子命名

表 3－38 和表 3－39 反映了居民社区公共服务体系结构测题分布和含义。因素分析的抽取公因子 1 共有 14 个测题项，其中有 8 个测题归类于社区社会保障服务，其中序号 7 的测题为“社区‘零就业家庭’就业帮扶服务”，原归属在社区就业服务类，但显然零就业家庭，是弱势群体，属于典型的救助帮扶对象，因此此测题归于社会保障类是合理的；测题 6“社区健身宣传培训服务满意度”、测题 9“社区科普服务满意度”和测题 10“社区体育设施建设服务满意度”这 3 个测题项原归类于社区文化、教育和体育服务；测题 13“社区居民转诊服务满意度”和测题 14“社区公共卫生和基本医疗服务满意度”原归属与社区卫生和计划生育服务。这 5 个测题不能简单归类于社区社会保障服务，而是覆盖了卫生、教育、体育等方面的基本需求服务，加之前 9 个社区保

障服务是基本生活保障服务，因此公因子 1 可以重新命名为基础型社区服务。

公因子 2 包括 13 个测题项，按原归类要复杂一些，各类服务均在此公因子中，当然主要还是就业服务、和提升生活品质的服务，课题组反复思考，认为此公因子主要的含义是生活技能、就业能力和心理能力等方面服务，测题 16、18、22 和 24 主要就业能力提升服务，测题 15、17、21、23 和 27 主要体现了生活能力提升服务；测题 19、20、23、26 主要是心理增能服务，综合来看，公因子 2 可重新命名为增能型社区服务。

表 3－38　　旋转后的成分矩阵

测题序号	测题项目	组件			
		1	2	3	4
1	社区低保人员救助服务满意度_社区社会保障服务	0.825	0.306	0.289	0.274
2	社区特殊群体帮扶服务满意度_社区社会保障服务	0.784	0.317	0.290	0.322
3	社区老年人（残疾人）优待服务满意度_社区社会保障服务	0.784	0.365	0.280	0.293
4	社区残疾人无障碍设施建设服务满意度_社区社会保障服务	0.683	0.342	0.395	0.335
5	社区老年人（残疾人）精神关怀服务满意度_社区社会保障服务	0.676	0.394	0.376	0.235
6	社区健身宣传培训服务满意度_社区文化、教育和体育服务	0.660	0.327	0.507	0.263
7	社区“零就业家庭”就业帮扶服务满意度_社区就业服务	0.659	0.369	0.346	0.256
8	社区老年人信息档案服务满意度_社区社会保障服务	0.654	0.500	0.295	0.291
9	社区科普服务满意度_社区文化、教育和体育服务	0.623	0.378	0.383	0.396
10	社区体育设施建设服务满意度_社区文化、教育和体育服务	0.587	0.362	0.390	0.385
11	社区托老（残）服务满意度_社区社会保障服务	0.577	0.524	0.332	0.388
12	社区临时救助服务满意度_社区社会保障服务	0.565	0.474	0.432	0.345
13	社区居民转诊服务满意度_社区卫生和计划生育服务	0.561	0.427	0.497	0.317
14	社区公共卫生和基本医疗服务满意度_社区卫生和计划生育服务	0.486	0.479	0.282	0.373
15	社区老年人（残疾人）就餐送餐服务满意度_社区社会保障服务	0.382	0.723	0.326	0.302
16	社区自主创业就业服务满意度_社区就业服务	0.395	0.695	0.315	0.337
17	社区老年人（残疾人）出行服务满意度_社区社会保障服务	0.352	0.684	0.412	0.322
18	社区职业介绍服务满意度_社区就业服务	0.418	0.657	0.476	0.266
19	社区独生子女家庭服务满意度_社区卫生和计划生育服务	0.357	0.643	0.474	0.259
20	社区安全稳定服务满意度_社区安全服务	0.465	0.641	0.330	0.375
21	社区老年人（残疾人）居家养老服务满意度_社区社会保障服务	0.448	0.637	0.405	0.263
22	社区劳动就业咨询服务满意度_社区就业服务	0.483	0.636	0.355	0.249

续表

测题序号	测题项目	组件			
		1	2	3	4
23	社区消防安全服务满意度_社区安全服务	0.383	0.634	0.302	0.362
24	社区企业退休人员服务满意度_社区社会保障服务	0.474	0.588	0.505	0.285
25	社区家政服务满意度_社区便民服务	0.365	0.559	0.229	0.555
26	社区居民健康档案服务满意度_社区卫生和计划生育服务	0.540	0.557	0.147	0.375
27	社区代收代缴服务满意度_社区便民服务	0.229	0.553	0.274	0.540
28	社区治安状况告知服务满意度_社区安全服务	0.285	0.266	0.735	0.377
29	社区矫正服务满意度_社区安全服务	0.323	0.305	0.695	0.355
30	社区出租房屋相关服务满意度_社区安全服务	0.375	0.413	0.686	0.354
31	社区治安服务满意度_社区安全服务	0.295	0.334	0.640	0.410
32	社区禁毒宣传服务满意度_社区安全服务	0.398	0.314	0.630	0.306
33	社区帮教安置服务满意度_社区安全服务	0.436	0.341	0.609	0.399
34	社区流动人口服务满意度_社区安全服务	0.509	0.343	0.601	0.383
35	社区法律服务满意度_社区安全服务	0.508	0.404	0.589	0.315
36	社区青少年自护和不良青少年帮教服务满意度_社区安全服务	0.380	0.395	0.572	0.418
37	社区绿化美化服务满意度_社区环境管理服务	0.286	0.166	0.263	0.788
38	社区环境保护服务（绿色社区创建）满意度_社区环境管理服务	0.158	0.228	0.347	0.757
39	社区心理咨询服务满意度_社区便民服务	0.164	0.250	0.545	0.695
40	社区网络信息服务满意度_社区便民服务	0.361	0.363	0.269	0.671
41	社区节能服务满意度_社区环境管理服务	0.329	0.269	0.399	0.667
42	社区环境综合治理服务满意度_社区安全服务	0.394	0.328	0.401	0.661
43	社区便民商业服务满意度_社区便民服务	0.463	0.478	0.109	0.649
44	社区物技防设施建设服务满意度_社区安全服务	0.420	0.336	0.430	0.583
45	社区市政公共设施建设服务满意度_社区便民服务	0.540	0.383	0.241	0.574

提取方法：主成分分析。
旋转方法：Kaiser 标准化最大方差法。
a. 旋转在 9 次迭代后已收敛。

公因子 3 共有 9 个测题，所含的测题全部属于安全型社区服务，与传统分类一致。公因子 4 共有 9 个测题，总体属于便民服务，包含了环保方面的内容，统称便民型社区服务。

表 3－39　　居民视角的社区公共服务体系结构

测题序号	因子名称	测题内容	测题序号	因子名称	测题内容
1	因子 1：基础型社区服务	社区“零就业家庭”就业帮扶服务	15	因子 3：安全型社区服务	社区流动人口服务
2	因子 1：基础型社区服务	社区老年人（残疾人）精神关怀服务	16	因子 3：安全型社区服务	社区出租房屋相关服务
3	因子 1：基础型社区服务	社区老年人（残疾人）优待服务	17	因子 3：安全型社区服务	社区治安状况告知服务
4	因子 1：基础型社区服务	社区残疾人无障碍设施建设服务	18	因子 3：安全型社区服务	社区治安服务
5	因子 1：基础型社区服务	社区老年人信息档案服务	19	因子 3：安全型社区服务	社区矫正服务
6	因子 1：基础型社区服务	社区托老（残）服务	20	因子 3：安全型社区服务	社区帮教安置服务
7	因子 1：基础型社区服务	社区低保人员救助服务	21	因子 3：安全型社区服务	社区禁毒宣传服务
8	因子 1：基础型社区服务	社区特殊群体帮扶服务	22	因子 3：安全型社区服务	社区青少年自护和不良青少年帮教服务
9	因子 1：基础型社区服务	社区临时救助服务	23	因子 2：增能型社区服务	社区劳动就业咨询服务
10	因子 1：基础型社区服务	社区公共卫生和基本医疗服务	24	因子 2：增能型社区服务	社区职业介绍服务
11	因子 1：基础型社区服务	社区居民转诊服务	25	因子 2：增能型社区服务	社区自主创业就业服务
12	因子 1：基础型社区服务	社区科普服务	26	因子 2：增能型社区服务	社区老年人（残疾人）居家养老服务
13	因子 1：基础型社区服务	社区体育设施建设服务	27	因子 2：增能型社区服务	社区老年人（残疾人）就餐送餐服务
14	因子 1：基础型社区服务	社区健身宣传培训服务	28	因子 2：增能型社区服务	社区老年人（残疾人）出行服务

续表

测题序号	因子名称	测题内容	测题序号	因子名称	测题内容
29	因子2：增能型社区服务	社区企业退休人员服务	37	因子4：便民型社区服务	社区环境综合治理服务
30	因子2：增能型社区服务	社区居民健康档案服务	38	因子4：便民型社区服务	社区绿化美化服务
31	因子2：增能型社区服务	社区独生子女家庭服务	39	因子4：便民型社区服务	社区环境保护服务（绿色社区创建）
32	因子2：增能型社区服务	社区消防安全服务	40	因子4：便民型社区服务	社区节能服务
33	因子2：增能型社区服务	社区安全稳定服务	41	因子4：便民型社区服务	社区市政公共设施建设服务
34	因子2：增能型社区服务	社区家政服务	42	因子4：便民型社区服务	社区便民商业服务
35	因子2：增能型社区服务	社区代收代缴服务	43	因子4：便民型社区服务	社区心理咨询服务
36	因子4：便民型社区服务	社区物技防设施建设服务	44	因子4：便民型社区服务	社区网络信息服务

（四）社区公共服务体系结构信度分析

表3－40反映了四个社区公共服务体系结构的信度分析结果，各测题的内部一致性信度系数甚佳，均达到0.95以上。

表3－40　　居民社区服务可靠性统计

服务类型	克隆巴赫系数	项数
基础型社区服务	0.976	14
增能型社区服务	0.973	13
安全型社区服务	0.960	9
便民型社区服务	0.952	9

综上，传统的社区服务分类是按政府职能条块分割形成的，与居民的认知和情感结构不仅一致，比如传统的社区服务的3大类：社区就业服务、社区文化、教育及体育服务和社区卫生、计划生育服务在因素分析中不能找到其完整的结构，分散在4个因子中，可见本课题组研究探讨并梳理了居民视角下的社区服务分类结构。

第四节 社区归属感结构及影响因素

一、居民社区归属感结构模型探索

（一）内涵界定和题目编订

社区治理，一个很重要的指标是社区氛围的好坏，而社区氛围又与归属感有关，因此需要测评社区居民的社区归属感。居民的社区归属感的表现和内在关系很复杂。课题组以因素分析方法，探索社区归属感的结构模型，对原始的大量的归属感因子的分解，可归纳出其潜在的因素，相关性较强的指标归为一类，不同类之间的相关性则较低，每一类别代表了一个"共同因子"，从而找出居民社区归属感的内在结构。

（二）结果分析

课题组对测评数据进行因素分析，因素分析中各个因子的解释力度（特征根）表明了该因素对总体的变异的影响程度，同时也表明了它在所有因素当中的重要程度。本次研究利用主成分因素分析法（principal factor analysis，PFA），对抽取因子进行强制设定为3个因子，因子负荷量表示的是该题目对该因素的线性回归方程的系数。正交旋转后的负荷量等于该题目与该因素的相关系数。它的取值在 -1—1，绝对值接近1的相关程度大。

因素分析的结果列于表3-41、表3-42、表3-43、分别解释如下：

表 3 -41　　社区归属感因素分析 KMO 和巴特利特检验

KMO 取样适切性量数。		0.875
Bartlett 的球形度检验	上次读取的卡方	2259.588
	自由度	36
	显著性	0.000

表中第一行检验变量间偏相关性的 KMO 统计量值，当 KMO 值越大时，表量之间的共同因素越多，根据学者 Kaiser 的观点，如果 KMO 的值小于 0.5 时，不宜进行因素分析，此处的 KMO 值为 0.875，表示变量间相关程度无太大的差异，数据非常适合做因素分析。此外 Bartlet's 球形假设检验的 x' 值为 2259.59（自由度为 36）达到显著水平，说明原始的测量数据间并非独立，取值是有关系的，代表母群体相关关系矩阵间存在共同因素，适合进行因素分析。

表 3 -42　　社区归属感因素分析总方差解释

组件	初始特征值			提取载荷平方和			旋转载荷平方和		
	总计	方差百分比	累积 %	总计	方差百分比	累积 %	总计	方差百分比	累积 %
1	4.419	49.105	49.105	4.419	49.105	49.105	2.206	24.515	24.515
2	0.960	10.667	59.772	0.960	10.667	59.772	2.185	24.280	48.796
3	0.858	9.534	69.306	0.858	9.534	69.306	1.846	20.511	69.306
4	0.661	7.344	76.650						
5	0.556	6.175	82.825						
6	0.455	5.059	87.884						
7	0.410	4.556	92.440						
8	0.356	3.957	96.398						
9	0.324	3.602	100.000						

提取方法：主成分分析。

表 3 -42 反映的是社区归属感因素分析总方差解释变异数表，指定因子个数为 3 的情况下，3 个因子旋转后的特征值为 2.206、2.185 和 1.846，3 个因子的解释变异量分别为 24.515%、24.280% 和 20.511%，，累积解释变异量为 69.306%，接近 70%，超过 50% 的最低要求。

为了使每一共同因子内各项目变量的因素负荷量大小差尽量达到最大，以利于共同因素的辨认与命名。表 20 - 3 为使用主成分分析法，最大变异法（varimax solutin）进行共同因素正交旋转处理的主成分复合矩阵表，反映了各测试题目对主成分的贡献度。

当限定为 3 个因子时，9 个题目全部纳入因素分析，抽取了 3 个因子，各包含了 3 个题目，第 1 个因子包含的题目有：204. 你对社区居委会的信任程度、203. 你对所在社区的喜爱程度和 205. 你对业委会的信任程度；第 2 个因子包含的题目是：201. 你与周围邻居关系如何、207. 你与邻居相互帮忙情况和 202. 你对社区公约熟悉程度；第 3 个因子包含的题目有：210. 你参与社区活动的情况、209. 你对在社区发生事情的兴趣度和 206. 你对小区居民的信任程度。

表 3 - 43　　社区归属感因素分析旋转后的成分矩阵

	组件		
	1	2	3
你对社区居委会的信任程度	0.819	0.197	0.227
你对所在社区的喜爱程度	0.706	0.460	0.030
你对社区居委会的信任程度	0.666	0.010	0.485
你与周围邻居关系如何	0.223	0.847	0.105
你与邻居相互帮忙情况	0.069	0.743	0.416
你对社区公约熟悉程度	0.519	0.595	0.176
你参与社区活动的情况	0.050	0.337	0.769
你对在社区发生事情的兴趣度	0.382	0.094	0.740
你对小区居民的信任程度	0.346	0.435	0.453

提取方法：主成分分析。

旋转方法：Kaiser 标准化最大方差法。

a. 旋转在 13 次迭代后已收敛。

（三）因子命名

——组织归属感。第 1 个因子包含的 3 个题目主要是对社区居委会、业委会的信任程度，以及对社区整体喜欢程度，反映了居民对组织的信任和喜欢状况，可命名为组织归属感。

——人际关系归属感。第 2 个因子主要涉及与邻居的关系、互助和社区公约情况，基本上都涉及社区内人际关系认知和感受，可命名为关系归属感。

——活动归属感。第2个因子所包含的3个题目主要涉及社区活动、社区事情和对居民的信任，均和活动认知和感受有关，可命名为活动归属感。

二、居民社区归属感3因子结构的信度分析

表3-44　　可靠性统计

克隆巴赫系数	基于标准化项目的克隆巴赫系数	项数
0.822	0.825	3

从表3-44可以看出居民归属感的3个因子的内部一致性信度系数，即克隆巴赫系数为0.822，基于标准化项目的克隆巴赫系数是0.825，后者是将样本观察值在各题变量的得分化为标准分（Z分数）后，再计算量表的信度，即为标准化的a系数，适用于各个题目的测量单位不同，比如有的题目采用李克特7点量表评分，有的采用5点量表评分，需要把数据标准化为Z分数后才能计算信度系数，本研究的9个题目均采用5点评分，二者差异不大。按照信度指标值的判断标准，本量表工具的内部一致性甚佳。

表3-45　　项目总计统计

	删除项目后的标度平均值	删除项目后的标度方差	校正后项目与总分相关性	平方多重相关	项目删除后的克隆巴赫系数
社区归属感：组织归属	5.4798	1.963	0.678	0.461	0.753
社区归属感：人际归属	5.3235	1.686	0.682	0.465	0.756
社区归属感：活动归属	5.1282	2.007	0.680	0.463	0.754

校正后项目与总分相关性介于0.678-0.680，相关系数均高于0.400，达到中等程度相关，项目删除后的克隆巴赫系数值没有高于0.822，表明反映社区归属感的3个因子的一致性信度很好（见表3-45）。

三、居民社区归属感总体状况

本课题组把归属感评价 1 为最高，5 为最低，选择 1 – 1.5 范围定义为高归属感，选择 1.6 –2.5 范围中高归属感，2.6 – 3.5 范围定义为中低归属感，3.6 –5 定义为低归属感。

由表 3 –46 可知，3 类归属感均是中低归属感比例最高，其次是中高归属感，总体上社区居民社区归属感状况处于中间水平，三类归属感的平均值在 2.47 –2.82，分数越高，归属感越低，比较而言活动归属感最低，组织归属感最高。

表 3 –46　　项目总计统计

		频率	百分比	有效百分比	累积百分比	平均值（E）	标准偏差
组织归属	高归属感	66	6.7	10.1	10.1	2.4755	0.73350
	中高归属感	255	26.0	39.0	49.1		
	中低归属感	283	28.9	43.3	92.4		
	低归属感	50	5.1	7.6	100.0		
	总计	654	66.7	100.0			
人际归属效	高归属感	90	9.2	9.3	9.3	2.5992	0.84254
	中高归属感	375	38.3	38.7	48.0		
	中低归属感	356	36.3	36.7	84.7		
	低归属感	148	15.1	15.3	100.0		
	总计	969	98.9	100.0			
活动归属	高归属感	38	3.9	3.9	3.9	2.8261	0.71433
	中高归属感	268	27.3	27.6	31.5		
	中低归属感	499	50.9	51.4	83.0		
	低归属感	165	16.8	17.0	100.0		
	总计	970	99.0	100.0			

从交叉分析结果看，有一成的被访者拥有“高组织归属感”和“高人际归属感”，占比分别是10.1%和9.3%，而高活动归属感最低，仅占3.9%，同时“低活动归属感”占比最高，达到了17.0%，“低组织归属感”最低，不到“低人际归属感”和“低活动归属感”比例的一半，可见社区活动类服务效果堪忧，专业化服务有待加强。

四、居民社区归属感影响因素分析

（一）居住时间对社区归属感的影响

表3-47反映了居民居住社区时间对社区归属感的影响，课题组通过求出双变量的Pearson相关系数来探求二者的关系，居住时间是一个重要的社区归属感的影响因素，由于归属感测量是分数越低，归属感就越高，因此居住时间和组织归属感、人际归属感、活动归属感和总体社区归属感呈中低度负相关（其相关系数分别为-0.174、-0.358和-0.244，相关性假设检验在0.01水平上显著），即居住时间越长，归属感就越强。访谈中也提到居民居住时间对归属感的影响，如“社区成立时间较短，居民定居人数较少”成为社区工作人员的治理难题。

表3-47　　不同居住时间、受教育程度的社区归属感比较

		组织归属	人际归属	活动归属	社区归属感总分
在本小区居住的时间	Pearson 相关性	-0.174**	-0.358**	-0.244**	-0.285**
	显著性（双尾）	0.000	0.000	0.000	0.000
	N	654	968	969	642
受教育程度	Pearson 相关性	0.065	0.148**	0.116**	0.124**
	显著性（双尾）	0.098	0.000	0.000	0.002
	N	647	956	955	636

（二）受教育程度对社区归属感的影响

居民的受教育程度也是一个明显的社区归属感指标，从表3-47可以看出，受教育程度与社区人际归属、活动归属以及总体社区归属感均存在显著的低度正相关（其相关系数分别为0.148、0.116和0.124，相关性假设检验在

0.01 水平上显著)，由于归属感是反向计分，受教育程度越高，归属感就越低，说明教育水平高的居民与社区联系不紧密，社区归属感不强烈，可能与当前社区工作主要针对低学历的弱势群体较多。同时受教育程度与组织归属感相关性不显著。

(三) 不同住房状况对社区归属感的影响

课题组把自购和继承住房状态作为自由房，把租住、单位提供借住等归为非自有房，这样把住房状况分成两类，即自有房和非自有房。表 3-48 反映了两类住房状况对社区归属感独立样本 t 检验的结果，是否住自有房对组织归属（t = -1.242，p = 0.215）、活动归属（t = -1.324，p = 0.186）没有显著差异；是否居住自有房对人际归属感（t = -4.242，p = 0.000）和总体社区归属感（t = -2.271，p = 0.023）有显著差异，说明住房状况对人际归属感有较大影响，自有房的居民比非自有房的居民存在更强烈的人际归属感和总体社区归属感。

表 3-48　　　　不同住房状况的社区归属感比较

	住房状况	n	平均值（E）	标准偏差	方差齐性检验		T 检验	
					F	P	T	P
社区归属感：组织归属	自有房	444	2.4632	0.73290	0.002	0.962	-1.242	0.215
	非自有房	192	2.5417	0.72718				
社区归属感：人际归属	自有房	621	2.5346	0.81524	2.350	0.126	-4.242	0.000
	非自有房	309	2.7821	0.88191				
社区归属感：活动归属	自有房	624	2.8136	0.69493	0.765	0.382	-1.324	0.186
	非自有房	308	2.8788	0.73269				
社区归属感总分	自有房	433	2.6279	0.66380	0.006	0.936	-2.271	0.023
	非自有房	191	2.7574	0.63913				

访谈中谈到的没有居住自有房的流动人口的社区治理压力，也间接证实了非自有房状态对归属感不利的影响，访谈中有 12 人次谈到了流动人口问题成为治理难题，具体表现为：“群租房难治理”“人员复杂、人口流动性增多”“人口流动性强，租住房屋服务不够完善，治理存在一定困难那”“城中村环境差、流动人口大难以管理”“流动性强、居民参与度认可度低”等。

第五节

社区参与满意度分析

一、社区参与与民主管理

前面图中社区公共服务存在的主要问题中，参与度低，占比 11.8%，仅次于专业性不足。说明参与度问题是社区服务中一个主要问题。

（一）居民社区参与多元化增强，主动性不够，频率有待提高

从图 3－3 社区活动参与中可知，居委会、人大代表选举、社区志愿者活动、业委会、互助组、歌舞队、书法兴趣组等活动参与人数积极性高于不参与人数，其中居委会、人大代表选举、书法兴趣组、业委会、互助组参与人数最多，居委会、人大代表选举参与人数达 573 人，业委会参与人数达 347，互助组参与人数达 360 人，社区居民积极参与社区民主管理事务，参加居委会、人大代表选举、参与业委会、互助组等，积极参加社区活动，促进社区治理。

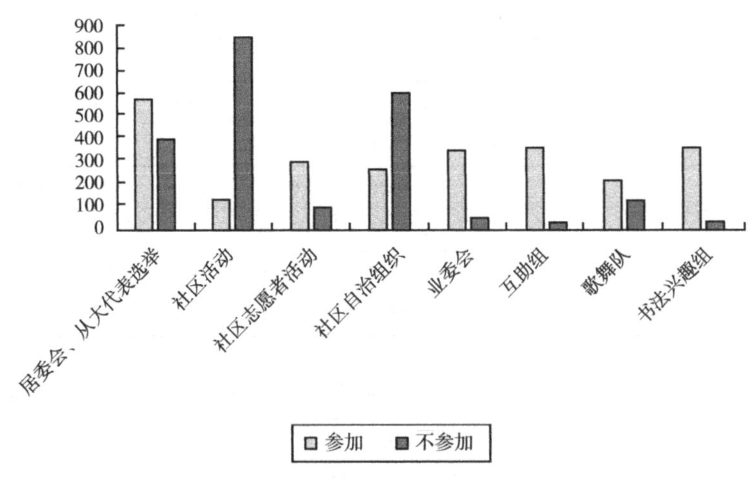

图 3－3　社区活动参与

社区居民是社区建设的主体，居民积极参与社区民主管理等活动，发挥主

人翁意识，积极推动社区建设与发展，形成政府主导、多方参与的社区治理模式。

表 3－49 社区活动参与主动性：参与解决社区问题态度

		响应		个案数的百分比
		N	百分比	
解决社区问题态度[a]	如果有问题影响整个小区，我会主动发动其他居民一起解决问题	204	21.0%	22.6%
	如果有问题影响整个小区，我会参与其他居民的活动一起解决问题	643	66.2%	71.2%
	如果有问题影响整个小区，我不会参加解决问题的活动	124	12.8%	13.7%
总计		971	100.0%	107.5%

表 3－49 反映了如果存在影响整个小区的问题出现时，居民的参与态度，有 71.2% 居民是被动参与，会和其他居民一起参与解决问题，有 22.6% 的被访者会主动参与问题解决，有 13.7% 的人不会参与社区问题解决，表明大多数居民有对社区问题的参与意愿，但主动性不够，需要有人引领。可见，在社区治理中培育社区领袖，带动居民参与非常重要。

表 3－50 社区活动参与频率

		响应		个案数的百分比
		N	百分比	
参加社区活动情况[a]	我非常愿意参加社区志愿活动，且经常参加	163	20.5%	21.2%
	我非常愿意参加社区志愿活动，但由于时间活动形式等原因，参加较少	471	59.3%	61.3%
	我不愿意参加社区志愿活动	160	20.2%	20.8%
总计		794	100.0%	103.4%

表 3－50 反映了居民社区参与频率，发现居民参与社区志愿活动意愿强烈，但经常参与者仅占 21.2%，有 61.3% 居民实际参与较少，不愿意参与者 20.8%，说明社区活动的总体参与度不够，提高居民的实际参与率是一个需要解决的问题。

（二）社区参与的影响因素

在实践中居民往往更多地关注与自身利益密切相关的事务，从表3－51社区活动主观判断可以看出，如果小区一个公共项目不直接对自己有利，仅有37.3%的居民会为此付出时间和金钱，如果社区项目对自身不直接有利，不愿意付出金钱和时间的占比24.5%。有四成居民采取局部参与态度，即只愿付出时间或金钱的占比分别为22.5%和24.0%。滕尼斯认为社区是共同体，在共同体中个体拥有共同意志，共同体精神需要社区居民广泛参与推动社区治理与发展。社区公共项目并不直接促进个体利益发展，间接地形成社区公共服务促进集体利益发展，因此社区建设、发展与居委会、社区居民、社会组织等多方共同协助参与。

表3－51　社区活动是否有利对社区活动参与影响

		响应		个案数的百分比
		N	百分比	
参与社区活动影响因素[a]	如果小区一个公共项目不直接对我有利，我不会为此付出时间和金钱	184	22.6%	24.5%
	如果小区一个公共项目不直接对我有利，我还是会为此付出时间和金钱	280	34.4%	37.3%
	如果小区一个公共项目不直接对我有利，我不会为此付出时间，但愿意付出金钱	180	22.1%	24.0%
	如果小区一个公共项目不直接对我有利，我不会为此付出金钱，但愿意付出时间	169	20.8%	22.5%
总计		813	100.0%	108.3%

居民的社区参与极大地体现了社区的归属感的发展以及社区自治水平，从图3－4我们可以看出居民不参与居委会组织活动的原因主要有：居民没时间参与居委会活动、居民不知道有该活动、居民不想参加、活动形式不喜欢，各占比34%、23%、16.2%、14%。其中居民没时间参与居委会活动占最主要原因，居委会组织活动时间应根据居民闲暇时间来定，充分鼓励社区居民多多参与本社区活动，增强社区凝聚力与社区治理水平，调动居民参与积极性；其次较多居民不知道社区居委会举办社区活动，不知情而导致未

能参与社区活动，表明社区居委会对于活动力度宣传不够，社区居委会举办活动应当加大宣传力度，提高活动参与普及度，充分调动居民参与活动积极性；最后居民对活动形式不喜欢是不愿意参加居委会活动的第三大主要原因，如何举办社区居民喜闻乐见的社区活动，提高社区活动参与率是一项重大议题。

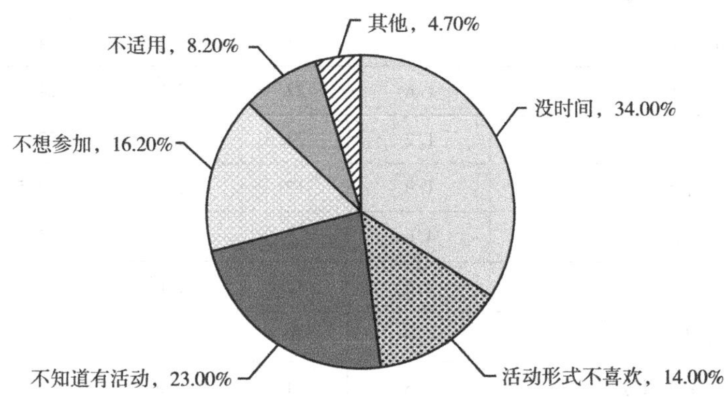

图 3－4　社区居民不参与居委会组织活动原因

二、社区公共服务满意度及影响因素分析

（一）社区公共服务满意度状况

表 3－52 反映的是社区工作人员评估的各自社区里的最好的社区服务和最不好的社区服务，最好的服务排序是按服务占比从高到低排列，为了统一比较，对最不好的服务按占比做反向排列的。就全国整体来看，社区工作人员把计划生育服务、社区公共卫生和基本医疗服务、低保人员救助服务排在前 3 位，占比分别为 11.9%、10.9% 和 10.1%，比例较低，说明全国最好社区服务分布比较分散，最不好的社区服务排在前 3 位的是社区早教服务（第 38 位）、社区残疾人无障碍设施建设服务（第 37 位）和社区老年人（残疾人）出行服务（第 36 位）。

表 3－52　　社区工作人员评估公共服务

服务内容	最好的社区服务		最不好的社区服务		等级差
	百分比（%）	排序	百分比（%）	排序	
社区早教服务	0.1	38	5.8	38	0
社区公共卫生和基本医疗服务	10.9	2	0.8	3	1
社区残疾人无障碍设施建设服务	0.3	36	5.4	37	1
社区低保人员救助服务	10.1	3	1	4.5	1.5
社区急救保健服务	1.6	22	2.9	24.5	2.5
社区教育培训服务	1.2	24.5	3	27	2.5
社区自主创业就业服务	1.9	17	2.1	14.5	2.5
社区劳动就业咨询服务	4.6	5	0.8	2	3
社区特殊群体帮扶服务	2.6	12.5	1.6	9.5	3
社区临时救助服务	1.8	20	2.4	17	3
社区独生子女家庭服务	2.8	11	1.3	7	4
社区流动人口服务	1.9	17	2.8	22	5
社区老年人（残疾人）电子辅助服务	0.3	37	3.5	30	7
社区老年人（残疾人）就餐送餐服务	0.9	27	4.7	34.5	7.5
社区老年人（残疾人）出行服务	0.7	28.5	5.1	36	7.5
社区就业困难人员再就业服务	1.9	17	1.6	9.5	7.5
社区居民阅览服务	1.8	20	1.9	12	8
社区残疾人温馨家园服务	1.1	26	4.7	34.5	8.5
社区居民健康档案服务	3.3	10	0.5	1	9
社区“零就业家庭”就业帮扶服务	2.2	15	2.9	24.5	9.5
社区计划生育服务	11.9	1	1.7	11	10
社区企业退休人员服务	3.4	9	2.5	19.5	10.5
社区老年人（残疾人）优待服务	2.3	14	2.9	24.5	10.5
社区出租房屋相关服务	1.8	20	4	31	11
社区托老（残）服务	0.6	30.5	2.5	19.5	11
社区居民体质测试服务	0.6	30.5	2.5	19.5	11

续表

服务内容	最好的社区服务		最不好的社区服务		等级差
	百分比（%）	排序	百分比（%）	排序	
社区科普服务	2.6	12.5	2.9	24.5	12
社区中小学生社会实践服务	0.7	28.5	2.2	16	12.5
社区老年人信息档案服务	0.5	33	2.5	19.5	13.5
社区群众体育健身服务	1.2	24.5	1.4	8	16.5
社区群众性体育组织建设服务	1.4	23	1.1	6	17
社区职业介绍服务	0.5	32	2.1	14.5	17.5
社区体育设施建设服务	4.5	6	3.1	28	22
社区居民转诊服务	0.4	35	2	13	22
社区老年人（残疾人）精神关怀服务	3.5	8	4.2	32	24
社区群众文化服务	7.1	4	3.4	29	25
社区老年人（残疾人）居家养老服务	4.1	7	4.3	33	26
社区健身宣传培训服务	0.5	34	1	4.5	29.5
总计	100	100	100	100	100

进一步分类分析中可以看出，最好社区服务主要集中在社区救助服务类（平均百分比5.95%）和社区卫生和计划生育服务类（平均百分比4.50%），这与最不好的服务分布是一致的，这两类服务在最不好社区服务评估中占比处于最后两位，平均占比分别为1.70%和1.67%（见图3－5）。

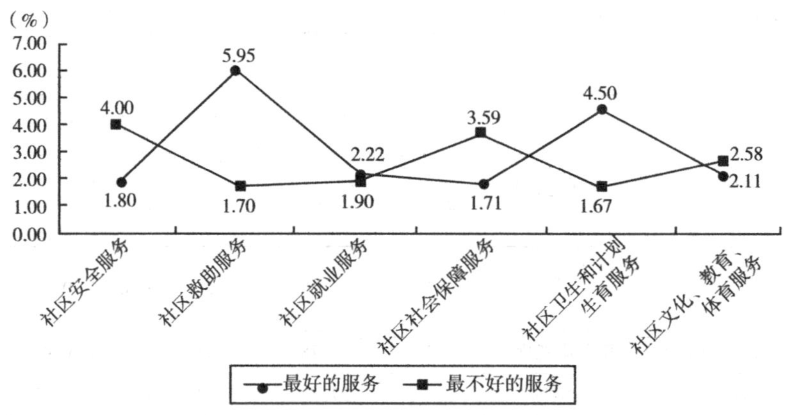

图3－5 最好和最差社区服务分布

最好服务和最不好评估结果不一致的是社区就业服务和社区文化、教育和体育服务，二者的平均占比相差不大，说明这两类服务有较大的提升空间，没有受大家的重视。

表 3－53　　　　社区居民评估公共服务满意度状况

序号	服务内容	N（总人数：980）		平均值	标准偏差	满意度指数	不满意度指数
		享受过	百分比（%）				
1	社区职业介绍服务满意度	322	32.86	3.11	1.31	0.36	0.29
2	社区就业困难人员再就业服务满意度	300	30.61	2.99	1.37	0.32	0.31
3	社区“零就业家庭”就业帮扶服务满意度	263	26.84	2.80	1.44	0.29	0.34
4	社区自主创业就业服务满意度	270	27.55	2.97	1.39	0.32	0.30
5	社区老年人（残疾人）居家养老服务满意度	318	32.45	3.14	1.37	0.37	0.27
6	社区老年人（残疾人）就餐送餐服务满意度	205	20.92	2.97	1.42	0.33	0.32
7	社区老年人（残疾人）出行服务满意度	245	25.00	2.96	1.39	0.33	0.31
8	社区老年人（残疾人）精神关怀服务满意度	335	34.18	3.14	1.36	0.38	0.26
9	社区老年人（残疾人）电子辅助服务满意度	191	19.49	2.79	1.37	0.27	0.37
10	社区老年人（残疾人）优待服务满意度	319	32.55	3.33	1.35	0.42	0.22
11	社区残疾人温馨家园服务满意度	271	27.65	3.04	1.36	0.34	0.27
12	社区残疾人无障碍设施建设服务满意度	265	27.04	3.06	1.36	0.37	0.28
13	社区老年人信息档案服务满意度	345	35.20	3.21	1.33	0.37	0.25
14	社区企业退休人员服务满意度	331	33.78	3.23	1.39	0.41	0.28
15	社区托老（残）服务满意度	268	27.35	3.13	1.37	0.37	0.29

续表

序号	服务内容	N（总人数：980）		平均值	标准偏差	满意度指数	不满意度指数
		享受过	百分比（%）				
16	社区低保人员救助服务满意度	429	43.78	3.40	1.33	0.45	0.22
17	社区特殊群体帮扶服务满意度	362	36.94	3.37	1.35	0.45	0.23
18	社区临时救助服务满意度	337	34.39	3.24	1.32	0.38	0.24
19	社区公共卫生和基本医疗服务满意度	651	66.43	3.55	1.23	0.49	0.16
20	社区居民健康档案服务满意度	426	43.47	3.35	1.31	0.45	0.23
21	社区居民转诊服务满意度	306	31.22	2.98	1.39	0.35	0.32
22	社区计划生育服务满意度	540	55.10	3.27	1.24	0.40	0.23
23	社区独生子女家庭服务满意度	438	44.69	3.35	1.27	0.43	0.23
24	社区急救保健服务满意度	343	35.00	3.23	1.30	0.40	0.28
25	社区群众文化服务满意度	454	46.33	3.18	1.29	0.37	0.27
26	社区教育培训服务满意度	348	35.51	3.12	1.38	0.39	0.28
27	社区早教服务满意度	270	27.55	3.08	1.43	0.39	0.31
28	社区中小学生社会实践服务满意度	367	37.45	3.20	1.37	0.41	0.25
29	社区科普服务满意度	430	43.88	3.17	1.31	0.38	0.26
30	社区居民阅览服务满意度	504	51.43	3.25	1.27	0.39	0.26
31	社区体育设施建设服务满意度	610	62.24	3.35	1.28	0.43	0.21
32	社区群众性体育组织建设服务满意度	419	42.76	3.30	1.31	0.43	0.24
33	社区群众体育健身服务满意度	451	46.02	3.31	1.30	0.42	0.24
34	社区居民体质测试服务满意度	326	33.27	3.13	1.34	0.39	0.27
35	社区健身宣传培训服务满意度	349	35.61	3.11	1.36	0.36	0.30
36	社区流动人口服务满意度	331	33.78	3.02	1.24	0.31	0.31
37	社区出租房屋相关服务满意度	433	44.18	3.07	1.25	0.32	0.28
38	社区治安状况告知服务满意度	557	56.84	3.31	1.24	0.40	0.22
39	社区治安服务满意度	621	63.37	3.46	1.22	0.46	0.17
40	社区矫正服务满意度	245	25.00	3.02	1.40	0.36	0.30
41	社区帮教安置服务满意度	258	26.33	2.97	1.37	0.34	0.31
42	社区禁毒宣传服务满意度	491	50.10	3.24	1.30	0.39	0.25

续表

序号	服务内容	N（总人数：980）		平均值	标准偏差	满意度指数	不满意度指数
		享受过	百分比（%）				
43	社区青少年自护和不良青少年帮教服务满意度	280	28.57	3.10	1.40	0.38	0.31
44	社区法律服务满意度	431	43.98	3.19	1.36	0.38	0.25
45	社区消防安全服务满意度	638	65.10	3.39	1.28	0.43	0.21
46	社区安全稳定服务满意度	538	54.90	3.38	1.29	0.45	0.23
47	社区应急服务满意度	428	43.67	3.29	1.28	0.39	0.24
48	社区警务设施和警力配备服务满意度	434	44.29	3.28	1.29	0.42	0.25
49	社区物技防设施建设服务满意度	300	30.61	2.93	1.36	0.32	0.32
50	社区环境综合治理服务满意度	545	55.61	3.28	1.27	0.41	0.24
51	社区绿化美化服务满意度	679	69.29	3.48	1.19	0.46	0.18
52	社区环境保护服务（绿色社区创建）满意度	579	59.08	3.38	1.25	0.44	0.19
53	社区节能服务满意度	375	38.27	3.11	1.24	0.33	0.27
54	社区市政公共设施建设服务满意度	505	51.53	3.23	1.28	0.39	0.26
55	社区便民商业服务满意度	635	64.80	3.43	1.30	0.47	0.21
56	社区家政服务满意度	375	38.27	3.19	1.33	0.38	0.27
57	社区代收代缴服务满意度	470	47.96	3.47	1.35	0.48	0.21
58	社区心理咨询服务满意度	227	23.16	2.78	1.42	0.30	0.36
59	社区网络信息服务满意度	360	36.73	3.23	1.42	0.42	0.25
均值						0.3871	0.2624
标准差						0.04973	0.04443

社区公共服务满意度。表3-53还反映了社区居民对社区公共服务满意度状况，社区公共服务总体满意度为1.63分，介于非常不满意与不满意之间，社区居民对社区公共服务满意度颇低。社区就业创业服务满意度仅为1.20分，社区老年人（残疾人）服务满意度为1.27分，社区医疗服务满意度1.87分，社区文体教育服务满意度1.75分，社区治安服务满意度1.59分，社区基础设

施服务 1.89 分。从社区居民对公共服务满意度中可知，社区就业创业服务、社区老年人（残疾人）服务满意度最低，且其服务供给率较低，专业服务机构分布较少，导致大部分居民未能享受其社区提供服务，再加上服务水平参差不齐，易引起社区居民对社区公共服务满意度降低。社区医疗服务、社区基础设施服务相对于其他社区公共服务来说满意度略高，但总体还是介于非常不满意与比较不满意之间。

（二）社区公共服务满意度影响因素分析

课题组通过促进社区公共服务质量措施的角度，反向间接探讨了社区公共服务的满意度的影响因素，然后利用多元逐步回归分析法，具体探讨哪些变量对服务满意度的影响程度，并尝试建构服务满意度的回归模型。

1. 促进服务质量的因素

在调查中居民认为要促进社区公共服务质量的措施，主要加强居民参与（54.0%），其次是提升专业人员能力（48.4%），然后是明确主体责任（47.0%）和完善制度（44.0%）（见表 3－54）。

表 3－54　　促进社区公共服务的措施

促进社区公共服务的措施	响应		个案数的百分比（%）
	N	百分比（%）	
完善行政法规制度	428	19.0	44.0
明确各服务的主体职责	457	20.3	47.0
多元化资金投入	293	13.0	30.1
提升专业人员工作能力	470	20.8	48.4
加强居民参与	525	23.3	54.0
其他	82	3.6	8.4
总计	2255	100.0	232.0

2. 服务满意度的预测模型构建

课题组把居民对 60 项社区服务的满意度数据进行汇总平均，得到一个社区服务总满意度指标：服务平均满意度。然后纳入“本小区居住的时间”“受教育程度”“社区归属感：组织归属”“社区归属感：活动归属，”“年龄”“社区归属感：人际归属”6个变量作为自变量，把服务平均满意度为校标变量进行多元回归总的逐步回归分析法，从而找出对“社区服务满意度”的最具预测力的自变量，构建一个最佳的回归分析模型。结果见表3－55。

表3－55　组织归属、小区居住时间、人际归属对社区服务满意度的逐步多元回归分析

投入变量顺序	多元相关系数 R	决定系数 R^2	R^2 改变量	F 值	净 F 值	B	β
常数（截距）						4. 282	
组织归属	0. 274	0. 075	0. 074	48. 805***	48. 805	－0. 489	－0. 362
居住时间	0. 312	0. 097	0. 094	32. 227***	14. 548	－0. 012	－0. 119
人际归属	0. 323	0. 105	0. 100	23. 283***	4. 967	0. 135	0. 115

注：*** $p<0.001$

从表3－55可以看出，6个预测变量中对“服务满意度”有显著预测力的有3个，依次为组织归属、小区居住时间和人际归属，3个预测变量与“服务满意度”因变量的多元相关系数为0. 323，决定系数R2为0. 105，最后回归模型整体性检验F值为23. 283（$p=0.000<0.001$），因而3个预测变量共有有效解释“服务满意度”的10. 5%的变异量。

从每个变量预测力的高低来看，人际归属最具预测力，解释变异量为10%，其次是居住时间，解释力为9. 4%，组织归属的解释力为7. 4%。从标准化的回归系数看，回归模型中的3个预测变量的回归系数值分别为－0. 362,、－0. 119和0. 115，表明组织归属越强（反向计分，分越低，归属感越强），满意度越高，而居住时间越长，满意度越低，影响为负向，人际归属（反向计分，分越低，归属感越强）越低，对服务满意度越高，可能是人际归属低意味着居民的人际关系和融洽度差，对社区公共服务就越依赖，以便对人际关系功能受损的补偿。另外，由于社区公共服务主要是由组织主体来提供，组织归属感对服务满意度的正向影响是顺理成章的事情；我们需要注意的是居住时间对服务满意度的负面影响，说明老居民对服务更在意和更挑剔。

非标准化的回归方程如下：

服务满意度＝4. 282－0. 489×组织归属－0. 012×居住时间＋0. 135×人际

归属

标准化的回归方程式如下：

服务满意度 = -0.362 × 组织归属 -0.119 × 居住时间 +0.115 × 人际归属

从以上本次调研反映出的社区治理和公共服务能力建设的实际情况及其问题可见，当务之急是应将社区自治机制构建和服务能力建设的方向定位在充分发挥基层社会力量的功能作用方面。面对城乡社区人口多元化、利益诉求复杂化的局面，政府应转变管理观念及自身职能，从思想上认同其他主体在社区治理活动中的重要性，善于借住其他群体的力量来完成社区治理的各项任务。政府应采用授权和分权的方式实现权力下放，采取直接提供或委托或承包等市场化的制度安排，促进多元主体广泛参与，避免各个治理主体角色错位、越位和缺位，避免公共资源的浪费。实现行政服务统合，保证基层自治组织有限助手的地位，保障基层自治组织的社区权利，促进社区内部民主协商顺利开展，增强社群互动，加大扶持力度，提高参与度，以社区居民参与率、满意度为基本检测评估标准，完善相应法治保障、制度规则、落实渠道和激励措施。

第四章

政府主导多元化社区公共服务建设专题调研

随着我国经济改革深入和社会转型加快，强化社区治理，有效提升社区公共服务质量，保障和改善民生，促进社会和谐，已成为地方各级政府高度重视的大事。近年来，重庆市黔江区坚持以人民为中心的发展思想，推动城乡社区治理创新，在逐步完善党政统一领导、民政部门牵头、有关部门和街道乡镇配合、社会广泛参与的社区公共服务运行机制方面进行了深入探索并取得了显著成效，城乡社区公共服务质量得到有效提升，巩固基层政权和维护社区稳定的功能更加突出，在促进黔江区社会发展进程中发挥出了重要作用。

第一节 调研地城乡社区公共服务运行调查分析

一、历史沿革及城乡社区基础

重庆市黔江区地处武陵山区腹地，位于重庆市东南部中心，距重庆主城250公里，与湖北省咸丰县、利川市相邻。历史上为古濮国、巴国属地，秦时属巴郡南部地区，东汉建安六年始置县，晋归黔阳，隋改古城，唐易黔江，此后一直沿用黔江之名，迄今已1800多年。1949年新中国成立后，黔江县属四川省涪陵地区，1983年设立黔江土家族苗族自治县，1988年设置为四川省黔江地区，1998年改置为重庆市黔江开发区，2000年正式设立为重庆市黔江区。黔江区辖区面积2402平方公里，是一个少数民族聚居区，除汉族外，土家族、苗族是其两大主体少数民族，此外还散居回、蒙、藏、满等24个少数民族。2017年末全区常住人口47.76万人，其中城镇常住人口23.45万人，常住人口城镇化率为49.1%。

黔江区辖城东等6个街道、小南海镇等12个镇、中塘乡等12个乡，现共有218个社区（其中，城镇居民社区80个、农村居民社区138个）、1350个村（居）民小组（其中，居民小组530个、村民小组820个）。长期以来，黔江区致力于推动高质量经济发展、创造高品质社会生活，以建成武陵山区对外开放高地、山清水秀美丽之地为目标。21世纪初，居委会辖区即明确为社区，社区建设已成为党和政府基层社会工作的基石。全区100%的社区均已实行直接选举，通过公开招聘，民主选举、一批能力强、作风正、乐于奉献的居民走上全区各社区工作岗位。通过强化社区基层组织建设、居委会干部队伍建设，较为有效地整合了城乡社区资源和力量。从2006年~2015年，十年间黔江区相继建立了73个社区服务站，解决"两委"阵地办事的问题，提高居委会为民服务能力，为全区社区治理和社区公共服务的长远发展提供有效的场地和物质保障。在此过程中，黔江区社区基础设施薄弱状况得到明显改观，社区功能进一步完善，公共服务项目不断增加，涵盖了社区警务、社区环境卫生、社会保障及就业服务、社会救助服务等多项利民便民服务内容。2017年，全区80%城镇社区、60%农村社区达到重庆市市级和谐社区标准，群众安全感指数98.67%，位居重庆全市第一。不过，由于历史及地理环境原因，黔江区集老、少、边、山于一体，城乡差距较大，统筹城乡的社区公共服务体系建设仍存在诸多不足，社区公共服务滞后于经济发展水平，社区公共服务硬件基础设施等尚不完善，社区居民参与度不高，社区干部队伍建设、社区管理科学化水平和服务能力的提升等问题，仍需在改善民生和社区公共服务体系建设过程中逐步解决。

二、调研环节及样本分析

为分析研究黔江区城乡社区公共服务推进状况，以及相关政策在落实过程中存在的问题，有效解决居民在社区中最关心、最现实、最直接的问题，提高社区自治和公共服务功能，进一步科学构建社区治理和公共服务体系，本课题组在黔江区民政局支持和指导下，并会同区政府相关部门和街道乡镇就社区公共服务运行情况开展了深入的调查研究。

本次调研整个过程分为前期观察——问卷调查——座谈会和走访——深度

专题研讨等四个环节。一是在本课题组所在高校中选择大学生社工志愿者和黔江区民政局工作人员共同进驻有代表性的社区，观察和记录社区日常运行情况，了解社区管理与服务过程，为后续的调研做准备。二是由本课题组研制两份调查问卷，一份针对社区居委会工作人员，另一份是针对社区居民，用于了解居委会工作人员对社区服务情况的看法，倾听社区居民的心声和对社区服务的需求。区民政局落实相关街道社区，组织社区工作人员和居民按方案安排的时间完成问卷调查。三是课题组成员和区民政局根据调查要求走访人社局、财政局等相关单位，了解其对街道社区服务的相关工作开展情况，同时与社区工作人员座谈和交流。四是课题组和区民政局领导干部深入交换意见并共同就黔江区社区公共服务建设规划与发展问题进行分析研讨，旨在客观反映黔江区社区公共服务落实情况，分析社区公共服务存在的问题和不足，并做出经验总结和理论判断。在此基础上，探索适合当地社区公共服务体系建设的基本路径、社区服务体系建设规划及其实施方案，为政府进一步健全完善社区治理和社区公共服务政策提供客观依据。

本次调研以黔江区 77 个社区为总体对象，通过无记名抽样与问卷调查方法抽取了城西街道西山社区、城东街道官坝社区、石城社区和南海城社区、冯家街道桂花社区、城南街道南沟社区、太极街道太极社区、阿蓬江街道高碛社区、石会街道中元社区、周白街道路东社区、正阳街道群力社区等 8 个街道 11 个社区进行调查。在问卷设计中，涵盖了社区工作人员的基本情况、工作情况、对社区服务运作体系的看法和权利与待遇等四个方面，共计 36 个问题。以及社区居民的基本情况、对社区工作认知情况、社区服务设施和内容需求度和权利与社区服务满意度等四个方面，共计 21 个问题。较为真实地、有效地、全面地反映了居委会工作人员的看法和社区居民的需求以及社区服务的现状及其问题。依据调查要求，课题组成员分赴各街道走访，在社区和居民户开展调研。共发放问卷 370 份，回收问卷 363 份，其中，社区工作者有效问卷 40 份，社区居民有效问卷 319 份，有效回收率 98.9%。调研过程中查阅了大量关于社区服务的文献资料，为研究设计和分析论证提供理论、经验和数据依据。问卷资料回收后，课题组通过 SPSS 16.0 进行数据分析处理，并辅之以观察、走访和座谈资料，采用了分析和综合、抽象和具体、统计分析等方法进行分析研究。

（一）被访社区工作者（样本）基本情况

参与本次问卷调查的黔江区8个街道11个社区的工作人员，共计40名。

样本的性别结构：被调查工作人员中，男性为28人，占总数的70.0%，女性为12人，占总数的30%。

样本的年龄结构：社区工作人员中，22～35岁的占总数35%；36～45岁的占42.5%；46岁以上的占22.5%，即45岁以下占总数的77.5%，表明基层社区工作人员队伍正在走向年轻化，同时，36～45岁的工作人员具有较丰富的工作经验和社会阅历，成为社区工作的中坚力量；虽然46岁以上的工作人员比例小，但这部分工作人员对于社区工作的稳定具有重要作用。

样本的民族结构：因黔江区是少数民族聚集地，以土家族居多，课题组在调查中充分考虑了这一因素。调查数据显示，汉族的占45%；苗族占12.5%；土家族占42.5%。可以看出，被调查者以汉族和土家族人数居多。

样本的文化程度：参加调查的社区居民的文化程度，小学占2.5%；初中占12.5%；高中及中专占45%；大学及大专占40%。数据显示，从文化程度的结构来看基本合理，大专和本科学历的工作人员占总数的85%，文化程度较高，符合社区发展对工作人员的学历要求。

样本的政治面貌：被调查的社区工作人员中，中共党员占总数的77.5%；群众为22.5%。从政治面貌看，中共党员占总数的77.5%，表明大多数工作人员能够履行和承担相应的社区工作任务（见表4－1）。

表4－1　　　　社区工作人员样本构成

指标	指标	人数	百分比（%）	指标	指标	人数	百分比（%）
性别	男	28	70	文化程度	小学	1	2.5
	女	12	30		初中	5	12.5
年龄	22－35岁	14	35		高中及中专	18	45
	36－45岁	17	42.5		大学及大专	16	40
	46岁以上	9	22.5	政治面貌	党员	31	77.5
民族	汉族	18	45		群众	9	22.5
	苗族	5	12.5				
	土家族	17	42.5				

（二）被访社区居民（样本）基本情况

参与本次问卷调查的黔江区8个街道11个社区的社区居民，共计319名。

（1）样本的性别结构：被调查的社区居民中，男性为163人，占总数的51.1%，女性为156人，占总数的48.9%。数据显示，参加此次调查社区居民在性别上比例差别不大，便于研究。

（2）样本的年龄结构：参与本次调查的居民，15～30岁的占28.8%；31～40岁的占22.6%；41～50岁的占26.3%；51～60岁的占12.6%；61岁以上的占9.7%。数据显示51岁以下年龄段的居民比例也相差不大，51岁老年人员也占有一定比例，适合各个年龄段研究。

（3）样本的民族结构：数据显示，被调查者中汉族占32.3%；苗族占16.6%；土家族占51.5%。其民族结构以土家族人数居多。

（4）样本的文化程度：参加调查的社区居民文化程度，没有上过学占6.0%；小学占34.8%；初中占30.7%；高中以及中专占19.7%；大学以及大专占8.5%；硕士占0.3%。数据显示，初中以下文化程度的占65%多，这部分被调查者尽管文化素质相对较低，但是其调查回答颇为直接，具有很好的代表性和针对性。

（5）样本的政治面貌：在调查的社区居民中，中共党员占总数的8.5%；群众占82.4%，共青团员占9.1%；由于调查内容主要是反映社区居民群众对社区公共服务工作的看法，因而在调查中主要以群众为主。

（6）样本的户口所在地：参加调查的居民，目前户口在本社区的占84.3%；本区其他社区的占9.7%；本市其他地区的占2.8%；外地城镇的占1.36%；外地农村的也占1.6%。数据显示本社区的居民占大部分，同时显示有部分外来的流动居民参与本次调查，较好覆盖了不同户口居民。

（7）样本的常住的人口：被调查居民家里的常住人口：1人的占3.4%；2人的占7.8%；3人的占18.5%；4人的占24.1%；5人的占28.2%；5人以上的占17.9%。不同规模的家庭成员，对社区服务内容有着不同的需求度（见表4－2）。

表 4-2　　被调查居民的基本情况

指标	指标	人数	百分比（%）	指标	指标	人数	百分比（%）
性别	男	163	51.1	政治面貌	党员	27	8.5
	女	156	48.9		群众	263	82.4
年龄	15-30 岁	92	28.8		团员	29	9.1
	31-40 岁	72	22.6	户口所在地	本社区	269	84.3
	41-50 岁	84	26.3		本区其他社区	31	9.7
	51-60 岁	40	12.6		本市其他社区	9	2.8
	61 岁以上	31	9.7		外地城镇	5	1.6
民族	汉族	103	32.3		外地农村	5	1.6
	苗族	53	16.6	常住人口	1 人	11	3.4
	土家族	163	51.1		2 人	25	7.8
文化程度	无	19	6		3 人	59	18.5
	小学	111	34.8		4 人	77	24.1
	初中	98	30.7		5 人	90	28.2
	高中	63	19.7		5 人以上	57	17.9
	大学	27	8.5				
	硕士	1	0.3				

（三）调研数据分析

1. 社区服务设施。黔江区城乡社区办公服务设施面积统计数据显示，城区社区和乡镇社区公共服务大厅、两委办公室、警务室等使用面积乃至计算机台数等基本设备方面，存在城乡差距（见表 4-3）。

表 4-3　　黔江区社区办公服务设施面积

类别	办公服务设施面积（平方米）										社区信息化
	总建筑面积	公共服务大厅	两委办公室	警务室	图书阅览室	档案室	多功能室（会议室）	文体活动室	其他	室外活动场地（平方米）	计算机（台）
城区社区（42个）	12940.5	1349.5	2763	336	1173	501	1939	1939	2769	3610	143

续表

办公服务设施面积（平方米）											社区信息化
类别	总建筑面积	公共服务大厅	两委办公室	警务室	图书阅览室	档案室	多功能室（会议室）	文体活动室	其他	室外活动场地（平方米）	计算机（台）
乡镇社区（36个）	10166	1886	2911	160	1247	561	2120	778	674	5460	68
总数	23106.5	3235.5	5674	496	2420	1062	4059	2717	3443	9070	211

2. 对公共服务设施的需求度。图 4－1 反映了居民对于社区公共服务设施的需求状况，居民对社区日常生活和健康设施需求度较高，非常需要或比较需要的比例均在 70% 以上。相比较而言，居民对棋牌艺室和家政服务室等设施的需求要低一些，不过最低需求比例也达到 42.3%，表明了居民对社区服务的需求呈现出重点突出、多样化的特征。

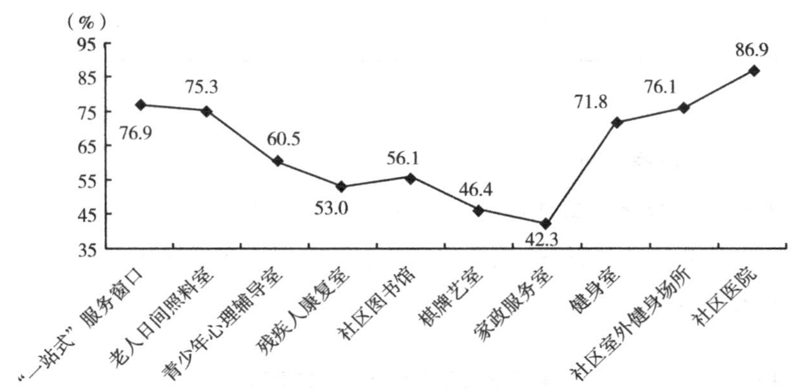

图 4－1 居民对公共服务设施的需求状况

需要关注的是，也有 10% ～20% 的居民对公共服务设施的需求呈现出中性的回答，可能与当前社区服务没有切合居民需求，让他们采取了无所谓的态度。

3. 社区办公用房和公益性服务用房情况。从调查中发现，在回答“您所在社区办公用房和公益性服务用房情况是否满足工作需要”时，有 50.0% 的工作人员认为“是”；有50.0%的工作人员认为“否”，表现出认知不一致的情况，说明各社区的办公用房和公益性用房的差距较大，发展不平衡。

4. 社区服务内容分析

（1）就业服务：图4－2表明，只有34.8%的居民表示所在社区已拥有劳动就业咨询服务，31%的居民表示所在社区已拥有职业介绍服务，27.6%的居民表示所在社区已拥有就业困难人员再就业服务，31.3%的居民表示所在社区已拥有下岗人员登记培训制度，28.5%的居民表示所在社区已拥有社区自主创业就业服务。

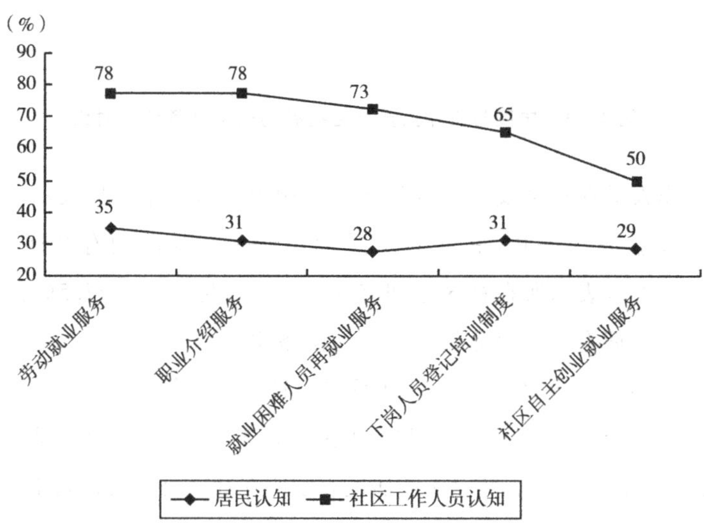

图4－2 居民与工作人员社区拥有的就业服务认知对比

从图4－2中还发现，77.5%的工作人员表示所在社区已有劳动就业咨询服务，77.5%的工作人员表示所在社区已拥有职业介绍服务，72.5%的工作人员表示所在社区已拥有就业困难人员再就业服务，65.0%的工作人员表示所在社区已拥有下岗人员登记培训制度，50.0%的工作人员表示所在社区已拥有社区自主创业就业服务。

（2）社区安全服务：39.5%的居民表示所在社区已拥有流动人口服务，76.8%的居民表示所在社区已拥有社区治安服务，56.4%的居民表示所在社区已拥有社区禁毒宣传服务，65.5%的居民表示所在社区已拥有社区警务设施和警力配备服务（见图4－3）。

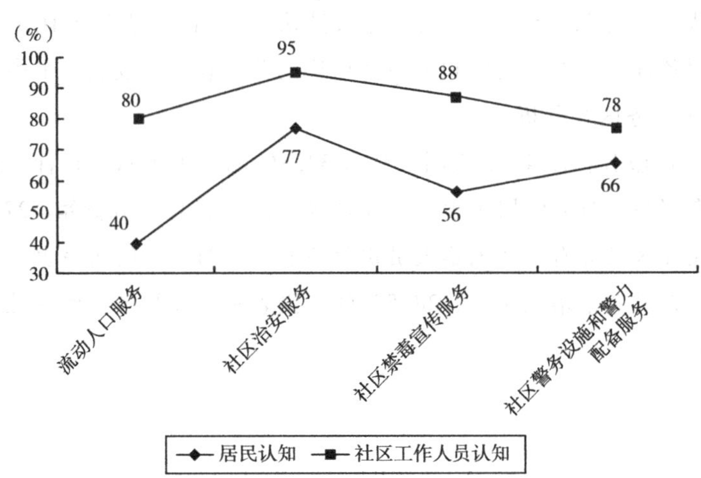

图 4-3 居民与工作人员社区拥有的安全服务认知对比

社区工作人员在社区安全服务认知上，80.0%的工作人员表示所在社区已拥有流动人口服务，95.0%的工作人员表示所在社区已拥有社区治安服务，87.5%的工作人员表示所在社区已拥有社区禁毒宣传服务，77.5%的工作人员表示所在社区已拥有社区警务设施和警力配备服务。

(3) 社区卫生健康服务：图 4-4 反映了社区卫生健康服务状况，86.2%的居民表示所在社区已拥有公共卫生和基本医疗服务，49.8%的居民表示所在社区已拥有居民健康档案服务，78.1%的居民表示所在社区已拥有计划生育服务。

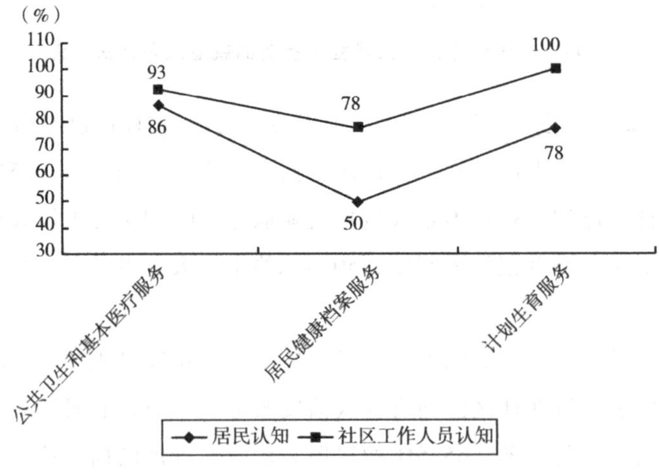

图 4-4 居民与工作人员社区拥有的卫生健康服务认知对比

针对社区卫生健康服务，92.5%的工作人员表示所在社区已拥有公共卫生和基本医疗服务，77.5%的工作人员表示所在社区已拥有居民健康档案服务，100.0%的工作人员表示所在社区已拥有计划生育服务。

（4）社区社会保障服务：从图4－5可以发现，30.4%居民表示所在社区已拥有社区老年人（残疾人）居家养老服务，42.6%居民表示所在社区已拥有社区助残服务，42.6%居民表示所在社区已拥有社区优抚服务，13.5%居民表示所在社区已拥有社区老年人（残疾人）就餐服务，31.3%居民表示所在社区已拥有社区老年人信息档案服务。

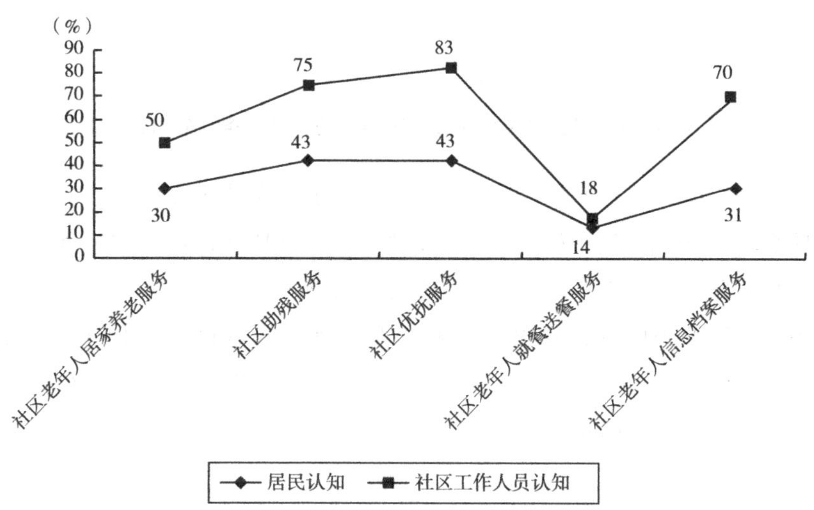

图4－5　居民与工作人员社区拥有的社会保障服务认知对比

工作人员评估方面，50.0%工作人员表示所在社区已拥有社区老年人（残疾人）居家养老服务，75.0%工作人员表示所在社区已拥有社区助残服务，82.5%工作人员表示所在社区已拥有社区优抚服务，17.5%工作人员表示所在社区已拥有社区老年人（残疾人）就餐服务，70.0%工作人员表示所在社区已拥有社区老年人信息档案服务。

（5）社区救助服务：在图4－6中，63.9%居民表示所在社区已拥有社区低保人员救助服务，40.8%的居民表示所在社区已拥有特殊群体救助服务，42.9%的居民表示所在社区已拥有社区临时救助服务。

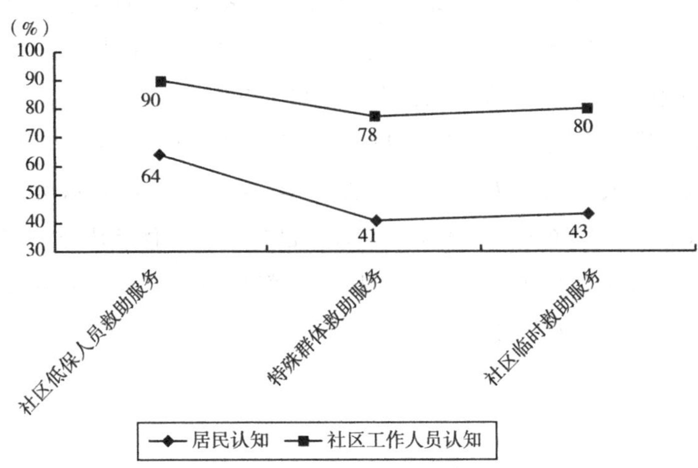

图 4－6　居民与工作人员社区拥有的救助服务认知对比

针对社区救助服务，90.0% 的工作人员表示所在社区已拥有社区低保人员救助服务，77.5% 的工作人员表示所在社区已拥有特殊群体救助服务，80.0% 的工作人员表示所在社区已拥有社区临时救助服务。

（6）社区便民服务：42.9% 的居民表示所在社区已拥有便民商业服务，16.9% 的居民表示所在社区已拥有家政服务，42.3% 的居民表示所在社区已拥有代收代缴服务（见图 4－7）。

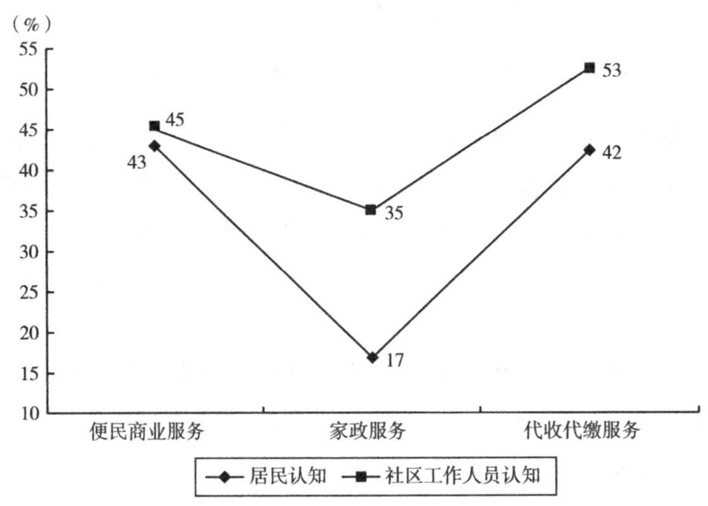

图 4－7　居民与工作人员社区拥有的便民服务认知对比

社区工作队社区便民服务方面，45.0%的工作人员表示所在社区已拥有便民商业服务，35.0%的工作人员表示所在社区已拥有家政服务，52.5%的工作人员表示所在社区已拥有代收代缴服务，社区拥有的服务多，但也有些服务没有涉及。

综上，大部分社区服务有超过半数的居民认为没有或者不清楚这项服务，在安全服务和卫生健康服务上大都超过了一半。说明宣传不到位，同时居民与社区工作人员回答现有服务内容的问题形成鲜明对比，值得思考。

5. 不同对象服务需求度。本次调查根据相关理论按老年人、青少年、全体、妇女和残疾人五类，对社区服务的需求按5级评分，非常需要为5，比较需要为4，一般为3，不太需要为2，完全不需要为1。

（1）全体居民对社区服务的需求状况。图4－8反映92.4%居民需要社保服务，77.5%的居民需要子女教育服务，76.8%的居民非常需要保健服务，只有49.9%的居民需要家政服务，从需求度上看，前三项的需求度超过4.0，到达比较需要以上，家政服务在4.0以下，说明社区普适性的服务重点应放在社保服务、子女教育和保健服务上。

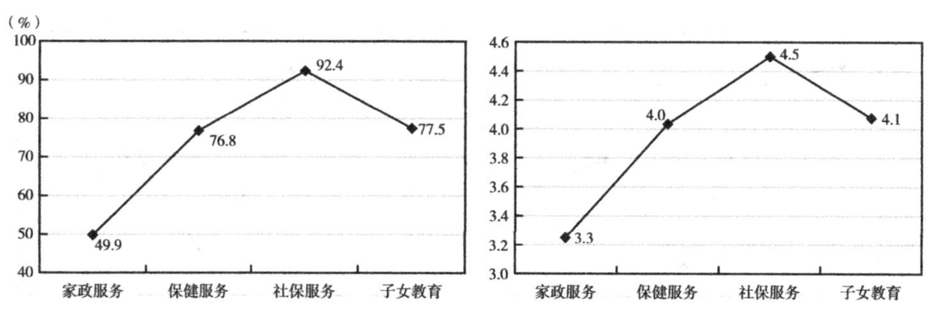

图4－8　全体居民社区服务需求分析

（2）社区老年服务的需求状况。图4－9反映，有72.7%居民需要老年人日间照顾与护理服务，74.3%居民需要居家养老服务，61.8%居民非常需要长者文娱康乐活动服务，60.2%居民非常需要临终关怀服务，37%居民非常需要社区老年大学服务。老年社区服务的整体需求比预期略低，平均需求度均在4.0以下。

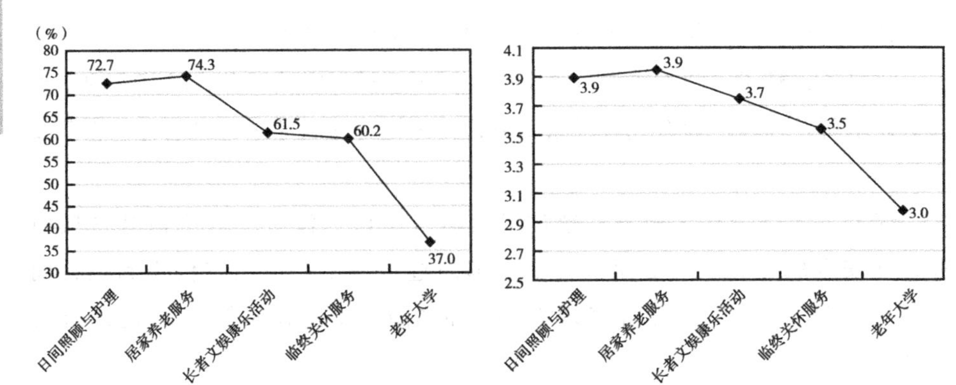

图 4－9　社区老年服务的需求分析

(3) 社区青少年服务的需求状况。图 4－10 反映了社区青少年服务需求状况，排在前三位的是学业辅导服务、权益保障服务和心理辅导服务，其中 72.1% 的居民希望开展学业辅导服务，权益保障服务需求度次之，比例为 71.5%，有 63.7% 的居民希望开展心理咨询服务，而日间托管服务需求度最低。从平均需求度分析看，青少年社区服务的需求度普遍不高，均在 4 分以下。

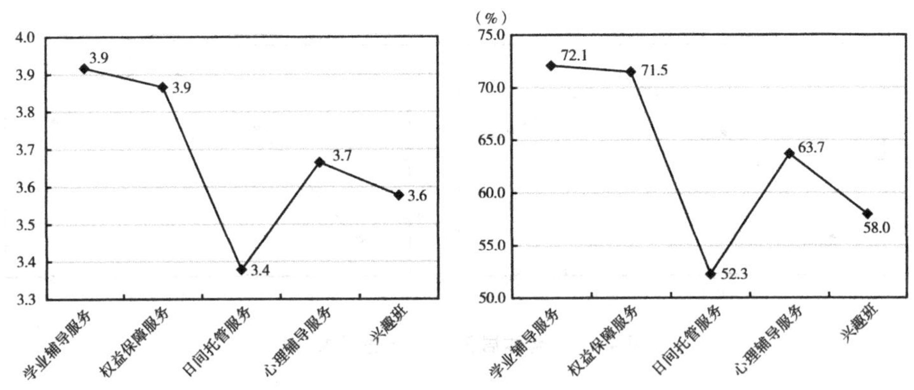

图 4－10　社区青少年服务的需求分析

(4) 社区妇女服务的需求状况。图 4－11 反映了妇女对社区服务需求状况，需求度最高的是健康服务，需求比例高达 80.3%，74.3% 居民需要权益保障服务，值得关注的是婚姻与家庭问题咨询服务需求最低，不到 60%。从平均需求度来看，居民对妇女服务的需求度较高，除了婚姻与家庭问题咨询服

务，其余几项服务需求均在4分以上。

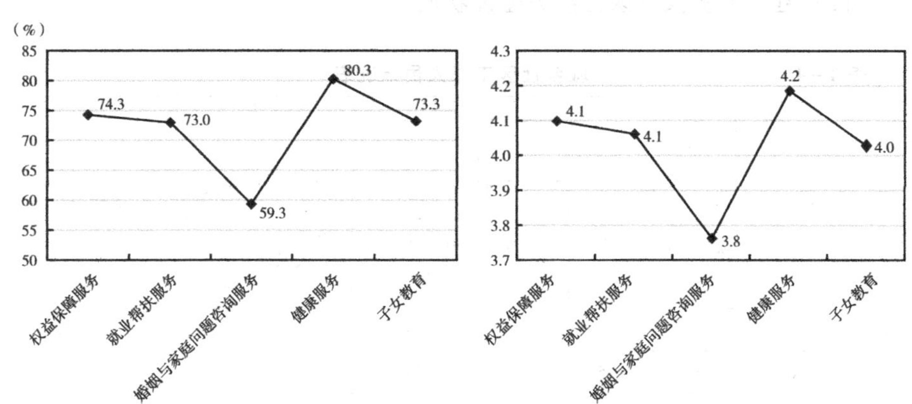

图4－11　社区妇女服务的需求分析

（5）社区残疾人服务的需求状况。图4－12显示残疾人服务需求度不高，62.45%居民希望开展职业技能训练服务，其余未超过60%，从平均需求度看，所有服务项目的需求度均在4分以下，这可能跟大部分居民接触残疾人不多有关。

总的来说，居民对这些社区服务需求还是比较高的，特别是在全体服务和妇女服务内容上，有较高的需求度，这些应当是下一步社区工作的重点。

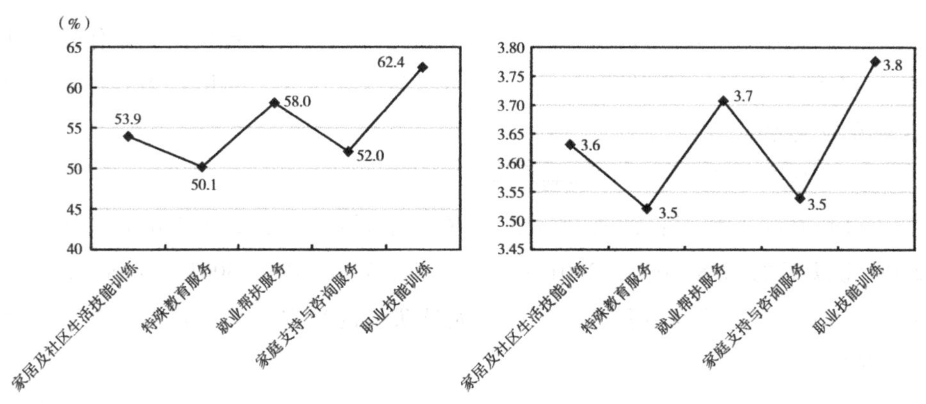

图4－12　社区残疾人服务的需求分析

(四) 社区服务人才队伍能力建设状况

表 4 – 4　　城乡社区工作人员情况表

类别	社区工作人员（人）					居民小组长（人）	楼幢长（人）
	总人数	党组织	居委会	除两委外的社区专职工作人员	交叉任职人数		
城区社区（42 个）	953	475	324	154	120	260	1470
乡镇社区（36 个）	363	145	155	24	71	219	30
总数	1316	620	479	178	191	479	1500

表 4 – 5　　城乡社区工作人员情况表（续）

类别	居民代表（人）	社区监督委员会成员（人）	社区公益性社会组织		社区志愿者	
			组织（个）	人员（人）	组织（个）	人员（人）
城区社区（42 个）	4380	184	116	1860	180	3251
乡镇社区（36 个）	2020	136	47	672	52	313
总数	6400	320	163	2532	232	3564

社区服务工作人员状况，对社区公共服务建设具有关键性的重要作用。从表 4 – 4 和表 4 – 5 中可以看出，城乡之间社区工作人员、居民代表、社区志愿者存在较大差距。

1. 社区工作人员的薪酬福利状况

(1) 月收入状况：调查显示，社区工作人员的收入普遍低下。月收入 2000 元以下的占 85.0%；2001 ~ 3000 元的为 10.0%；3001 ~ 4000 元的占 5.0%。这种收入状况不利于社区工作人员队伍的稳定，直接影响的办事效率（见图4 – 13）。

图 4 – 13 还反映了社区工作人员对月工资的期望（不含五险一金），在回答“您觉得每月工资多少比较合理”时，认为“2000 元及以下”的占 32.5%；认为“2001 ~ 3000 元”的占 65.0%；认为“3001 ~ 4000 元”的为 0；

认为“4000 元以上”的占 2.5%。大部分认为 2001 ~ 3000 元是合理工资。

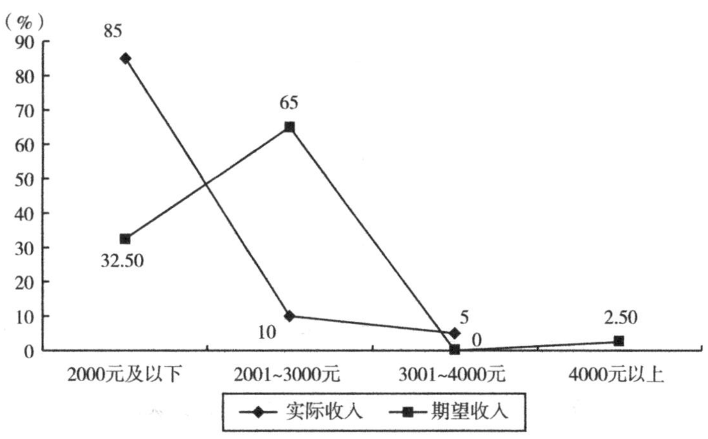

图 4 - 13 社区工作人员的实际与期望收入

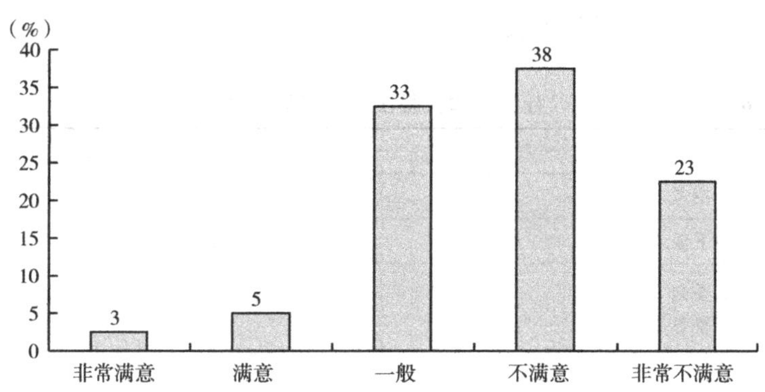

图 4 - 14 社区工作人员的薪酬福利满意度

图 4 - 14 反映了社区工作人员对薪酬福利的满意度。在回答“您对目前的薪酬福利满意吗”时，认为“非常满意”的占 2.5%；认为“满意”的占 5.0%；认为“一般”的占 32.5%；认为“不满意”的占 37.5%；认为“非常不满意”的占 22.5%。可见，大部分工作人员对目前薪酬福利都不满意。

(2) 社区工作人员对获得的奖励与付出的对比认知：图 4 - 15 中，在回答“您认为您获得的奖励与付出成正比吗”，认为“完全符合”的占 5.0%；认为“符合”的占 7.5%；认为“一般”的占 42.5%；认为“不符合”占 30.0%；认为“非常不符”的 15.0%，大部分社区工作人员认为奖励和付出不成比例，反映出工作人员的期望。

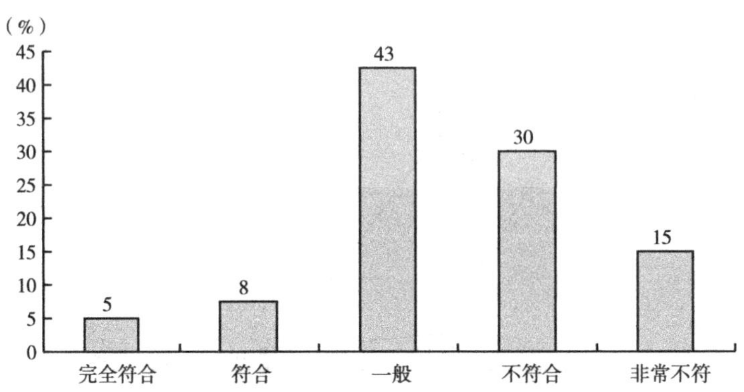

图 4-15　社区工作人员的奖励和付出比认知

2. 社区工作年限：从调查数据看出，工作人员从事社区工作的年限情况是，10 年以下的占 85%，10～20 年的为 12.5%，20 年以上的为 2.5%。大部分人员从事社区工作时间不长。

表 4-6　　　　社区工作人员工龄和任职方式

指标	指标	人数	百分比（%）	指标	指标	人数	百分比（%）
任职方式	公开招考	5	12.5	社区工作工龄	10 年以下	34	85
	上级下派	1	2.5		10～20 年	5	12.5
	原居委会干部推荐	6	15		20 年以上	1	2.5
	亲属同事介绍	1	2.5				
	居民选举	23	57.5				
	其他	4	10				

3. 社区工作人员的任职方式：在从事社区工作之间的职业身份，公开招考占总人数的 12.5%，上级下派占总人数的 2.5%，原居委会干部推荐占总人数的 15%，亲属同事介绍占总人数的 2.5%，居民选举占总人数的 57.5%，其他占总人数的 10%。从数据上分析，居民选举占一半以上，可以发现社区居民能够选出称职的工作人员（见表 4-6）。

4. 社区工作人员工作内容及来源

（1）主要工作内容：从图 4-16 中可以发现，在被调查的社区工作人员中，有50.9%的社区工作人员平时最主要的工作是处理社区居民琐事，有18.2%的社区工作人员平时最主要的工作是处理党政行政事务，有27.3%的社区工作人员平时最主要的工作是专业性工作（如法律、计生），还有3.6%的工作人员在平时最主要的工作中选择其他，从数据可以看出，社区工作人员主要是处理社区居民日常生活事务。

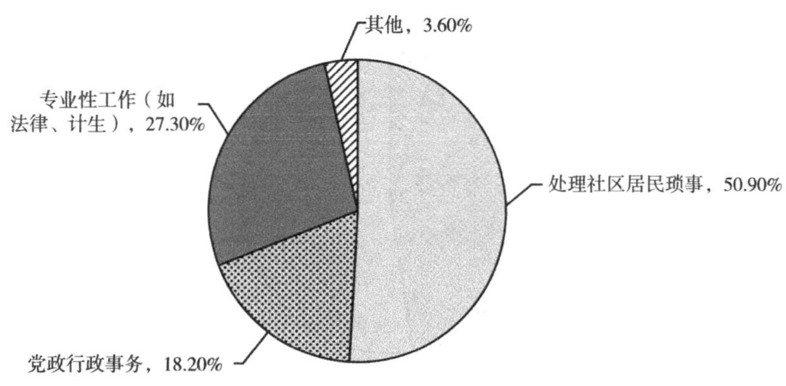

图4-16　社区工作人员主要工作内容

（2）社区工作任务主要来源：从图4-17中可以发现，工作任务主要来源是居民求助的平均排序为1.84，工作任务主要来源是居委会自主开展的平均排序为2.03，工作任务主要任务来源是政府下派的平均排序为2.11。由此可见社区工作人员平时最主要的工作还是政府下派。

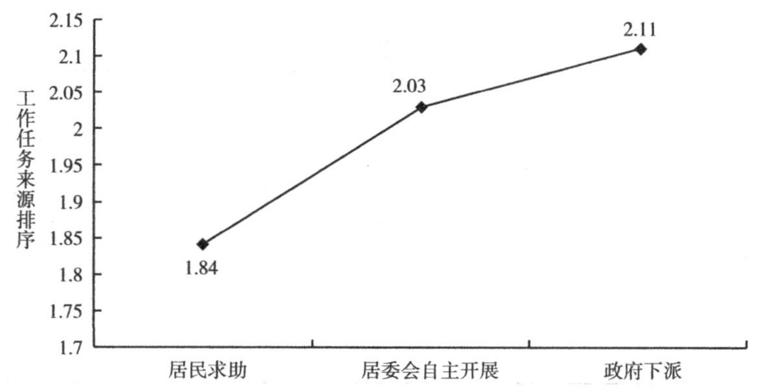

图4-17　社区工作人员的工作任务来源

5. 社区工作人员工作量

(1) 社区工作人员工作时间：图 4－18 显示，社区工作人员工作时间小于 8 小时占 5.0%，工作时间为 8 小时占 52.5%，工作时间为 9～10 小时占 32.5%，工作时间在 10 小时以上的占 10.0%，说明社区工作人员工作任务较重。

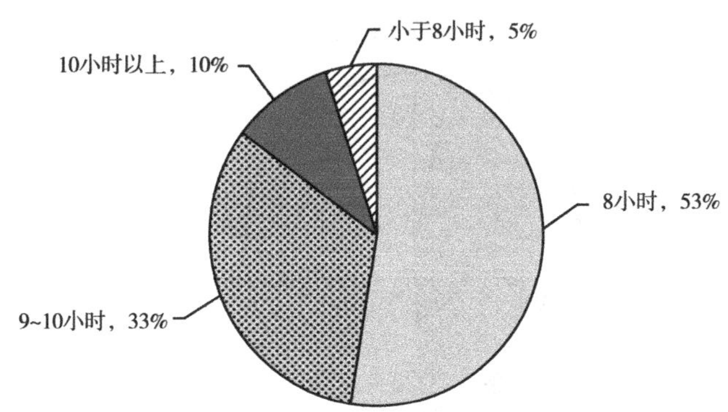

图 4－18　社区工作人员每天平均工作时间

(2) 社区工作人员工作任务量：从表 4－7 中可以发现，社区工作人员在回答“您认为自己现在的工作任务量如何”时，32.5% 认为“十分辛苦，超负荷工作，经常加班加点”；50.0% 认为“工作比较辛苦，偶尔需要加班加点”；10.0% 认为“工作量一般，不需要加班”；7.5% 认为“工作比较轻松，还有业余时间做自己的事”，数据表明，工作人员任务量较大。

表 4－7　　社区工作人员工作任务量

	人数	百分比（%）
十分辛苦，超负荷工作，经常加班加点	13	32.5
工作比较辛苦，偶尔需要加班加点	20	50.0
工作量一般，不需要加班	4	10.0
工作比较轻松，还有业余时间做自己的事	3	7.5
总数	40	100.0

6. 社区工作人员培训情况

图 4－19 表明，被调查的社区工作人员中，有 82.5% 表示所在社区会进行

培训，有 17.5% 则所在社区不会进行培训。由此可见大多社区还是很注重对社区工作人员进行相关培训，以便更好地开展工作。

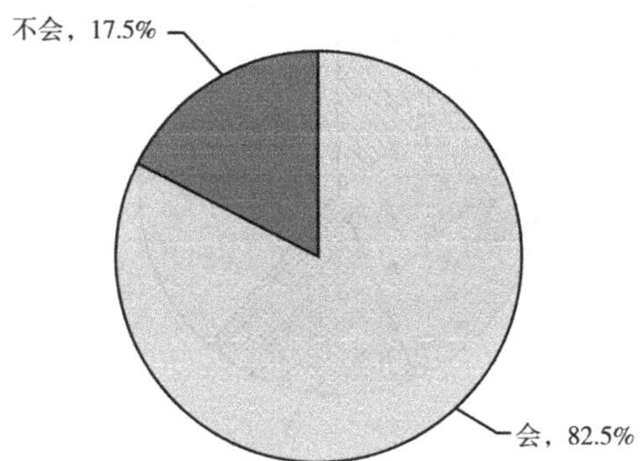

图 4－19　是否进行社区工作人员培训

（1）社区工作人员培训频率。从图 4－20 中发现，在进行了培训的社区中，有 55.0% 的工作人员所在社区经常进行培训，有 37.5% 的工作人员所在社区偶尔进行培训，有 7.5% 的工作人员所在社区很少进行培训。

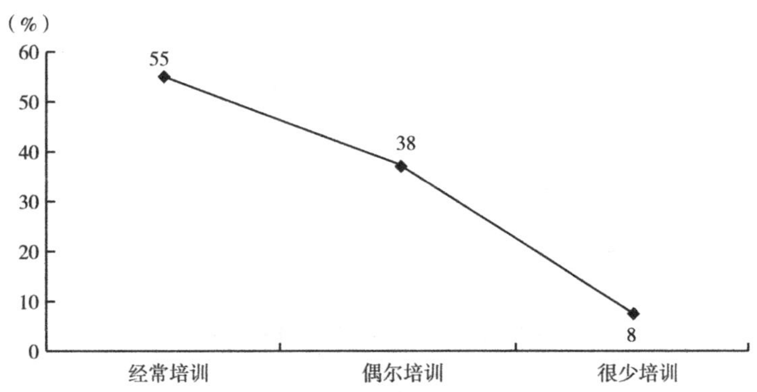

图 4－20　社区工作人员培训频率

（2）社区工作人员培训内容。图 4－21 显示，党政思想培训内容占 38.7%，人际交往、日常工作的处理方法培训内容占 17.7%，专业课程培训占 29.0%，其他占 27.3%，说明目前社区以党政思想培训和专业课程培训居多。

（3）社区工作人员培训效果。工作人员在回答“您认为定期培训对您的工作的帮助如何”时，73.5% 认为“非常有帮助”；17.6% 认为“有一定帮助”；8.8% 认为“帮助不大”。显示社区进行的培训，对工作人员总体上是很有帮助的（见图4－22）。

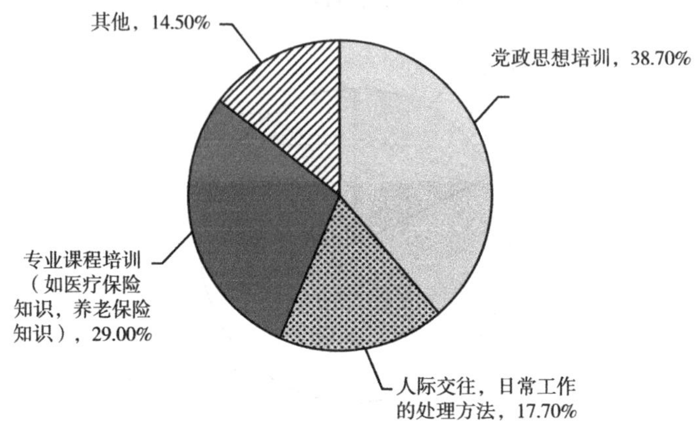

图4－21　社区工作人员培训内容

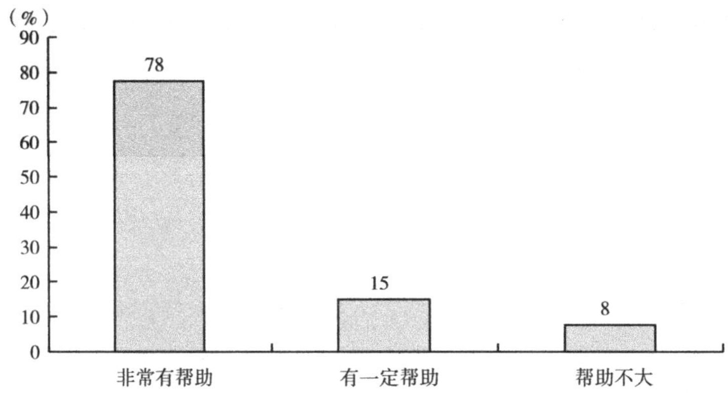

图4－22　定期培训对工作的作用

（五）社区服务方式

1. 社区工作人员工作目的：从表4－8中，我们了解到被调查的社区工作人员中主要工作目的是为社会做贡献的占50.0%，工作目的是为了找一份工作的占25.0%，工作目的是丰富自己的生活的占17.3%，工作目的是发挥自己专长的占7.7%。从此可见有一半的社区工作人员还是热爱自己工作的，希望能为社会做贡献。

表 4-8　社区工作人员的工作目的

		人数	百分比（%）
工作目的	为社会做贡献	26	50.0
	找一份工作	13	25.0
	丰富自己的生活	9	17.3
	发挥自己的专长	4	7.7
总数		52	100.0

2. 影响工作的主要因素：在回答“影响工作的主要因素”时，选择了“经费短缺”的占 85.0%；选择了“缺乏政策支持”的占 45.0%；选择了“辖区单位不配合”的占 25.0%；选择了“自己专业技能欠缺”的占 12.5%；选择了“居民参与度不足”的占 52.5%；选择了“政府部门内部权责不明确、关系不顺”的占 5.0%；选择了“政府部门与社区居委会权责不明确、关系不顺”的占 12.5%；选择了“业主委员会与物业管理部门关系不顺”的占 5.0%，经费短缺是制约工作的最主要因素（见表 4-9）。

表 4-9　影响工作的主要因素

指标	选择	百分比（%）
经费短缺	34	35.1
缺乏政策支持	18	18.6
辖区单位不配合	10	10.3
自己专业技能欠缺	5	5.2
居民参与度不足	21	21.6
政府部门内部权责不明确、关系不顺	2	2.1
政府部门与社区居委会权责不明确、关系不顺	5	5.2
业主委员会与物业管理部门关系不顺	2	2.1
总数	97	100.0

3. 社区工作专业性：在被问及“工作中是否运用专业知识”时，有 37.5% 工作人员认为“工作中大量运用专业知识”；有 40.0% 工作人员认为“工作中有时运用专业知识”；有 10.0% 工作人员认为“工作中从未运用专业知识”，这说明专业知识在社区工作中的重要性（见表 4-10）。

表 4－10　　工作中是否运用到专业知识

	人数	百分比（%）
工作中大量运用专业知识	15	37.5
工作中有时运用专业知识	16	40.0
工作中很少运用专业知识	4	10.0
工作中从未运用专业知识	5	12.5
总数	40	100

4. 工作中最关心的居民群体：回答“您工作中最关心的居民群体”，选择“老年人”有65.0%；选择“残疾人”有52.5%；选择“低保户”有37.5%；选择“流动户口”有25.0%；选择“失业人员”有22.5%；选择“刑满释放人员”有20.0%；选择“青少年”有12.5%；选择“儿童”有17.5%；选择“妇女”有20.0%；选择“进城务工人员”有5.0%；选择“其他”有5.0%。由此可见社区主要关心的三大群体是老年人、残疾人和低保户（见表4－11）。

表 4－11　　最关心的居民群体

指标	老年人	残疾人	低保户	流动人口	失业人员	刑满释放人员	青少年	儿童	妇女	进城务工人员	其他	总数
人数	26	21	15	10	9	8	5	7	8	2	2	113
百分比（%）	23.0	18.6	13.3	8.8	8.0	7.1	4.4	6.2	7.1	1.8	1.8	100.0

5. 社区工作方式

（1）社区“费随事转”的完成情况：在回答“您所在社区‘费随事转’完成情况”时，认为“完全做到”的占20.0%；认为“基本做到”的占45.0%；认为“做到一点”的占20.0%；认为“没有做到”的占15.0%，数据表达了工作人员对“费随事转”的看法（见表4－12）。

表 4－12　　“费随事转”的完成情况

	人数	百分比（%）
完全做到	8	20.0
基本做到	18	45.0
做到一点	8	20.0
没有做到	6	15.0
总数	40	100.0

（2）社区“权随责走”完成情况：在回答“您所在社区‘权随责走’的完成情况”时，认为“完全做到”的占 27.5%；认为“基本做到”的占 40.0%；认为“做到一点”的占 20.0%；认为“没有做到”的占 12.5%，这些也说明工作人员对这一情况的看法（见表 4－13）。

表 4－13　“权随责走”的完成情况

	人数	百分比（%）
完全做到	11	27.5
基本做到	16	40.0
做到一点	8	20.0
没有做到	5	12.5
总数	40	100.0

（3）社区工作人员的家访频率：在回答社区工作人员家访频率时，回答“经常访问”的占总数 22.3%；回答“偶尔访问”的占总数 41.4%；回答“从不访问”的占总数 36.4%。从回答结果看，社区工作人员家访的次数还需增加，否则会疏远与居民的关系（见图 4－23）。

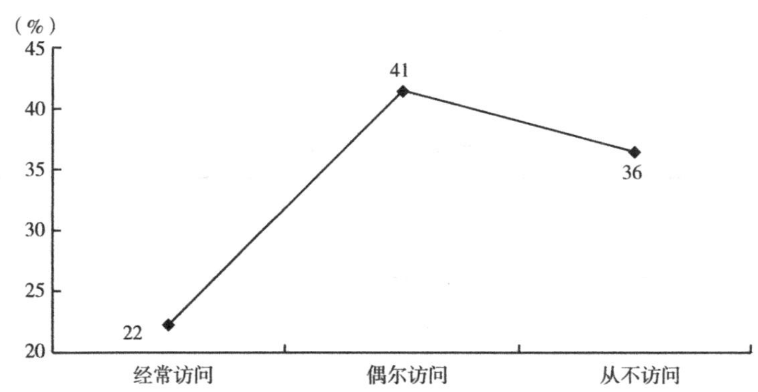

图 4－23　社区工作人员家访频率

6. 社区拥有的服务与管理机构。从表 4－14 中发现，在回答“您所在社区拥有的服务与管理机构”时，选择了“人民调解委员会”的有 89.7%；选择了“治安保卫居委会”的有 74.4%；选择了“公共卫生委员会”的有

48.7%；选择了“青少年教育委员会”的有28.2%；选择了“福利保障委员会”的有38.5%；选择了“计划生育委员会”的有76.9%；选择了“其他”的有7.7%。

表4－14　　　　社区拥有的服务与管理机构

	选择项	百分比（%）
人民调解委员会	35	24.6
治安保卫居委会	29	20.4
公共卫生委员会	19	13.4
青少年教育委员会	11	7.7
福利保障委员会	15	10.6
计划生育委员会	30	21.1
其他	3	2.1
总数	142	100.0

7. 社区职能分工情况。表4－15中，工作人员在回答“您所在社区的职能分工明确吗”时，17.5%认为“分工明确，工作专业化”；25.0%认为“有明确分工，但不专业”；50.0%认为“有分工，但有时也身兼数职”；7.5%认为“没有分工，什么都干”。由此可见区工作比较繁杂，虽然有分工，但还缺乏专业化。

表4－15　　　　职能分工是否明确

	人数	百分比（%）
分工明确，工作专业化	7	17.5
有明确分工，但不专业	10	25.0
有分工，但有时也身兼数职	20	50.0
没有分工，什么都干	3	7.5
总数	40	100.0

8. 社区民主决策、监督等社区制度建设情况。表4－16，在回答“您认为您所在社区的民主决策、监督等社区制度建设情况如何”时，有52.5%工作人员认为“健全完善，执行较好”；有40.0%工作人员认为“基本建立，执行

一般”；有5.0%工作人员认为“基本没有建立”；有2.5%工作人员认为“不太了解”。

表4－16　　　社区的民主决策、监督等社区制度建设情况

	人数	百分比（%）
健全完善，执行较好	21	52.5
基本建立，执行一般	16	40.0
基本没有建立	2	5.0
不太了解	1	2.5
总数	40	100.0

9. 社区服务面临的问题

（1）社区工作人员在工作中的最大困难：从表4－17中可以发现，在回答“以下选项，哪个是您工作中的最大困难”时，67.5%认为“报酬待遇太低，不能养家糊口”；12.5%认为“工作辛苦劳累，完成任务压力大”；15.0%认为“居民群众挑剔，不理解社区工作”；5.0%认为“成长进步空间有限，缺乏有效的激励机制”。报酬待遇低是重要问题，影响着工作人员的积极性。

表4－17　　　工作中最大的困难

	人数	百分比（%）
报酬待遇太低，不能养家糊口	27	67.5
工作辛苦劳累，完成任务压力大	5	12.5
居民群众挑剔，不理解社区工作	6	15.0
成长进步空间有限，缺乏有效的激励机制	2	5.0
总数	40	100.0

（2）社区群众工作薄弱的原因：从表4－18中发现，工作人员在回答“您认为所在社区群众工作薄弱的原因”时，60.0%认为社区历史遗留问题没有彻底解决，50.0%认为“社区下岗职工多、家庭贫困户多”；40.0%认为“社区需要帮助的留守老人、留守儿童多”；30.0%认为“社区邻里纠纷较多”；32.5%认为“社区不同群体和单位之间的利益关系没

有理顺”。

表 4－18　　社区工作薄弱的原因

	选择项	百分比（%）
社区历史遗留问题没有彻底解决	24	28.2
社区下岗职工多、家庭贫困户多	20	23.5
社区需要帮助的留守老人、留守儿童多	16	18.8
社区邻里之间矛盾纠纷较多	12	14.1
社区不同群体和单位之间的利益关系没有理顺	13	15.3
总数	85	100.0

（六）社区居民对社区公共服务认知与满意度调查分析

社区居民对社区公共服务工作的认知和对工作开展的满意度是评价工作人员的重要指标，但从调查的数据来看，结果不是令人满意，工作需要改进。

1. 是否接受过社区帮助。在调查中，居民是否接受过社区帮助，回答“是”的占总数的36.7%；回答“否”的占总数的63.3%。从回答结果看，大部分居民没有接受过社区的帮助，或者不清楚社区可以提供的帮助见表4－19。

表 4－19　　是否接受过社区帮助

	人数	百分比（%）
是	117	36.7
否	202	63.3
总数	319	100.0

2. 是否会主动找社区帮忙。居民是否主动找社区帮忙，回答“不会”占总数的24.5%；回答“实在没办法，会去找的”占总数的49.2%；回答“倾向于去找村工作人员帮忙”占总数的9.7%；回答“一定会的”占总数的16.6%。从结果看，大部分居民找社区帮忙上主动性不够，社区服务与居民的需求应有更多契合。

表 4－20　　是否会主动找社区帮忙

	人数	百分比（%）
不会	78	24.5
实在没办法，会去找的	157	49.2
倾向于去找村工作人员帮忙	31	9.7
一定会的	53	16.6
总数	319	100.0

3. 社区工作人员对居民的关心度。调查显示工作人员对居民的关心度，"很关心"占19.7%；"比较关心"占22.9%；"一般"占30.4%；"不太关心"占16.6%；"很不关心"占10.3%。有57%的居民认为工作人员对自己的关心度一般、不太关心和很不关心，说明社区工作人员的工作方式存在一定问题。

表 4－21　　社区工作人员的关心度

	人数	百分比（%）
很关心	63	19.7
比较关心	73	22.9
一般	97	30.4
不太关心	53	16.6
很不关心	33	10.3
总数	319	100.0

4. 社区服务工作满意度。从图4－24发现，居民满意的社区服务工作，首先是对社区治安综合服务满意度最高，达68.7%；其次是社区卫生环境服务，满意度为59.6%；最后是对老年服务、青少年服务、妇女服务和失业人员服务满意度均在50%以下，尤其是老年服务和失业人员服务表达满意的比例不到40%。表明社区工作服务内容还需要进一步改进，尤其是社区分类人群的服务是社区工作的关注的重点。

就满意度而言，各项服务内容的平均满意度差距不大，均在3.36~3.89，处在比较满意以下，特别是一般人数居多，表明说明社区服务特色不鲜明，整体满意度有待提高，社区工作人员要加强培训，树立良好服务意识。

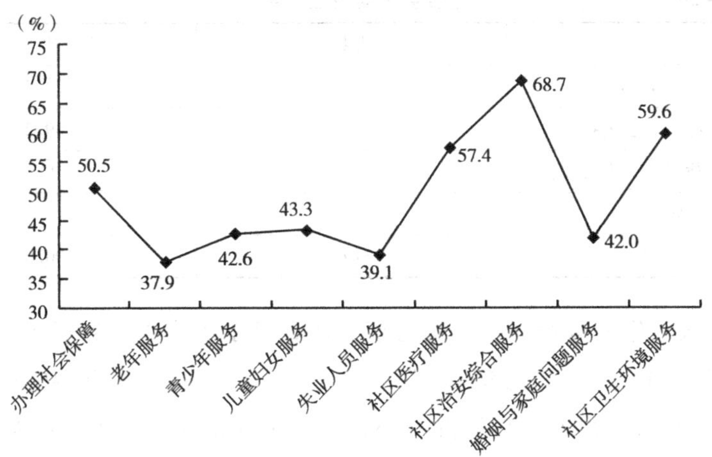

图 4－24　社区服务工作满意度

5. 对社区工作人员服务满意度。满意的占22.3%；比较满意的占27.3%；一般占29.2%；不满意的占16.6%；很不满意占4.7%。满意和比较满意的占总数49.6%，不到一半。1～5的满意度评价中，平均满意度为3.46，处于“比较满意”以下，表明社区服务还需要进一步改进（见表4－22）。

表 4－22　　对社区工作人员服务满意度

	人数	百分比（%）
满意	71	22.3
比较满意	87	27.3
一般	93	29.2
不满意	53	16.6
很不满意	15	4.7
总数	319	100.0

（七）调研结果分析与思考

1. 城乡社区的管理服务发展不均衡。总体上，黔江区社区公共服务建设已有显著成效，但城乡差距依然突出，这与黔江区的基本区情以及“村改居”工作推进缓慢有关。如西山社区、石城社区等城区社区公共服务建设与管理较为规范，社区工作人员素质较高，经费保障到位。而太极社区、南沟社区等城乡接合部的社区管理服务相对较差，基础设施落后，规划布局不合理，缺少资金投入，村民和外来人员的管理服务不到位，工作人员能力还比较弱，各社区服务中心的网上审批窗口，能够办理的业务也只是传输材料。目前全区城镇社区 80 个、农村社区 138 个中，有电脑，能够上网的社区有 59 个，所占比例 27%；社区服务体系建设缺乏规划指导，城镇社区综合服务设施总量不足，目前全区范围综合社区服务网点仅 79 个，社区服务从业人员 1510 人，且存在社区服务功能不全，配套不齐，布局分散、使用不便，乡镇社区公共服务建设工作起步迟，与城区社区比较有很大的差距，建设水平不高，管理欠规范，服务理念相对欠缺，更没有专门的社区工作人员进行管理服务，农村社区公共服务项目、档次、数量不能满足实际需要。

2. 社区工作者队伍缺乏稳定性。一是社区服务的专业化程度低，从直接从事社区服务的工作人员受过社会工作专业培训的人员所占的比例低。二是从事社区服务人员的使用，一般是采取原居委会干部推荐、亲属同事介绍或居民选举等方式，主要是离退休人员、家庭妇女、原村社干部等。目前在全区 218 个城乡社区中，社区工作人员年龄偏大，能力不足，专业知识匮乏，大部分没有接受过比较系统的专业训练，社区工作人员总人数达标的社区 69 个，其比例为 32%；专职工作人员达标的社区 13 个，其比例为 5%，严重影响了社区服务项目开发和服务质量提高。全区社区主任报酬每月 1000 元、成员每月 800 元，均低于目前重庆市社区工作人员平均报酬水平，导致社区工作者队伍的不稳定与流失现象的发生，这在相当程度上与现行体制管理、经费不足、工资待遇等因素相关。

3. 社区公共服务基础设施因缺少资金投入而远未完善。目前社区公共服务的项目、档次、数量明显不能满足实际需要。一是办公场地面积小，社区的普遍工作用房和居民公民公益性服务设施使用面积在 300 平方米以下，大都未达到重庆市“社区组织工作用房和居民公民公益性服务设施使用面积不低于 500 平方米”的要求。二是多数社区普遍存在缺乏文化、娱乐场所、医疗卫生网点、安全保障设施、公共厕所、通邮设施等问题。三是多数社区公共服务设施已经陈旧萎缩，一些新建社区也未能很好地执行和落实相关配套服务设施的标准，社区综合服务设施覆盖率 77%，离 100% 的覆盖率目标存在较大差距。

4. 社区服务居民满意度低源于相关制约因素多。调查数据显示，社区工作人员的服务做得很多，但居民的满意度却并不高。从社区工作利用反馈的信息看，多种因素制约着社区公共服务的评价，大体上可以归结为：第一，经费短缺和政策支持，没有财力和政策支持来根据社区居民的需求提供相应服务；第二，时间制约，由于政府交办的工作太多，超负荷工作，经常加班加点。由于需要花费大量的时间来完成政府交办的工作，没有时间接受知识和技能训练，也没有精力对居民开展宣传动员，以至居民参与活动积极性不足，配合度较低；第三，社区组织与政府部门、街道办事处权责不明确、关系不顺，服务效率低，现行管理体制缺陷制约了社区居委会自治能力的正常发挥。目前，黔江区 218 个社区，其 78 个城镇社区有 163 个公益性社会组织，人员总数 2532 人，每个城镇社区平均拥有 2 个社会组织，社区志愿者组织 232 个，总数 3564 人，由于社区服务项目经费短缺和政策支持不足，社区工作人员超负荷工作现象较多，居委会承接政府下派的任务过重，既要完成政府交办的任务，又要做好为居民的服务，既要抓管理，又要抓服务，导致为民事项容易积压，服务效率降低。

第二节 社区公共服务体系建设政策引导及实施举措

一、社区公共服务以人为本覆盖全域统筹城乡

在深入调研的基础上，黔江区根据城乡社区公共服务体系建设发展的客观现实，认真分析了现行社区管理体制的长处和不足。其长处在于，能够更好地贯彻政府的管理意图，能有效地改善社区基础环境，在一定程度上能够保障社区的公共服务质量，体现了集中管理的优势。而不足之处则在于，在经济发展与社会转型过程中，社区居民生活水平的提高使其需求呈现出个别化、多样化、复杂化特点，现行体制较难适应这种变化，因而对此必须有所创新。结合统筹城乡改革发展的区情，应从有利于加快形成政府主导、覆盖城乡、可持续的基本公共服务体系，提高城乡社区居民生活质量，有利于加快形成政社分开、权责明确、依法自治的现代社会组织体制，提升城乡社区自治服务功能，有利于加快形成源头治理、动态管理、应急处置相结合的社区治理机制。为此黔江区制定规划，稳步推进社区公共服务体系建设的实施。其基本原则：一是以人为本、服务居民，实现和维护社区居民的根本利益，以服务居民为导向，

以居民参与度和满意度为标准，将城乡社区服务体系建设成为服务居民、造福居民的民心工程；二是统筹城乡，双向互动，发挥现有社区服务设施和网络作用，整合城乡社区服务设施建设有关的资金、项目和资源；三是政府主导，社会参与，发挥政府主导作用，实行共建共治共享，大力培育和发展各类社会组织，推进社会组织、驻区单位和居民参与社区服务，发挥多元主体在社区服务体系建设中的作用；四是因地制宜，分类指导，区别城市与农村、较发达与欠发达、不同规模、不同类型以及少数民族聚居等社区情况，从社区广大居民实际需要出发，尊重传统社区文化价值，确定和突出社区公共服务体系建设重点，强化特色，注重实效。

鉴于黔江区是重庆市唯一的多民族集聚区，极具地方特点，因而具有打造地方特色突出的社区公共服务品牌的有利条件。近年黔江区城镇化、工业化、现代化发展迅速，在渝东南地区及鄂黔渝三省市交界地区中心城市辐射带动作用日益突出。全区 54 万人口中，以土家族、苗族为主的少数民族人口占 73%。与重庆市属各区相比较，黔江区特有的区位优势和民族文化优势，既有现实发展的典型意义，又有历史积淀的品牌价值，是社区服务体系建设在可供充分发掘和开拓创新的特色资源。一方面渝东南地区中心城市建设进程的加快，有利于城乡社区服务体系建设统筹发展，合理布局和一体化推进；另一方面恰如其分地融入民族聚居地区有识别度的优秀传统文化元素，有利于提升社区居民认同感和参与率，形成黔江社区服务体系建设与众不同的独到类型。打造具有黔江地方特色社区服务品牌，须突出重点，以点带面，逐步推广。在街道、镇乡竞争遴选先进社区，按照不同特色及各社区服务重点和功能，强化社区居委会阵地和社区文化建设，创建一批民俗文化引领型、环境友好型等新型特色社区和示范社区，率先建立起完善的社区服务设施、服务内容、服务队伍、服务网络和运行机制，打造在全市乃至全国独树一帜的有影响力的社区服务优质品牌，并发挥出先进社区的示范作用，推动全区所有城镇社区和大多数农村社区达到市级和谐社区标准。

二、共建共治共享的质量保障及指标分解

（一）合理配置社区服务设施。将社区服务设施配置纳入区政府财政预算和城乡建设的总体规划，确定社区公共服务设施数量、选址布局、建设方式、

功能划分。综合考虑服务人群和覆盖半径，逐步建立以社区综合服务设施为依托、专项服务设施为补充、服务网点为配套、社区信息平台为支撑的社区公共服务设施网络。打破传统的社区划分，规划服务半径。在社区服务设施建设规划布局上必须打破区域、地域概念，充分利用社区已有设施，提高街道（乡镇）社区服务中心、社区服务站及相邻社区服务设施之间的共享程度。在整个辖区的社区服务设施建设布局时，不拘泥于某个狭小区域，根据具体不同经济半径、服务半径，定点规划社区服务建设项目，找到方便居民与科学合理配置社区资源的结合点。打破居委会现有界限，把社区服务设施建设纳入城市工作总体布局，重新规划，不局限于行政划分的居委会、街道办事处，向有高度灵活性、松散性的“共同体”过渡。打破驻区单位传统条块分割界限，结合企业剥离社会，支持社区发展，在社区资源缺乏情况下，做到“同享资源、共建社区”。促进商业性利民服务，优化社区商业布局，逐步形成方便快捷的社区生活服务圈。鼓励支持各类组织、企业和个人兴办服务业，发展社区居民购物、餐饮、维修、美容美发、洗衣、物流配送、废旧资源回收、养老照料服务、病患陪护服务及家庭教育等服务。鼓励企业运用连锁经营、品牌加盟等方式到社区设立便民利民网点，支持邮政、金融、电信、燃气、自来水、电力等公用事业单位在社区设立其窗口服务。大力推行物业管理服务，建立社区管理和物业管理联动机制，提高物业服务质量。对无物业公司开展服务的居民区，组织社区居民自治或由社区居民委托专业服务人员落实环卫、绿化及房屋维修等基本服务。新建公租房住宅小区和旧城区连片改造居民区的开发建设单位，将社区服务设施纳入工程规划设计方案，与小区建设同步设计、同步施工、同步验收，交由街道、社区使用管理。老城区和已建成居住区没有社区服务设施的或者不能满足需要的，区财政和乡镇要加大资金投入力度，加快补足和达标的建设。新建或改扩建住宅小区，开发建设单位按每100户15~20平方米标准无偿提供社区办公服务用房和设施。按资源整合原则，突出“一室多用”，使社区服务中心真正成为集社区管理、工作议事、教育培训、便民服务、文化娱乐活动于一体的重要阵地。区级财政整合一般预算资金、城市建设资金、福利彩票公益金为新建和改扩建一批城乡养老机构和社区老人日间照料中心、街道乡镇中心幼儿园及社区幼儿园、学前教育、流动人员、流浪儿童救助中心、城乡居民社区文体活动场地等为重点的社区服务设施建设，给予专项补助。推进社区服务信息化建设，整合社区管理、就业、社保、低保、卫生、计生、文化、培训等公共服务信息，社区信息化建设覆盖社区各类业务，以社区综合数据库为支撑、渠道界面统一、集中部署的社区综合信息平台，建立起社区信息资源交换平台，形成市、区、街道和居（村）四级互联互通信息连接网络。完善"社区信息网"和"民声110"服务信息网的建设，建立社区老年人、残疾人呼叫保障系统，利用现代信息技术提供养老服务，并与电子政务、电子商务有效衔接，全面支撑城乡社区服务和管理工作。规范社区信息的采集应用，制定社区信息资源采集标准，建设社区综合数据库，加强社区信息分析与处理，建立社区业务分析制度，引导和鼓励企业参与社区服务信息系统开发，推进社区信息资源的公益性和市场性开发利用，发挥社区综合信息平台在基层政府、企业、社区组织和居民之间的沟通交流作用。居民拥有社区服务设施面积达标，城镇社区服务中心不少于1000平方米，农村社区服务站面积不少于300～500平方米，基本建成以社区综合服务设施为主体、各类专项服务设施相配套的综合性、多功能的社区服务设施网络。

（二）优化社区服务内容。推动社区公共服务广覆盖，政府基本公共服务全面覆盖到社区，依托区、街道、乡镇社区综合服务中心设施，开展面向社区居民的劳动就业、法律服务、社会保障、社会救助、社区养老、学前教育、医疗卫生健康、文体教育、社区安全、流动人口管理等服务项目。建立以街道、镇（村）社区、社区居委会和辖区单位为主体，以综治办、司法所、派出所为主干。实行社区联防和联户联防。充分发挥社区综治组织、治安员的作用，建立点、线、面相结合的"三位一体"综合治理防范体系，加强对"三无"人员及公共娱乐场所的管理，消除不安定因素。建立应急反应机制，完善社区应急预案，提高社区应对突发事件的能力。建立社区司法、调解和法律服务机制，开展多种形式法制宣传活动，引导居民依法行使权利、履行义务，共同遵守法律法规和自治公约。通过新建、改扩建、购置改造等多种方式，建设综合性社区服务站，为社区党组织和自治组织提供办公场所，代办代理公共服务事项，保障各项公共服务延伸到社区全体居民。已建成小区缺少社区居委会用房和居民公益性服务设施，由区政府负责以投资新建、调剂置换、出资购买、租赁等方式解决。推动群众性互助和志愿服务制度化，开展组织居民开展民主议事、公益慈善、邻里互助、志愿服务等活动。整合健全社区党组织、社区居委会、物业服务企业、业主委员会资源，开展多种形式社区服务。科学规划社区商业设施，优化社区商业结构和布局，建设社区便民商圈，完善社区便民利民服务设施和网络。支持各类组织、企业和个人兴办与居民生活密切相关的社区服务业，培育新型服务业态和服务品牌，促其上档升级。建立驻社区机关、团体、企事业单位参与社区服务的共驻共建机制，鼓励驻社区单位向社区居民开放服务设施，为社区居民提供“敞开式”服务，建立完善社区成员代表会议制度和驻社区单位社区建设责任评价机制。

（三）壮大社区服务人才队伍。建立完善以社区党组织和社区自治组织成员为骨干，以社区专职工作人员为重点，以政府派驻人员、其他社区服务从业人员和社区志愿者为补充的社区服务队伍。充实城乡社区居（村）委会干部队伍，完善村（居）委会主任、副主任和委员会由村（居）民直接选举产生制度，配强村（居）社区“两委”班子成员。优化社区工作人员配置，鼓励社区民警、群团组织负责人、党政机关和企事业单位在职或退休党员干部、社会知名人士及社区专职工作人员通过民主选举担任社区居委会成员。健全村（居）民委员会下属委员会，选齐居村（居）民小组长、楼院门栋长。开发社区服务工作岗位，吸纳更多人员从事社区服务工作。落实社区工作人员待遇保障，并按有关规定参加社会保险。从优秀社区党组织书记、居委会主任中考录公务员，从优秀社区“两委”主要负责人中选拔乡镇领导班子成员。重视推荐社区干部作为各级党代表、人大代表、政协委员人选，并对优秀社区工作人员予以表彰。建立社区志愿者服务站，完善激励保障机制，通过政府购买服务方式，推动社区志愿服务规范化、制度化、法制化。鼓励驻社区单位、社区居民开展互帮互助、自我服务、社会捐赠、承诺服务活动，为老幼病残、优抚对象等社区困难群体提供帮扶服务。全区社区志愿者注册率达到居民人口10%以上，80%以上社区党员和30%以上社区居民参与志愿服务活动。推进社区服务人才队伍专业化、职业化，辖区规模达到1500户以上或社区管理和服务任务较重的社区，配置6~9名社区专职工作者，人员面向社会公开选聘，补齐居委会工作人员和专职工作人员职数，实施街道乡镇2名大学生、村（居）1名大学生计划，鼓励大中专毕业生、复转军人、社会工作者到社区工作，支持社区服务人员参加社会工作等各种职业资格认证考试和学历教育考试。依托高校、科研机构及培训机构，探索第三方评估机制，加强对社区服务人员的系统培训，每年对村（居）委会主任进行一次培训，社区管理人员每两年至少培训一次，20%以上社区服务从业人员具备社会工作者资格，报酬与职业资格挂钩，落实社区服务人员生活补贴、工资、社会保险等福利待遇，原则上不低于当地职工平均工资水平并建立自然增长机制，形成一支专业素质较高、服务能力较强、社区居民满意的社区服务队伍。

（四）完善社区公共服务体制机制。建立健全城乡社区服务组织，理顺社区内外权责关系，健全政府部门间的协调机制、政府与社区间的协作机制、社区组织之间的互动机制，优化社区服务发展的制度环境。整合政府各部门在城乡基层的办事机构，合并相近或相同的服务项目，整合服务资源，优化人员结构，精简服务流程，增强服务能力。加大政策扶持力度，培育发展与管理监督并重，推动公益性、服务性社会组织参与社区服务，通过设立项目资金、公益发展基金、活动经费补贴等途径，采取政府购买服务、项目委托、项目招标等公开招投标形式选择各类专业化社会组织运营，加强政府与社会组织的合作，推动社会组织的发育。对不具备登记条件的社区社会组织实行备案制度，并在组织运作、活动场地等方面为其提供帮助。鼓励社区居民、驻区社会单位、各类社会组织和各类志愿者参与社区管理和服务，支持工会、共青团、妇联及残联、老龄协会、慈善协会等群众组织发挥各自优势积极参与社区服务活动。整合城乡服务资源，组织城乡社区开展结对帮扶活动，探索建立城乡社区互助服务新机制。实现70%以上驻社区单位与社区签订共驻共建协议，培育100个专业化服务水平较高、居民群众认可、具有一定影响力的社区社会组织。培育不同类型、不同层次社区服务性、公益性、互助性社会组织，推行社区公共服务事项准入制度，积极引导各类社会组织和各类志愿者参与社区服务，达到每个社区拥有6个以上的社区社会组织，并有效开展相关活动。组织动员辖区共产党员、青年团员、公务员、专业技术人员、教师、学生以及身体健康的离退休人员等参与社区志愿服务和各具特色的群众性文化活动，繁荣以增强社区凝聚力为宗旨的社区文化，因地制宜开展驻区单位和社区居民邻里互助等群众性自我互助服务活动，建立起政府倡导、社区组织扶持、专业社工引领、驻社区单位和居民广泛参与、优势互补、利益协调、规范有序的社区服务运行机制。

（五）目标分解及监督落实。黔江区为健全完善党委政府统一领导、相关部门密切配合、社会广泛参与的社区公共服务管理体制和机制，区委、区政府将此项工作纳入加强和改善民生的重点内容，充实民政部门从事社区公共服务建设工作的力量，切实加强对社区服务体系建设工作组织领导，同时建立社区服务体系建设部门联席会议制度，分解落实各项目标任务（见表4－23），明确区级各部门分工任务。如区委组织部负责指导社区“两委”换届选举工作，发挥引领作用，指导社区党建工作，构建社区党组织建设工作网络，创新和规范社区党员活动室等阵地建设。民政局承担区社区建设工作领导小组办公室的日常工作，制订社区建设工作的规划和实施方案；牵头指导全区社区建设、搞好协调服务；指导并协助社区开展自治组织建设，开展社区服务，推动居务公开和基层民主建设；指导并协助推进社会工作人才队伍建设和志愿者队伍建设，组织社区干部培训工作；有计划、有步骤地推进社区建设，负责社区建设工作监督、检查、评比、验收，总结推广社区建设先进经验，有计划、有步骤地推进社区建设。发展和改革委员会负责将社区工作用房和居民公益性服务设施建设纳入全区经济社会发展规划，并按基本建设程序对项目进行建设管理。人力资源和社会保障局负责社区再就业服务，建立社区失业人员动态管理服务台账，建立再就业援助台账，提供就业服务信息，实现劳动能力范围内人口充分就业。配合民政等相关部门，针对就业困难人员（大龄、残疾人和低保户等），提供就业“托底”安置人员认定服务，开发公益性岗位，举行就业安置服务；把社区工作者纳入干部培训和社会工作者培训规划，配合民政等相关部门开展公开招选、机关下派、复退军人安置等形式，选派年龄轻、文化程度较高的优秀人才到社区工作。鼓励社区工作者参加职业资格考试，逐步实现社区工作者专业化、职业化；表彰在社区服务中有突出贡献的优秀社区工作人员，从社区“两委”考录公务员，积极推荐政治素质好、参政议政能力强的社区干部作为各级党代表、人大代表、政协委员人选。财政局负责加大对社区工作用房和居民公益性服务设施建设资金投入力度；预算社区服务体系建设专项经费，负责社区工作人员报酬、社区组织工作经费预算及划拨工作，制定社区办公经费管理制度，督促社区公开账务。城乡建设委员会负责指导城乡社区人居环境的改善和社区基础设施、公共服务设施建设，做好社区工作用房和居民公益性服务设施建设相关手续的服务工作；监督管理社区组织工作用房和居民公益性服务设施建设；参与社区组织工作用房和居民公益性服务设施建设的控制性详规及项目选址、定点和方案设计审查等工作。严格按照工程建设强制性标准及条文规定、严格审查新建或改建住宅小区项目。对不按初步设计面积建设或提供社区组织工作用房和居民公益性服务设施的开发建设单位，要责令限期整改，未纠正的不能通过验收并将其不良行为纳入房地产开发单位信用档案。规划局负责在控制性详细规划中，严格按照国家、市及区的相关法律法规规范要求提供社区组织工作用房和居民公益性服务设施面积标准进行规划设计；在编制审批新开发的住宅小区修建性详细规划及方案设计中，具体落实社区服务设施配套，对于不按规定配置社区服务设施的，不得办理建设工程规划许可证。国土资源和房屋管理局负责落实社区组织工作用房和居民公益性服务设施建设的用地，在符合土地利用总体规划基础上，优先提供用地保障；社区工作用的房产权登记手续予以优先办理；在符合土地利用总体规划前提下，将提供社区组织工作用房和居民公益性服务设施用房作为开发商办理房屋预售许可的前提条件；负责社区用房的危房鉴定、解危等危旧房改造管理工作；监督检查社区物管企业的管理服务工作，支持社区物业管理工作及服务。市政园林局负责社区内市政基础设施建设、维护和管理工作。环保局负责指导社区环境保护宣传、教育服务，为绿色社区创建提供环境保护咨询服务。商务局负责规划并组织实施社区商业便民利民服务网点合理布局。卫生局负责指导督促社区公共卫生和基本医疗服务，开展以疾病预防、保健、医疗、康复、健康教育与管理等社区卫生服务。教育委员会负责积极配合社区开办市民学校、家长学校、老年学校等社区教育平台；积极向社区开放教育资源，提高社区教育师资队伍的思想和教育教学方法技能等整体素质。文广新局负责指导社区居民开展群众性文化娱乐活动；指导社区挖掘、整理、传承和保护非物质文化遗产，推动具有民族特色、红色文化特色等项目与活动的开展；指导社区书屋规范化管理，督促图书更新、编码上架和读书活动开展。体育局负责组织开展社区体育比赛等社区健身活动，建设社区体育健身俱乐部，推进并开展具有民族特色的体育项目与活动；指导社区体育设施建设服务，加强社区全民健身居家工程建设与管理，定期对健身器材进行维护与更新；指导社区开展居民体质测定服务，为居民建立体质健康档案。公安局负责社区治安服务，依托社区警务工作站，配备社区民警，发展社区治安志愿者队伍，加强专职巡防队伍建设，做好巡逻防范、隐患排查等工作；建立治安警情通报制度，定期向社区群众公示社区治安情况，增强群众安全防范意识；指导社区禁毒宣传服务，推进社区禁毒组织网络建设。司法局负责指导社区矫正、帮教工作，为社区矫正对象提供矫正、帮扶、教育等服务；为社区居民提供法律宣传、法律咨询等服务。各街道镇乡则必须切实履行承担社区服务体系建设发展的组织和管理责任，化解社区服务体系建设过程中各种具体问题；指导社区工作，定期听取居民对社区服务体系建设的意见，积极配合、协助政府部门完成相关任务；负责将社区服务体系建设经费纳入本级财政预算，为社区工作者办理基本养老、基本医疗、失业、工伤、生育、保险等社会保险；负责社区人才队伍建设，切实提高社区服务队伍综合素质；指导督促社区拓展社区服务内容，优化社区服务方式，夯实社区服务基础平台，对社区服务体系建设情况进行基层监督和反馈；指导社区特殊群体帮扶救助服务，服务社区的低保人群，切实做到“应保尽保”；协助残联、老龄委等开展残疾人、老年人等特殊群体的专业化社区服务；发挥在社区组织工作用房和居民公益性服务设施管理工作中的主体作用，积极配合有关部门做好社区组织工作用房和居民公益性服务设施用房的选址、协调和验收工作。监督检查社区工作用房和公益性服务设施的使用情况，防止擅自改变用途；牵头组织社区代表、驻区单位代表、区人大代表和政协委员等对政府部门提供的社区服务进行民主监督和评议等。

表4-23　　黔江区社区公共服务内容体系目标任务分解

序号	服务类型	服务项目	牵头部门	主责部门
1	一、社区就业服务	社区劳动就业咨询服务	人力社保局	街道（乡镇）
2		社区职业介绍服务	人力社保局	街道（乡镇）
3		社区就业困难人员再就业服务	人力社保局	街道（乡镇）
4		社区“零就业家庭”就业帮扶服务	人力社保局	街道（乡镇）
5		社区自主创业就业服务	人力社保局	街道（乡镇）
6		社区就业特色服务	人力社保局	街道（乡镇）
1	二、社区社会保障服务	社区老年人（残疾人）居家养老服务	民政局	残联
2		社区老年人（残疾人）就餐送餐服务	民政局	残联、卫生局、商务局、街道（乡镇）
3		社区老年人（残疾人）出行服务	民政局	残联、街道（乡镇）
4		社区老年人（残疾人）精神关怀服务	民政局	残联、街道（乡镇）
5		社区老年人（残疾人）电子辅助服务	民政局	残联、街道（乡镇）
6		社区老年人（残疾人）优待服务	民政局	残联、街道（乡镇）
7		社区残疾人温馨家园服务	民政局	残联、街道（乡镇）
8		社区老年人信息档案服务	民政局	街道（乡镇）
9		社区企业退休人员服务	人力社保局	街道（乡镇）
10		社区托老（残）服务	民政局	残联、街道（乡镇）
11		社区社会保障特色服务	民政局	街道（乡镇）

续表

序号	服务类型	服务项目	牵头部门	主责部门
1	三、社区社会救助服务	社区低保人员救助服务	民政局	街道（乡镇）
2		社区特殊群体帮扶服务	民政局	残联、流管办、团委
3		社区临时救助服务	民政局	街道（乡镇）
4		社区社会求助特色服务	民政局	街道（乡镇）
1	四、社区卫生和计划生育服务	社区公共卫生和基本医疗服务	卫生局	街道（乡镇）
2		社区居民健康档案服务	卫生局	街道（乡镇）
3		社区居民转诊服务	卫生局	街道（乡镇）
4		社区计划生育服务	人口计生委	街道（乡镇）
5		社区独生子女家庭服务	人口计生委	街道（乡镇）
6		社区急救保健服务	红十字会	街道（乡镇）
7		社区卫生和计划生育特色服务	卫生局	街道（乡镇）
1	五、社区文化教育体服务	社区群众文化服务	文化局	体育局、民政局、街道（乡镇）
2		社区教育培训服务	宣传部	文明办、教委、人口计生委、街道（乡镇）
3		社区早教服务	教委	街道（乡镇）、人口计生委
4		社区中小学生社会实践服务	教委	宣传部、社会办、街道（乡镇）
5		社区科普服务	科委	科协、宣传部、街道（乡镇）
6		社区居民阅览服务	文化局	新闻出版局、街道（乡镇）
7		社区体育设施建设服务	体育局	街道（乡镇）
8		社区群众性体育组织建设服务	体育局	街道（乡镇）
9		社区群众体育健身服务	体育局	街道（乡镇）
10		社区居民体质测试服务	体育局	街道（乡镇）
11		社区健身宣传培训服务	体育局	街道（乡镇）

续表

序号	服务类型	服务项目	牵头部门	主责部门
1	六、社区安全服务	社区治安状况告知服务	公安局	综治办、街道（乡镇）
2		社区治安服务		综治办、公安局、街道（乡镇）
3		社区矫正服务	司法局	街道（乡镇）
4		社区帮教安置服务	司法局	街道（乡镇）
5		社区禁毒宣传服务	公安局	街道（乡镇）
6		社区青少年自护和不良青少年帮教服务	教委	团委、司法局、街道（乡镇）
7		社区法律服务	司法局	街道（乡镇）
8		社区消防安全服务	公安局	街道（乡镇）
9		社区安全稳定服务	综治办	司法局、信访办、公安局
10		社区应急服务	应急办	街道（乡镇）
11		社区警务设施和警力配备服务	公安局	街道（乡镇）
12		社区安全特色服务	公安局	街道（乡镇）
1	七、社区环境美化服务	社区环境综合治理服务	市政市容委	文明办、水务局、环保局、街道（乡镇）
2		社区绿化美化服务	园林绿化局	城管执法局、街道（乡镇）
3		社区环境保护服务（绿色社区创建）	环保局	文明办、公安局、城管执法局、街道（乡镇）
4		社区节能服务	发改委	宣传部、街道（乡镇）
5		社区市政公共设施建设服务	市政市容委	经信委、街道（乡镇）
6		社区环境特色服务		街道（乡镇）
7	八、社区便利服务	社区便民商业服务	商务局	民政局、社会办、街道（乡镇）
8		社区家政服务	民政局	人力社保局、妇联、街道（乡镇）
9		社区代收代缴服务	商务局	民政局、社会办、街道（乡镇）
10		社区便利特色服务	商务局	街道（乡镇）

续表

序号	服务类型	服务项目	牵头部门	主责部门
1	九、其他服务	社区心理咨询服务	卫生局	社会办、民政局、街道（乡镇）
2		社区特殊人群社工专业服务	民政局	社会办、经信委、街道（乡镇）

通过明确责任制，强调各司其职，强化区级相关职能部门、街道乡镇在社区服务体系建设工作的职责，以切实加强领导和督促检查。为此，区里实施了优先政策导向和城乡社区服务体系建设绩效评估，将建设成效纳入各级党委政府及有关部门年度工作目标考核和科学发展考评体系。一是优先加大对社区公共服务建设的投入，将社区党组织和居委会的工作经费、党员活动经费、人员报酬、服务设施以及信息化建设经费等纳入财政预算。加大对扶贫开发区一般性转移支付力度，以增强其社区建设工作的保障能力。同时，区政府安排专项资金，采取以奖代补的方式，分年度对工作服务用房和居民公益性服务设施没有达标的社区进行补助。区级财政每年安排专项引导资金，对社区公共服务建设成绩突出的给予奖励，鼓励企事业单位、社会团体、个人和外资以多种形式捐赠或兴办社区公共服务事业。二是完善扶持政策，制定基层政府或其派出机关指导社区工作规则、社区服务标准体系及管理办法、社区公共服务目录及准入制度、社区社会组织培育等方面的规章制度。将社区服务体系建设纳入我区经济和社会发展规划，纳入城乡规划和土地利用总体规划，对社区公共服务设施建设用地，按照法律、法规和规章可以采取划拨方式供地的，政府切实予以保障；闲置的宾馆、培训中心、福利设施、办公用房优先用于社区服务。完善社区服务税收、公用事业收费、用工保险、工商和社会组织登记等优惠政策，为社区服务业发展创造良好环境。三是完善社区服务建设评估督察机制。加强社区服务建设项目管理，所有建设项目必须严格实行公开招投标和工程监理制，由有资质的建设单位承担建设任务。区民政局按照社区服务体系建设标准和管理办法加强对项目的管理，尤其是对建设过程要进行实时监督检查。建立社区服务体系建设监督机制，广泛接受社会监督和媒体监督。建立“居民需求、业务分流、实时反馈、服务跟踪、系统考评、公众监督”运作流程，实行第三方专业评估和全

程监理式监管，依据统一的评估和监理标准，开展过程性、经常性监理与评估。分解到各街道、乡镇的建设项目，按照目标责任制要求，进行重点考核，确保社区服务体系建设项目按期顺利完成，对于按年度确定的建设项目要逐级纳入目标任务考核，予以重点督查，加强对社区服务中心的监管，保证社区公共服务质量及其公益性。

第五章

社区公共服务重点帮扶人群专题调研

基层社区社会组织的实务工作主要以社区居民为工作对象或服务对象，面对社区不同居民群体尤其是其中有着特殊帮扶需求的重点目标人群，需要分别制定不同服务计划和管理策略，掌握系统的社区社会工作方法并具备相应的专业能力，包括基本信念、对社会问题的假设、专业工作目标和专业技能手法，更好运用地区资源，切实改善社区生活环境，推动社区成员的参与和合作，化解社区矛盾和冲突，预防和解决社会问题，进而提高社区公共服务质量。

第一节

城乡社区空巢老人群体养老服务

一、空巢老人现实状况调查

老年人健康和福利优先的原则，是全球性社会发展目标。[①] 第六次全国人口普查结果表明，我国60周岁以上老年人口已达1.67亿，其绝对数长期高居世界第一，到2030年全国老年人口规模将在现有基础上翻一番，老龄化社会发展进程进一步加快。如本课题组所在重庆市于1999年已形成老年型人口结构，比全国平均提前六年，现已进入老龄化社会中期。同期普查数据显示，重庆市城乡常住人口2884.62万人，其中0～14岁人口489.80万人，占总人口16.98%；15～64岁的人口为2061.41万人，占总人口的71.46%；65岁及以

① 联合国《马德里国际行动计划2002》

上的人口为333.41万人，占总人口的11.56%。① 这意味着重庆市65周岁及以上人口比例远高于全国平均水平。重庆市的市情较为特殊，大城市与大农村并存，先进工业与传统农业并存，二元结构凸显，人口流动频率高，家庭规模趋于小型化，家庭赡养功能相应弱化，家庭养老资源减少，从而推动老年空巢现象逐渐作为一种相对固定的家庭构成形式而普遍存在。目前重庆市城镇空巢家庭略接近城镇老人家庭数的50%，而农村空巢家庭则已达到农村老人家庭的56.7%。在持续的生育率下降和平均期望寿命延长共同作用下，对人口年龄结构和家庭结构变化产生了重大影响，城乡家庭结构变迁过程中形成的城乡老年人群生活状态和养老需求变化，空巢老人步入了其人生的“失去期”，一方面必将从物质需求和精神需求等不同层面对老年人群乃至各个年龄段的人群的家庭观念和生活方式均产生不可忽略的冲击，另一方面也必将对社区治理和公共服务领域提出进行符合实际的适应性调整的要求，带动养老保障和社区养老服务需求的不断增加。

据本课题组调查了解，重庆市在社区养老服务方面已采取了多种措施加以推动。一是政府主办，层级联动、政府、街道、社区推动，在区、街道、社区等不同层面分级建立居家养老服务机构和站点，如设置社区日间照料中心等，为辖区内老人提供日常休闲服务。二是政府主导，中介运作。采取公办（建）民营的方式，政府主导建设硬件设施，委托专业性民间组织经营管理，开展社区居家养老服务；或由政府资助，民间组织建设并运营服务设施和站点。三是政府资助，机构主办，连锁经营。采用政府或社区筹资，委托或资助专业养老机构在社区承办居家养老服务设施和站点并负责管理，以专业化连锁运营模式为社区老年人提供养老服务。四是采取市场运作、购买服务等方式，由政府全部或部分资助，为三无、五保、军烈属、特困老人购买和提供基本服务。

（一）样本基本情况

为了解城乡空巢老人养老保障问题和社区养老服务发展状况，本课题组于2015年4~7月选择城乡并存、二元特点突出的重庆市巴南区为调研基地，会同农工党巴南区委、巴南区民政局、巴南区卫计委进行了专题调查。

① 重庆市2010年第六次全国人口普查主要数据公报（2011年5月3日）

本次调查对巴南区龙州湾街道、鱼洞街道、惠民街道、木洞镇、接龙镇、东温泉镇6个镇街进行随机抽样，先后召开调研座谈会6次；个案访谈15份；发放城乡空巢老人问卷300份，回收256份，其中有效问卷215份，有效率为84.0%。发放空巢老人子女纸质问卷60份，有效回收54份，有效电访41人。

性别结构分布：空巢老人子女样本的性别分布较为均衡，被调查空巢老人子女中，男性所占比例为52.6%，女性所占比例为47.4%。

户籍性质分布：本次调查样本户籍以城市户口为主，占81.5%，农转城空巢老人占18.5%，农转城空巢老人中又以自愿农转城为主，占比95.7%。

子女数量分布：从样本的子女分布状况看，被调查空巢老人中，17.4%无子女，55%有一个子女，20.9%有两个子女，6.7%空巢老人有三个及以上子女，说明受计划生育政策的影响，大部分空巢老人仅有一个子女。

居住分布：和老伴一起居住的空巢老人，占比70.6%；因丧偶而独居的空巢老人，占比13.7%；因与老伴分居而独居的空巢老人，占比6.4%；和老伴及（外）孙子女一起居住的空巢老人，占比5.7%；与（外）孙子女在一起居住的空巢老人，占比1.3%；未婚独居空巢老人，占比1%；其他状况，占比1.3%。

不同原因空巢老人分布：子女在市内工作的，占比49.8%；子女在市外工作的，占比15.8%；女出嫁，占比22.9%；儿婚后分开居住，占比3.4%；不喜欢和子女一起居住，占比1%；子女去世，占比16.8%；子女失能，占比1.7%。

总体上，本次调查样本群体在性别、户籍、子女数量、居住情况和空巢老人类型结构等方面的结构分布基本平衡，较为符合总体结构分布，因此样本群体的调查情况能较好地代表空巢老人的基本现状和需求。

（二）空巢老人养老状况描述

1. 空巢老人的界定问题。在调研过程中，基层社区的工作人员提出空巢老人的界定是进行有效切实进行养老服务的前提条件，也是实现养老服务均等化和公平性的保障，但是到目前为止，我国对空巢老人的界定还没有统一标准，只有不同的学者根据各自的研究对象采用各自不同的说法。课题组经过大量深度访谈发现，典型“空巢”特征的呈现，是因为家庭小型化和核心化趋势，导致原有家庭结构和功能变迁，处于生命晚期的老人失去感增强，获得感减弱。以往人们通常根据“与子女分居”“子女探望的次数”“子女探望的路程远近”等因素来界定所谓空巢老人，不可避免存在内涵变窄和操作性不足的问题，而实际情况是，“生活是否获得及时照料”可能才是空巢内涵的核心因素。调查表明，生活不能得到及时照料的老人经常衍生出如心情郁闷、沮丧、孤寂，食欲减低、睡眠失调、平时愁容不展、长吁短叹、甚至流泪哭泣的状况，并常有自责倾向，认为自己有对不起子女的地方，没有完全尽到作为父母的责任，有的也会存在责备子女的倾向，觉得子女对父母不孝，只顾自己的利益而让父母独守“空巢”。老人们所说的“及时照料”，是指在老人急需子女照料和得到子女照料的时间间隔期限在半天及其以上。鉴于此，课题组与基层社区工作人员在探讨中认为，空巢老人的界定应当是：年龄在60岁（采用发展中国家界定老人标准60岁，而非联合国的65岁标准）及以上，因无子女、子女外出务工或子女失能使得不能得到及时照顾的老人。其间亦有普通状况与特殊状况的区别：普通空巢老人，是指年龄在60岁及以上，子女临时外出工作，或子女在外地有正式的工作并与其分处于两地，半天及以上时间不能及时赶回照顾急需照料的老人；特殊空巢老人，主要是指因子女去世而无人照顾的失独老人群体和因与子女居住在一起但子女失能而无法得到照顾的特殊老人群体。据此，以空巢老人养老服务的名义可以更广泛覆盖失独老人、子女失能老人群体，而相应的养老服务可以更为有效地降低空巢老人群体的敏感性和自我标签化，以有利于社区服务工作的开展。

2. 家庭抗风险能力低。在此方面，城乡区别较大，突出的问题主要反映在农村空巢老人家庭中，一是家庭收入偏低，能保障基本生活水平，过半的农村空巢老人（61.20%）家庭月均可支配收入在1000元以下，绝大部分空巢老人（85.7%）月均家庭收入在2000元以下，处于偏低水平。但农村基本生活成本较大部分是自给自足，费用不高，可以保障家庭的基本生活水平，基本温饱没有问题。二是家庭收入单一，转移性收入是其主要生活来源。经营性收入和工资性收入低，农村中仅有5%空巢老人耕种自己的所有土地，45.0%空巢老人耕种部分土地，29.5%空巢老人表示只种菜，20.5%空巢老人完全没有耕种土地，另据调查走访，部分身体尚好老人还会有打零工、卖点蔬菜水果等工资性收入。转移性收入成农村空巢家庭主要收入来源，主要是养老保险、社会救济和子女赡养转移收入。69.2%空巢老人养老保险（社保）作为自己第一或第二收入来源，社会救济的平均排序排在其后。在个案访谈中也发现空巢老人，尤其是失独老人、子女失能的老人的主要收入来源是转移性收入，不少受访者称其经济主要来源是独生子女困难补助、养老金、占地补助、独生子伤残补助等。三是人情往来和医疗开支导致生活品质低。调查中发现人情来往、买药看病成为空巢老人的最大负担，有受访者在回答开支时说“主要是人情来往，一次至少都要花200元”。38.0%老人看病买药平均一年医疗费用在1000元以下，花费1000～1999元的占27.8%，花费2000～3499元的占25.1%，花费3500～5999元的占6.1%，花费6000～9999元的占1.0%，花费10000元以上的占2.0%。数据反映，医疗健康支出费用是空巢老人开支的一项重要内容，年均花费中位数为1802元，虽然大部分空巢家庭开支在每年3000元以下，但是也有部分空巢老人可能由于生大病或慢性疾病需要长期服药，年均耗费在1万元以上，医疗费用支出给空巢老人的心理压力和生活预期影响较大，导致其生活品质下降，不稳定感增强。

3. 生活能自理而精神养老缺位。37.3%空巢老人在完全能自理的情况下，还能照顾家人；基本可以自理的空巢老人比例最高，为53.2%；部分空巢老人在别人适当帮助下能自理，占比7.1%；但也有2.4%空巢老人生活完全不能自理，需要特别予以关注。表明大部分空巢老人生活自理能力较强，但空巢老人社会参与不足，各种活动没积极性，情绪不高，感觉孤独寂寞，觉得活着没有价值，找不到活着的意义，尤其是失独和失能家庭的老人精神上极度缺乏关怀，精神生活和心理健康需求被忽视，精神养老意识薄弱和服务缺位。

4. 家庭成员互动渠道单一。调查中发现，子女间隔半年及以上回家探望的空巢老人比例最高，为60.1%，探望的时间节点是逢年过节或大事（大寿、生大病），这可能是与子女外出工作离家较远以及国家的节假日政策相关，在走访中从空巢老人和工作人员那里了解到，大多数在外空巢老人子女因假期少，外地回家路费也贵，有自己的家庭要养，一年回家的时间少。如在走访情况中发现，有子女在沿海地区工作，离家较远，甚至3～5年才回家探望老人一次的情况。平时的沟通方式主要是打电话，78.1%子女在半个月通电话1～2次问候父母。从访谈中也可以看出沟通方式和内容都比较单一，主要集中在身体状况的问候，正如某受访者所说：“3～5年回来一次；说不定，忙的话就打的少，不忙就打得多，一般都是问哈身体状况之类的。”这可能与子女的经济条件差、网络通信工具使用技能欠缺和两代人的代沟有关。通过空巢老人和其子女对回家和通电话的频率的主观感受对比，子女反馈的回家探望和打电话问候的频率比空巢老人反馈的略高。这可能与空巢老人比较想念子女造成的主观时间感变慢有关。

5. 因病致贫是空巢老人首要的困难。普通空巢老人和特殊空巢老人都反映看病贵，特别是大病，虽然有医保能报销一部分，但对于农村空巢老人来说仍是一项沉重的经济负担。近一半老人或子女（父母：42.5%；子女：48.9%）将“就医费用高，害怕父母生病造成家庭由富返贫”作为赡养老人的首要困难。某被访空巢老人说：“大病要先垫付医药费拿不出现金”。某受访者说：“儿子是四级残障，单位也不要，低保也没有，自己都怕顾不上，哪顾得上我们”。子女把老人生病因素看得很重，特别是生大病的时候，医药费负担如果上了几万、十来万元，其家庭状况便会处于非常困难的境地。

6. 空巢老人面临无人照料的现实问题。超过60%的空巢老人表示在某些生活方面需要由社会提供帮助。空巢老人面临因病或因高龄失能，行动不便，生活无人照料问题：失独老人是无人照料，子女失能老人是子女不能照料，一般空巢老人是子女工作忙没时间照料（父母：69.3%；子女：70.2%）。当空巢老人生病住院后，大多子女忙工作不能陪同在老人身边，生病后谁来照顾确实是很大的问题，尤其是生大病。正如部分访谈者谈到，“距离远，要工作，精力有限，有自己的家庭要照顾”“担心生病无人照顾，直系亲属无能为力”“担忧过，大病没办法，没有人能照顾到，有时候也需要与人说话”。

7. 空巢老人家庭边缘化问题严重。当前，我国家庭呈现小型化和核心化趋势，家庭资源流向核心小家庭中，空巢老人处在家庭的边缘化位置，这从老人和子女在描述赡养主客观困难中得到佐证。描述赡养老人的经济原因，存在老人和子女角度差异，如需要养育自己的子女，经济负担压力较大（父母：55.6%；子女：28.7%）、由于自身基本生活难以维持，不能为父母提供足够的经济支撑（父母：22.6%；子女：36.2%）；由于回家路费较贵，也会明显地减少回家次数（父母：15.3%；子女：11.7%）等，这反映了赡养父母不是首要考虑的问题，家庭资源分配中空巢老人处于边缘化地位，进而有少部分受访者表示其子女孝道意识减弱，对父母态度不够好。另外在赡养的主观困难上，子女强化赡养过程中家庭人际冲突困难（观念和生活习惯差异），弱化孝道减弱的问题，而父母则相反。

二、空巢老人服务需求

课题组在调研访谈中了解到，目前空巢老人最大的养老需求主要体现在经济支持、生活照顾和精神慰藉三个方面。

（一）生存需求为主。空巢老人的生存需求表现满足衣食住行、健康、卫生、安全等。一是经济支持成为首要的诉求。在改善空巢老人养老现状上，61.1%的空巢老人关注社会救助，完善社会救助制度，降低低保户门槛；60.5%老人受访者认可提高养老保险待遇，加大制度保障方法（子女认可比例63.0%）；39.2%老人受访者认可统筹建设医疗保险制度，提高报销比例方法（子女认可比例43.5%）；同时有偿养老服务意愿较低，表明获得经济支持是其主要诉求。二是便民服务需求度高。老人比较需要的生活照料类服务排前三位是住房维护、家电维修、代购生活用品和代购药品，比例分别为47.7%，41.5%与26.5%。代购其实与社区购物便民店布点有关，有16.9%表达了对社区购物便民店便利问题的关注。在访谈中还发现因交通不便和无交通客车等带来的出行不便和电话、网络等通信问题也是空巢老人关注的焦点问题。三是医疗保健服务需求均衡。医疗保健类养老服务共分为康复护理，住院护理，陪同看病，送医送药上门，知识宣传普及教育和增设村卫生室共6项内容，平均每位受访者选择了6类医疗服务中的近2个服务类别，前2位需求是住院护理和陪同看病，分别占36.5%和32%。值得注意的是，受访者对医疗保健类服务比例相差不是很大，说明医疗保健类服务需求比较均衡。四是法律咨询和矛盾调解需求较高。老人在寻求法律维权类支持和帮助的情况，共分为法律咨询、法律援助、矛盾调解3项内容，从调查中可以看出老人急需的法律维权类服务为法律咨询，需求度高达66.4%，其次为矛盾调解为35.2%，需求度较小的为法律援助，为26.3%，表明老人对法律维权类服务整体需求度较高。在调研访谈中了解到，有些空巢老人对政策不太了解，如低保政策、医保政策、独生子女、残疾证办理等，在政策法律咨询的需求较为迫切。

（二）情感需求逐步增强。空巢老人在基本生活得到一定保障后，在满足亲情、伦理和情感生活等精神方面的情感需求便相应增多。67.7%的老人需要谈心交流，38.4%的老人需要心理疏导和情绪管理。被访空巢老人纷纷表示，“除了经济方面，更需要的是精神慰藉”“有时想不开，但没有办法”“会有些焦虑但没得办法，还是要过日子”。另外，调查中还发现，接近60%的受访者表示需要心态教育服务。

（三）发展需求初步显现。空巢老人的发展需求主要表现为娱乐、交友、求知、充实自我和肯定自我等方面的需求，20.3%空巢老人非常关注外出游玩、陪伴旅游等，对老年活动场所的需求度为79.6%，对体育健身设施的需求度为36.5%，说明现阶段的老人也开始注重精神文化生活和关注生活品质，即注重体育锻炼，在思考如何有效利用闲暇时间，追求精神上的满足和心理层面的舒心。

（四）选择养老优先方式。对于调研过程提供的自养→子女供养→机构养老的养老选择路径，空巢老人（75.3%）和子女（66.0%）选择子女负责在自己家养老，表明了传统养老模式的强大生命力。选择在自家养老原因无非有三点：一是在家养老经济成本低；二是在家养老自由，包括生活作息习惯、饮食习惯、对金钱的自由支配等方面；三是农村空巢老人习惯了农村生活，并且有自己熟悉的生活圈，脱离这样的生活环境后不一定能适应。19.9%的空巢老人受访者与24.5%的子女受访者选择入住免费敬老院；7.8%的老人选择了付费方式入住养老院，而在此选项上子女占比为12.8%，可见入住敬老院或养老院的子女认可度均高于老人群体，说明子女比老人更容易接受机构养老。个案访谈也证实了这一点，空巢老人大多都认为自己还能动就靠自己在家养老，不能动了生活不能自理了就靠子女，实在没办法的才会考虑敬老院、养老院。部分受访者谈道，“以后事情没想过，要是可以，肯定在家养老”“喜欢在家养老，能自理就不去敬老院”“自己不能自理，孩子又不能赡养照顾我们，才会考虑进养老机构院”。

（五）适度接受社区居家养老服务。52.3%受访老人（57.4%子女）在不同程度上接受民办专业养老机构上门的社区居家养老服务。12.5%受访老人（21.3%子女）表示不接受。能适度接受社区老年服务中心的定点服务（父母8.1%；子女27.7%）、社区老年协会提供的签约定时服务（父母7.8%；子女

23.4%）及志愿者提供的”一对一”服务（父母 26.4%；子女 20.2%）等临时性养老服务。对比分析表明，空巢老人和子女还是存在较强的上门居家养老服务需求。空巢老人更倾向于在家养老，子女负责，而子女更倾向于志愿者提供”一对一”服务，这样可以改善由于自己工作等原因没法及时照顾父母的情况。另一部分人可能对服务内容、质量不了解，以及出于经济因素的考虑，做出了负面的选择。

（六）接受有偿养老服务影响因素。价格与服务质量，是被调查的空巢老人对有偿养老服务的最敏感的问题。可以承受的每月养老费用在 100 元以下比例最高，占比 86.3%（子女比例为 35.9%）；其次为 101～200 元占比 10.3%（子女比例为 33.3%）；再次为 201～300 元的老人占比 3.1%（子女比例为 14.1%）以及可承受 300 元以上的比例最低，占比 0.3%（子女比例为 16.7%）。另外，95%以上的受访空巢老人对生活照顾、精神慰藉、水电气等应急服务、陪医就诊、住院护理、其他类的居家养老服务可接受的费用在 40 元以下。调查说明大多数空巢老人对经济支出敏感度高，承受机构养老的费用能力不够。在访谈中也看出空巢老人的顾虑：“看能不能到时候去便宜点的养老机构”“以后自己不能自理时，就打算入住价格我们能承受得起的养老院。”另外，部分受访者接受服务质量好，价格可以适当高一些。部分受访者担心民办养老机构受利益驱使，对提供长期高质量服务持怀疑态度。

（七）志愿服务参与意愿高。在调查走访中，74.6%被调查低龄空巢老人愿意为高龄老人、失独老人和亚健康老人等提供志愿帮扶。在不愿意提供志愿帮扶原因调查发现，大部分不愿提供服务的受访者因受自身身体情况（76.4%）、时间精力有限（20.2%）等条件所限，无能力提供帮扶服务。49.3%受访者愿意免费提供帮扶服务，另外一半的受访者需要收取不等的酬劳但总体月均费用不高。大多数被访者愿意为空巢老人提供所能及的无偿帮扶，并表示社区大多数低龄老人愿意帮助高龄老人，帮扶方式为帮老人买菜送菜、修理屋子燃气管水电等、帮忙拿药送病人去就医等。

三、空巢老人服务供给

（一）普惠性农村养老政策供给。一是调高农村低保标准，从 2015 年 10

月1日起，巴南区将农村低保标准统一调整到230元/人·月，与“越线”脱贫标准保持一致，实现扶贫线与低保线“两线合一”。2015年全区享受农村低保有5459户，8069人（2014年7959人），发放低保金1837.28万元，实现了动态管理下的应保尽保。二是五保供养。对于五保户，采用集中供养和分散供养的方式，敬老院里面的绝大多数都是五保户。三是农村养老保险，60～75岁的老人每人每月95元，75以上老人每人每月105元。四是农转城养老保险，根据农村空巢老人的户口类型，对于已经农转城的老年人，需要自己去购买城镇养老保险，每月有几百元的补助。五是新农合医疗保险。农村医疗保险全覆盖，标准为一档80元/年，二档105元/年，住院治疗实现了医疗机构与医疗救助同步结算。

（二）特殊空巢老人养老救助。一是特殊养老救助，包含以下四种情况：子女失能家庭养老救助，子女失能空巢老人享有4080元/年的救助；失独家庭养老救助，失独空巢老人享有4680元/年的补贴；计生家庭养老救助，农村计生家庭空巢老人补助要比普通空巢老人的农村养老保险多一些，大概是每人每月多10元；提高高龄老人营养补贴标准。80～89周岁特困老人的高龄津贴标准为每人每年500元，90～99周岁高龄津贴标准为每人每年600元，百岁老人高龄津贴标准为每人每年3600元。三是农村失独家庭“一对一”养老志愿帮扶，征集志愿者与失独家庭老人就近结对子“一对一”养老志愿帮扶，有帮扶需求的失独空巢老人可以联系对口帮扶志愿者来服务，比如家里有客人来，帮着做吃的，或者平时聊天，帮忙代购物品等家政服务。另外帮扶志愿者每个月要主动给对象进行精神慰藉服务。同时帮扶志愿者根据帮扶对象的年龄，每年领取一定鼓励慰问金，300元/年或者400元/年不等。节日慰问，端午、中秋和春节等传统节日慰问，对失独空巢老人全覆盖，其他老人则视情况而定。四是特殊家庭分类救助，巴南区针对因病因残及无劳动能力致贫的贫困户，实行“低保政策兜底一批，医疗救助扶持一批”的措施，发挥社会救助的兜底功能。因病致贫家庭重病患者纳入医疗救助范围可享受城乡困难群众临时救助、重特大疾病和慢性疾病医疗救助，切实缓解因病致贫家庭重病患者的医疗负担。因残、因灾、因子女上学等特殊原因致贫员纳入特殊困难家庭建档，给予临时救助。

（三）养老服务设施。巴南区将农村社区养老服务设施建设纳入城乡社区养老服务体系同步规划，同步推进，以力求实现城乡养老服务均等化。一是敬老院街道乡镇全覆盖，保障基本的养老服务，每个乡镇建有敬老院，实现村镇全覆盖，已建成36个，硬件情况比较好，如东温泉镇敬老院一间房配备有两个床位，有电视衣柜，伙食也比较丰富。院里老人生病了有专门的人员照料，重视安全、卫生和纠纷调解等，有严格的巡查、值班等管理制度。二是养老服务站建设，满足多元化服务需求，各乡镇都配备有村社老年活动室、村社健身器材、医疗点和便民中心等养老设施。为充分利用服务资源，养老服务站依托社区公共服务中心设立，每个社区养老服务站整合使用面积150平方米，内设日间休息室、助餐厅和图书阅览室等功能室。

（四）养老服务模式。一是农村互助式养老，以村级主办、互助服务、社会参与为原则，成立由60岁以上村社干部组成的互助养老协会，设立社级老年活动中心、成立老年文艺活动队，引导低龄老人向高龄老人、行动方便的老人向失能老人志愿服务，此模式已在惠民街道、东泉镇3个村试点，成效较明显，能弥补养老服务供给不足的缺陷。二是发展生态养生养老产业，利用沿江、傍泉、依山、靠林、临湖、环岛和古镇等自然生态资源和离市中心较近的区位优势，促进生态养生养老产业的发展。三是试点敬老院公办民营，由政府投资建设主体工程，引入民营资本投资配套设施和环境打造，已建成投入运营的首家公办民营龙洲湾街道养老院，在保证城市“三无”、农村五保老人供养需求的前提下，将空置床位面向社会，提高公办养老机构利用率、专业化和规范化管理服务水平。四是养老服务纳入城乡养老服务规划体系，实现城乡服务均等化，政府投入与社会资本融合发展，推进养老服务组织提供居家养老服务、老年协会提供互助式养老服务等，丰富养老服务供给方式。

（五）调查过程反映的问题。一是城乡养老服务均等化程度不够，巴南区重视养老服务，但服务资源主要或是流向城市社区，如打造的善行老年养护院、花溪新屋村老年公寓等“医养融合”养老机构、引进两家连锁式的养老服务机构如恩老年产业集团、重庆凯尔老年公寓管理有限公司等社会资本参与养老机构建设和龙洲湾街道龙海社区拓展智能化养老服务，无一例外都布局在城市社区，服务辐射面有限，整体不均衡，农村成为养老资源洼地。二是养老院入住率不高，调查显示的原因：入住敬老院不如住自己家，养点鸡、种点菜自由（64.4%）；生活起居卫生等行为受管制（57.6%）；不能自由支配金钱（37.7%）；敬老院饭菜不好吃，饮食习惯合不来

（6.3%）；不住敬老院还可帮亲戚做点事，平时还有些经济收入（5.8%）等，可见老人对于入住敬老院最大的担忧是自由问题，包括精神方面、物质方面以及经济方面对自由度的担心。如东温泉镇敬老院主要收住生活无法自理而需供养的集中五保，入住率仅为30%。访谈发现，大部分空巢老人认为敬老院是五保户、单身汉待的地方，自己有儿有女没必要入住敬老院，存在入住敬老院影响不好的认知。三是养老服务设施使用率较低。社区配备老年活动室（内设棋牌室，图书室、健身室等）、健身器材、医疗点和便民中心等养老设施，老年活动室仅棋牌室打牌娱乐，健身器材青少年使用较多，老人反而使用不多因主要布局在居委会、村委会旁或聚居点，布点少且不均衡，分散居住的空巢老人使用不方便，以致设施使用率不高。四是老年服务组织作用有限。各个村养老组织功能未能有效体现，仅在节假日（比如重阳节）开展老人活动，服务内容也仅是社区给困难家庭、空巢老人发点慰问品。其原因主要有：社区养老经费不足，加之近年提倡勤俭节约，老年服务活动开支少，社区居民参与动力不足；有的服务形式化，如家庭医生签约服务、村社日间照料中心等政策执行不力，不能解决老人的实际需求问题，服务效果有限。走访中得知，服务质量降低问题与当前社区工作人员少且工资偏低、分管事项多，时间精力有限相关。

四、制约因素及应对措施

根据本课题组的调研情况，当前城乡社区养老服务业发展已大有起色，但仍存在诸多制约因素，需要进一步完善城乡社区养老服务体系的结构设计，制定与之相关的运作、衔接和落实的行为规范和行动规则。

一是体制层面的问题，社区养老服务涉及面广泛，老龄、民政、社保、发展改革、城乡规划、市场监督、财政、税务、卫生、街道、乡镇和基层社区等亦各自承担制度、规划、筹资、服务、监管等职责，目前各方面的规章制度和运行机制尚不完善，难题较多，多头管理，存在各自为政现象，各部门之间缺乏统筹协调；政策宣传不具体、未细化，对于社区居家养老服务业发展方向的认识不到位甚至不重视，社区居民参与度不高，积极性不够；对开展健康养老服务机构的资质认定缺乏规范，对服务质量缺乏考评机制，服务中的问题缺乏监管。对此，应进一步细化和明晰各级政府涉老部门职责并加强协调，提升社区养老服务业规范性，形成民政部门牵头的领导小组，协调解决社区养老服务工作的具体问题，健全养老服务机构认定与评估制度，对社区养老服务机构进行规范，委托专家委员会对机构开展资质认定，定期对机构的服务条件、组织管理等状况进行评估和考核，细化养老服务标准，为社区居家养老服务产业化运营明确方向。

二是服务对象方面的问题。其一，老人对社区养老服务缺乏信任，现有条件不能让有服务需求的老人接受服务，这是制约社区养老服务的核心因素。调查显示，老人对有一定规模、品牌较好的机构开展养老服务信任度相对较高，而对小品牌、项目单一、时间周期较短服务项目信任度大大降低。调查中大多数被访者认为，养老服务效果好的机构，应能细化服务对象、提供针对性的长效服务，才能提高服务对象的信任感。其二，接受社区养老服务的便利性不够，现有社区养老服务硬件设置存在规模大、服务半径宽、分布不均衡的问题，对居家养老服务需求较大的失能半失能老人来说，参与不便，降低了健康养老服务的可及性和长效性。其三，目前应对人口老年化的对策和制度设计多是基于城市的，对农村空巢老人养老问题重视不够。当然农村在经济供给能力、居住方式和生活环境等方面与城市差异较大，迫切需要基于农村空巢状况强化农村养老制度设计，构建以人为本，多形式、多层次养老服务体系。今后一段时期，家庭养老还是主导，是老人解决养老问题的依托和主要形式。为此应强化子女供养意愿与责任，推行协议养老制度。推广老人“服务储蓄”制度化、长效化互助式养老服务，鼓励低龄老人帮助高龄老人，健康老人帮助不健康老人，因病临时照料互助服务。建立老人需求动态档案信息化管理和定期询访制度，及时掌握空巢老人的动态信息，为精准养老服务提供准确的基础信息。发展机构养老，主要针对生活不能自理的空巢老人，以全托的形式集中供养。突破仅限于满足生存需求的社区养老服务现状，提升服务质量，满足老人情感需求和发展需求等高层次服务需求。根据老人需求开展个案心理疏导、小组、讲座、主题活动等，丰富老人们的精神文化生活，营造温馨愉快的老年生活氛围，提升老人对养老机构的归属感。进一步细化社区养老服务对象范围，在为对一般老人提供日常服务的同时，根据老人群体差别细分服务内容，将重点服务人群定位于具有较强购买服务意愿的半自理和不能自理（含残障）老年人群，结合健康服务、日常生活照料等综合性的服务，康复、医疗方面专业性服务，日常生活、精神方面的一般性服务的不同要求，确定能够接受不同服务标准的服务对象，保证社区健康养老服务的灵活性。

三是投入方面的问题。养老服务投入，是制约社区养老服务业发展的关键问题。其一，政府的投入主要集中于硬件设施，对硬件投入要求统一标准，很难结合不同社区的居民需求采购不同的设施，对建成后的服务性投入较少，造成现有设施闲置。其二，政府的投入主要集中于某些具有示范意义的街区，难于满足社区健康养老的普惠性需求，投入缺乏灵活性。其三，现有投入主要集中于休闲娱乐，特别是棋牌娱乐占有比例较高，调研发现很多地方变成了老人集中打麻将的地方。其四，社会资本投入难度较大，成熟社区场地紧张，需要一次性投入的资金量大，但是老人收入不高且不稳定，养老支出能力有限，造成资金回报率低、周期长、投入风险较大，社会资本投入意愿不强。对此，应不断提高社区养老服务投入效率，处理好政府和市场的关系，公平和效率的关系，除政府出资兴办养老机构外，更需要顺应市场导向，制定合理政策，引导和鼓励集体、城市社区和农村村民自治组织、社会团体、企事业单位和个人外资以多种形式兴办城乡社区养老机构，以减轻家庭、社会和政府的压力。为提高政府设施投入的针对性，可委托第三方专业机构结合居民个性化需求分析硬件项目供给；采取购买服务，委托专业服务机构服务，提高现有设施的利用率；鼓励社会参与，弥补政府投入不足；适当补贴，鼓励产业化社会机构拓展服务项目，对服务积极、效果良好的社区养老服务机构给予奖励，并在税收等方面予以政策优惠和倾斜。

四是服务内容方面的问题。养老服务内容，是制约健康养老服务发展的根本问题。调查显示，有61.7%的老人意愿接受社区养老服务，但老人群体复杂，健康状况、收入、年龄、兴趣、家庭成员等对需求影响较大，他们普遍反映目前健康养老服务产业化内容针对性弱、没有细化、效果不理想、缺乏持续性内容，难于满足老人的多样化、长效性需求。此外，目前社区开展的服务主要是棋牌、午餐、图书阅览等一般性服务，而智力服务为载体的医疗保健服务较少。因此，整合和开拓专业化养老服务内容至关重要，应根据社区居家养老群体身份构成复杂的实际情况，开发针对性更强的服务内容，如基于老年人群特殊的基本需要，采取“医食结合”的社区健康养老服务产业化运营方式，提供相应的饮食服务和医疗保健服务等，在此基础上开拓以智力资源为载体社交、娱乐活动、社会保障咨询和代理服务、临终关怀等的新型服务项目。

五是机构方面的问题。社区养老服务最终还是需要机构承担，养老机构落地生根是关键问题。目前，社区养老服务机构自身能力、资金投入、人员队伍不足，经济实力较强的企业、专业化较强的高校、医院参与积极性不高，社会参与平台缺乏，现有养老服务机构规模小、整合资源能力较弱。对此应着眼于居家养老和社区服务，涵盖老人入户服务、紧急援助、日间照料、保健康复等多种需求，是针对家庭赡养功能弱化的趋势，解决老人身心健康、代际关系、精神生活等实际问题，完善家庭调适、社区治理和公共服务功能的重要途径。社区养老的服务及劳务性质，决定了市场运作的必然性，因而应当鼓励市场与社会组织的积极参与，发掘资源潜力，建立购买服务机制，为老年人群提供更多的养老服务产品，运用社区支持体系拓展社区养老照顾服务项目，如建立日间照料服务中心、老人社交中心、老人综合性社区服务中心、组织互利群体、居家援助式老人公寓等，让有需求的老年人不离开熟悉的社区，就能就近得到社区提供的家务护理、医疗护理乃至临终关怀等高质量的照顾服务。鼓励开办有偿养老服务的民营社区养老机构，政府放开对民间社区养老机构运营的市场空间，鼓励其发展，在一定的基础上给予补贴，降低入驻的费用，同时加大监管力度，消除安全隐患，制定行业规范标准，严格审核。在此基础上，借助专业化服务机构，产业化运营团队、专家咨询团队、职业化服务团队以及志愿服务团队的力量，搭建有助于社会各方面广泛参与的机构平台。政府以购买服务方式，资助行业协会，强化养老服务信息的收集和行业标准的制定，完善养老机构的土地供应政策体系、税费优惠政策体系、财政投入补助养老服务建设政策体系、政府购买养老服务政策体系、引进社会资本的投融资政策体系，形成“政企联动、市场推进、专业管理”的社区养老服务格局。

六是社区专业化养老服务队伍方面的问题。社区健康养老服务中的机构管理、资源整合、内容设计、服务方式、内容选取、对象管理等方面都需要专业化团队。目前针对社区养老服务业发展的专家团队缺乏有效整合，对高层次、职业化的运营团队缺乏专项培训，专业养老护理人员和社会工作者文化层次较低、技能水平不高，现有参与养老服务队伍主要由各养老服务机构自行配备、组织，很难达到社区养老服务专业性和个性化标准，影响了社区养老服务业发展进程。为此需要精心打造社区养老服务专业队伍，建立由社区养老服务机构、社区、公益组织、科研院所等专家学者组成的专委会，对社区养老服务理念、服务定位、服务条件、服务质量、社会效益等进行评估，组织协调对居家养老工作人员进行定期督导，提升其家政服务、康复护理等业务技能和心理能力建设，让居家养老服务人员以良好的心态和基本技能进行居家养老服务。建立健全评估专家团队和社区养老机构评估机制，定期对养老机构进行专业评估，以评促建，督促大力引进社工、心理咨询师等专业人员，对现有工作人员进行系统的业务能力提升培训，不断提高其养老服务专业化水平。培养职业化管理团队，实行专业能力资格准入制度，确保养老服务机构和从业人员数量和质量的稳步增长。

总体上，人口老龄化进程超前于我国社会经济发展且具有不可逆性质，未富先老，必须适时调整相应的社会政策加以引导。我国素有尊老敬老优良传统，在新的历史时期理应使之得以延续普及并深入人心，作为特殊的脆弱群体，老年人群理应成为社会援助和公共服务的重点对象。社区养老服务涉及复杂的人际利益、代际关系、人伦道德等诸多方面，影响的社会价值观念、文化传统、社会风尚、行为规范及舆论导向等深层次问题。面对当前城乡社区养老体系不完善、养老服务设施欠缺，老年人群权益受损，特别是其中更为特殊的人群即身处空巢的老人随着年龄递进、病残率上升、失能和半失能增多，亟待社会为其提供照料服务的状况，相应的政策措施不应斤斤计较于经济效益而忽略承载着人类文明进步基础的社会责任。因而，凝聚老年人群共享社会经济发展成果的社会共识，强化政府主导、社会力量广泛参与，促进社会养老服务多元化发展已是无可回避的当务之急。为此必须及时研究城乡老年人群生理、心理健康状况及其期待，着力构建和完善数量与质量、广度与深度并重、适应城乡社区多样化需求的社会化养老服务体系，更有针对性地延伸和拓展涉老助老公共服务政策的设计和制度安排，从而真正实现全面提高城乡老年人群物质生活和精神生活质量的目标。

第二节

社区精神障碍患者居家康复医务社工服务典型案例

一、社区健康管理服务的依据及意义

社区公共服务涉及内容众多，其间健康管理服务历来极受社区居民关注。不少人生病并不与生物因素有关，而与心理因素、社会环境因素有关，常常受

到个人不良生活习惯的影响。当今不少发达国家以人人享有名义而开展的社区健康管理服务已相当成熟，成为其社会医疗体系不可或缺的一部分。目前主要的健康管理形式，一是健康管理公司与医疗保险机构合作，社区民众向医疗保险机构缴纳保费，而医疗保险机构把客户的健康管理服务交给健康管理公司，并从客户保费中抽出一部分费用用来支付健康管理公司的服务费用，这种方式虽然扩大了服务内容，但是由于存在利益冲突，不能保证能长期有效的提供健康管理。二是依附于医疗机构的非社区医疗平台，虽然这些医疗机构有专业医务人员、先进的医疗装备，但易忽略疾病预防这一重要环节。三是社区医疗机构，采用这种方法的国家，政府处于主导地位，大力支持在社区开展健康管理服务，这种形式明显改善了人们的健康生活方式，转变了健康观念，使得人们生活质量得到提高。总体上，其社区健康管理采用超前做法，对危害个人健康的因素进行提前干预管理，在此过程中充分利用个人、集体和社会的作用，以防治疾病发生或病情加重，若有临床症状出现，立即联系医疗机构，安排就近就医服务。社区健康管理服务因其特有的预防作用，服务对象涉及面广，已成为保障社区居民健康水平的常用方法。

我国自古就有重视防病于未然的传统，“圣人不治已病治未病”[①]，不能等病入膏肓了才四处求医，必须注重疾病预防。然而，社区健康管理这一理念则是近十余年才逐渐引入问题，尚处于初步发展阶段。通常而言，人们往往认为“健康管理”只是维护人体健康状态的一种手段和方法，而忽视其作为一种理念的存在，即健康也是需要管理的。事实上，有理念才有行动，也才会采取相应的管理措施。此前我国基本医疗保险主要是疾病发生后，根据患者投保选择，国家社会补偿不同比例的医疗费用，商业保险推出的则以重大疾病为主，具有营利性，都是事后按照保单上面的规定支付保费，在预防方面并无作用。推行社区健康管理服务，带动更多社区居民注重健康和疾病防治问题，是低投入、高回报的多赢选择。2006 年《关于发展城市社区卫生服务的指导意见》出台，2007 年颁布的“健康中国 2020”，新医改方案开始实施。新医改方案中明确指出将疾病的重点防治工作放在社区，抓住疾病防治工作，做好健康促进工作。自此，我国社区卫生健康管理服务具有了可靠的政策依据并得以逐步发展。

---

① 《黄帝内经》

社区健康管理实际上是一种干预过程，通过为社区居民建立档案，制订符合个人健康情况的管理计划、咨询和指导，通过检测、评估等方式，尽早发现危害社区居民健康的危险因素，对不利于健康的因素进行及时预防和控制，改变社区居民的不良生活习惯，从而有效防治疾病发生率。健康管理与社区卫生服务中心的基本功能均体现了注重疾病的“三级预防”原则，二者具有可结合的相通点。社区健康管理的目的是未雨绸缪，预防疾病，让社区居民的不同健康需求得到满足，提高生命质量，使患有疾病或处于亚健康状态的社区居民可以得到较早的治疗和帮助，恢复健康状态，使社区居民形成健康意识，维护自身健康，促进健康发展。其主要内容和特点：一是强调全人健康理念，注重的是整体，关注社区人口的全面健康，而不仅是个体的健康，从身体、心理和社会三个方面进行综合调理，以预防医学为主，涵盖范围广。二是社区居民虽是被管理对象，但重在学会“自助”，自己了解自己，自己管理自己，自己救助自己，主动维护自身健康。作为管理者的社区卫生工作人员，角色主要是保持身心健康的促进者，引导社区居民进行自我健康管理，为社区居民建立电子健康档案，进行专业指导，并在社区健康管理发挥健康知识宣传员、身心健康监督员的作用。三是社区健康管理的操作过程注重循序渐进，对社区居民身心健康进行健康体检——身体评估——发现问题——治疗干预——再检测——再评估——再干预等逐步推进、循环开展的方法，是对被管理对象身体、心理、社会等方面进行健康管理的过程。四是社区健康管理指导社区居民及家庭提高健康疾病问题的应对能力，包括诊断和监控健康及疾病状况，调查并告知健康问题，发现隐患，动员社区各种力量发现和解决问题，因而社区健康管理是不仅涉及医学方面内容，亦涉及社会学、心理学、社会工作等内容，需要政府发挥主导作用，融合社会团体、民间社会组织的力量，由此对相关工作人员的能力要求也更为专业化。

虽然我国社区健康管理服务起步较晚，但总体上发展较快。由于各地均推行不久，进展不一，方式方法亦各具地方特点。北京、上海是我国健康管理服务发展较快的城市，自新医改实施后，积极探索社区健康管理的优化方案，强调全科医生担负社区居民“健康守门人”的职责，为各地起到了重要的示范作用。各地主要的管理模式有，附属于医疗机构的健康管理，专业体检中心的健康管理，社区卫生服务机构健康管理，第三方健康管理公司的服务，社区网格化健康服务管理等，近年随着技术创新成果的广泛运用，互联网＋社区健康管理逐渐成为人口健康信息平台和网络化服务模式。目前我国社区健康管理的服务对象，总体上较多针对有实际需要的特殊人群，如儿童、妇女、老人群体等，已经逐步开展高血压、冠心病、糖尿病、高血脂、肥胖症、脑卒中、恶性肿瘤、儿童哮喘病、更年期综合征等疾病的社区健康管理服务工作。

精神障碍患者是极具特殊性的人群，在社区居家康复过程中的精神障碍患者及其家人有一定程度“病耻感”，身受疾病折磨也不愿意入院治疗。如果管理和照护不当、漏管失控，便存在严重肇事肇祸、自伤他伤的可能性，危害社区稳定和安全，人们通常对其避而远之。社区作为居家精障患者的载体，社区的精神康复服务，并非简单监督患者用药，亦有利于患者社会功能的恢复。因而，精障管理不仅是健康问题，也是社会问题，强化社区精神健康管理，即是源头治理。

中国疾控中心 CDC 精神卫生中心于 2004 年设立“中央补助地方卫生经费重性精神疾病管理治疗”项目，建立社区康复站、工疗站服务，推动了我国精神疾病三级防治网络建设，其目的就在于完善社区对重性精神疾病的防治和管理能力。2004 年，国家正式提出把精神卫生防治工作重点逐渐转移到社区①，“市精防办—区精防办—街道精防办”三级防治体系随之建立，对患者进行危险度分级评估和分级管理。社区卫生服务中心精防医生重点工作围绕患者规律服药、病情评估和应急处置，整个社区管理工作重心是减少病人肇事肇祸发生。社区工作人员不仅监督患者服药情况，减少疾病复发率，同时帮助服务对象减少社会功能衰退，减轻家庭、社会的资源负担和经济压力。具体服务内容：一是患者信息管理，对于已在专业精神医疗机构确诊为精神障碍的患者，若要在社区卫生服务中心接受健康管理时，需要家属提供患者病历，以便对患者病情有所了解，为患者进行登记，创建电子健康档案，相关信息录入后，方便管理工作开展和与其他部门沟通协调。二是随访评估，可以是电话追踪，也可以是入户调查，针对不同情况患者制订不同方案，如果是重性精神障碍患者，每年不少于 12 次，轻度精神障碍患者，每年至少 4 次，中度精神障碍患者每年不少于 6 次随访。随访在保证人身安全下进行，随访内容主要是询问患者病情、服药情况、心理状态、社会功能，观察患者有无异常反应。三是分类干预，对患者进行危险性评估分级、社会功能状况、精神症状评估、自知

① 卫生部《关于进一步加强精神卫生工作指导意见的通知》，2004

力判断，以及患者是否发生对药物抗拒的情况或不良反应的出现，结合随访的结果进行评估，分析是否存在问题和困难，进而改进方法解决问题。除随访时对患者家属进行指导外，定期对照护者进行相关培训，使具有一定管理精神障碍患者的健康教育技能、生活技能、沟通技巧等，同时也对家属和其他照护者提供帮助。四是健康体检，每年对精神状态较好和病情稳定的患者进行至少1~2次体检，全面检查患者健康状况，检查内容除常规体重、血糖、血压、心电图外，根据服务对象的特殊性，增加精神方面的检查。2009年启动的国家基本公共卫生服务项目，其12项内容就包括了严重精神障碍患者的社区健康管理，规定服务对象为“辖区内常住居民中诊断明确、在家居住的严重精神障碍患者。主要包括精神分裂症、分裂情感性障碍、偏执型精神病、双相情感障碍、癫痫所致精神障碍、精神发育迟滞办法精神障碍”①。2012年国家颁布《精神卫生法》，精神障碍患者社区康复服务成为关注重点。各地探索开展了精神障碍患者社区管理模式，如日间康复照护、精神康复会所、医院——社区一体化个案管理等，在政府部门支持下，以医疗卫生机构为技术支撑，社区卫生服务机构为主导，引入社会工作专业方式，通过各具特点的社区管理服务方法，发挥全科医生、精神科医生、社区护士、社会工作者各自的专业能力和功能作用。根据精神障碍患者不同病情、心理状态制订个性化的社区管理计划，建立健康档案，有帮助患者进行针对性的心理干预和疏导、监督患者用药、生活技巧训练等康复服务，提供家庭护理、职业训练、行为矫正、辅助教育、社交就业等社区康复支持，帮助其处理不良情绪，缓解病情，降低复发率、肇事肇祸率，重获友谊、重投家庭、再获走进社会的机会，从而有效促进其社会功能的恢复，提高精神障碍患者及其家属的生活质量。

在社区健康管理针对的特殊人群服务对象中，精神障碍患者是极为典型的一类，当属“特中之特”。据中国疾控中心精神卫生中心发布数据显示，20世纪50年代我国精神疾病发病率2.7%，70年代增至5.4%，80年代11.1%，90年代13.47%，目前已上升到15%，其中重性精神障碍患者约为1600百万人。精神健康问题，已成为当前重要公共卫生问题和突出社会问题之一，备受关注。精神障碍患者人数大幅增加，加上精神障碍患者具有高复发、高致残、高风险特点，给家庭和社会造成不利影响，加重经济负担和安全隐患。作为社

① 《国家基本公共卫生服务规范》，2009

区必须面对重要服务人群，精神障碍患者是社区健康管理中颇为棘手的难题，这也是本课题组选择精神障碍患者社区居家康复医务社工服务进行追踪调研的原因。

二、精障患者居家康复状况及医务社工服务需求调查

本课题组于2016年7月至2017年7月对所在地重庆市渝中区“精神障碍患者居家康复医务社工服务模式探索”项目进行了参与式追踪调研。渝中区是全国精神卫生综合管理的试点地区之一，第一期试点在两路口街道7个社区进行，由渝中区精神卫生中心和以医务社会工作专业服务见长的乐至社工服务中心联合开展。医务社会工作作为社区精神疾病防治康复的一支重要力量，在社区精神疾病防治康复服务过程中显示出极大的发展空间。医务社会工作加入社区家庭治疗团队，在精神疾病防治康复过程中，将心理和社会工作结合起来，配合药物治疗，从多个切入点介入，注重精神疾病患者及其家庭本身资源的运用，有助于满足患者的社会性需求，对患者再社会化，改善其生活质量，提高其社会福利水平，同时有利于减少社会负担，维护社会稳定和促进社会和谐。

重庆市登记在册的严重精神障碍患者约10万余人，其中，渝中区两路口街道在管居家持证的精障患者有208人。本次调研中，课题组采用问卷调查法对两路口街道精神障碍患者居家康复的现状以及医务社工服务介入精障患者居家康复的需求进行探讨。以随机抽样的方法从两路口7个社区中选取350个居民作为调查对象进行自填式问卷调查，对收回的问卷进行检验性的筛选，剔除不规范的错误问卷，收集有效问卷268份。有效数据输入计算机，运用SPSS19.0软件对所收集到的资料进行了统计分析。调查问卷均为选择题，问题设计主要从精障患者、家庭、社区居民以及社会支持等四个方面对医务社工服务的需求出发。

1. 调查对象基本状况。本次调查抽样方案是在两路口街道每个社区中各抽50个样本，其中5名精神障碍患者、5名患者家属、5名社区工作人员以及35名居民，共计350人。剔除了其中不规范的问卷，收集有效问卷268份，有效回收率为76.57%。被调查者基本信息如表5-1所示。

表 5-1　　被调查者基本信息统计

项目	自变量	频数（人）	频率（%）
性别	男	112	41.8
	女	156	58.2
	总计	268	100
填写人类别	患者	18	6.7
	患者家属	29	10.8
	社区工作人员	29	10.8
	居民	192	71.6
	总计	268	100
文化程度	文盲	1	4
	小学	35	13.1
	初中	64	23.9
	高中	66	24.6
	大专	41	15.3
	大学	23	8.6
	未填	38	14.2
	总计	268	100
社区	中山二路社区	27	10.1
	枇杷正街社区	45	16.8
	重庆村社区	32	11.9
	桂花园新村社区	47	17.5
	国际村社区	31	11.6
	铁路坡社区	47	17.5
	王家坡社区	39	14.6
	合计	268	100

2. 对精神疾病的认识。课题组通过社区居民对心理健康特征和精神疾病认知，了解两路口街道居民对精神健康的认识，以此检验关于项目活动中的社区活动的有效性。

(1) 对心理健康的认知。课题组对心理健康进行了操作化研究，认为智力正常、情绪稳定与愉快、良好的人际关系、良好的适应能力、内省能力是心理健康的标志，并以此对居民的心理健康认知进行了调查。

表 5－2　　心理健康应该具备的特征（多选）

	频数（人）	频率（%）
智力正常	199	74.3
情绪稳定与愉快	237	88.4
良好的人际关系	188	70.1
良好的适应能力	155	57.8
内省能力	71	26.5

表 5－2 显示，有 88.4% 的居民认为心理健康应该具备的特征是情绪稳定与愉快，其中分别有 74.3% 和 70.1% 的居民认为智力正常和良好的人际关系是心理健康应该具备的特征。研究结果显示得出，居民对心理健康认知存在一定偏差，缺乏对心理健康中的社会适应能力和内省能力的感知。

（2）对精神疾病的认知。随着社会现代化进程加快，我国社区居民普遍存在着心理健康问题，如工作学习压力问题、人际关系问题等，以至于精神障碍患者人数逐年增加。课题组通过对精神疾病产生原因多样性、类型的多样性、临床表现多样性、治疗及时的重要性和有效性五个方面，对社区居民关于精神疾病的认识进行了调查。

表 5－3　　对精神疾病的认识（多选）

	频数（人）	频率（%）
精神疾病产生原因的多样性	188	70.1
精神疾病类型多样	209	78
精神疾病临床表现多样	189	70.5
精神疾病治疗及时的重要性	127	47.4
精神疾病治疗的有效性	85	31.7

表 5－3 显示，70% 以上的居民对精神疾病类型、产生原因和临床表现的多样性有一定认知，有超过 50% 的被调查者没有认识到精神疾病及时治疗的重要性和治疗的有效性。从中可以推断，两路口街道居民对精神疾病的认识有一定偏颇，对于精神疾病的治疗没有重视。因而在医务社工开展活动时应注重宣传精神疾病治疗的重要性，以免耽误患者病情。

3. 对精神障碍患者的态度

（1）对精神精神障碍患者的态度存在个体差异。对于精神障碍疾病和精神障碍疾病患者的看法及态度，课题组对两路口居民进行了综合性调查，从中可以分析精障患者的社会环境压力，以此作为医务社工开展心理健康服务的依据。

表 5－4　　　　如何看待精神障碍患者　　　　单位：人

		和常人没什么区别	心理行为方面有障碍，经过治疗可恢复健康	没什么特别的感觉	比较畏惧，避而远之	特别害怕，根本不想理睬	合计
文化程度	文盲	0	1	0	0	0	1
	小学	8	15	9	1	2	35
	初中	21	24	10	8	1	64
	高中	10	42	7	7	0	66
	大专	1	35	2	2	1	41
	大学	9	10	3	1	0	23
	未填	22	11	1	4	0	38
合计		71	138	32	23	4	268

表 5－4 显示，77.99% 的被调查者对精神障碍疾病及患者有较正确的认识，且没有歧视心理，其中 51.5% 的居民认为精障患者主要是心理行为方面有障碍，经过治疗可恢复健康。8% 的被调查者对精神障碍患者有畏惧心理，不愿与之交往。

表 5－5　　　　相关性

		文化程度	你怎么看待精神疾病患者
文化程度	皮尔逊相关性	1	－0.186**
	显著性（双尾）		0.002
	个案数	268	268
你怎么看待精神疾病患者	皮尔逊相关性	－0.186**	1
	显著性（双尾）	0.002	
	个案数	268	268

注：**. 在 0.01 级别（双尾），相关性显著。

调查结果表明，卡方检验 P 值为 0.002，对精神障碍患者的态度存在文化程度差异。由表 5－5 可知，高中文化程度以下的被调查者对精神障碍患者的畏惧心理较为突出；专科及以上文化程度的居民对精神障碍患者的认知比较客观。因而可以说，文化程度越高的人对精神障碍患者的接纳度也就越高。可知普及教育，提高居民的文化素质有利于改善社会对精障患者的歧视现象。

（2）对精神障碍患者的态度存在社区差异。社区人文环境影响精障患者的心理治疗效果，因此研究社区环境对精障患者的态度，对于促进社区精神健康有重要意义。

表 5－6　　所在的社区居民们对精神障碍患者的态度＊社区　　单位：人

		非常歧视	比较歧视	不清楚	比较无歧视	完全无歧视	总计
社区	中山二路社区	4	3	11	6	3	27
	枇杷正街社区	1	8	26	9	1	45
	重庆村社区	3	8	10	4	7	32
	桂花园新村社区	7	8	20	5	7	47
	国际村社区	6	1	8	12	4	31
	铁路坡社区	5	9	21	6	6	47
	王家坡社区	0	4	8	3	24	39
	总计	26	41	104	45	52	268

表 5－6 显示，所在社区居民在对精神障碍患者的态度上，有 38.8% 人表示不清楚，认为所在社区居民对精神障碍患者完全无歧视的仅有 1/5，但仍有 1/4 的人认为所在社区居民对精神障碍患者存在歧视心理。

表 5－7　　相关性

		社区	您认为您所在的社区居民们对精神障碍患者是怎么看待的?
社区	皮尔逊相关性	1	0.205 **
	显著性（双尾）		0.001
	个案数	268	268
您认为您所在的社区居民们对精神障碍患者是怎么看待的?	皮尔逊相关性	0.205 **	1
	显著性（双尾）	0.001	
	个案数	268	268

注：**. 在 0.01 级别（双尾），相关性显著。

调查结果表明，所在社区居民对精神障碍患者的态度存在社区差异（卡方检验 P 值为 0.001）。由表 5－7 可见，其中重庆村社区存在的歧视现象比较严重，而王家坡社区的歧视现象不明显。其他社区的状况较为一致，大多数被调查者不太清楚所在社区居民对精神障碍患者是否有歧视心理，总体来说不存在大量非常明显的歧视或者无歧视现象。因而医务社工在介入两路口街道精障患者社区居家康复过程中，可以通过医务社工宣传精神健康，普及精神卫生知识，从而营造一个适合精障患者生活的社区环境。

4. 对医务社工的需求调查

（1）社区居民对医务社会工作者的了解程度。医务社会工作服务项目的开展要建立在居民对此了解的基础之上，在社区活动开展前针对居民对医务社工的了解程度进行调查，不仅可以了解医务社工在居民中的整体认知度，还可以间接对医务社工进行简单宣传。

表 5－8　　居民对医务社会工作者的了解程度　　单位：人

	频数
非常了解	31
比较了解	80
不清楚	88
比较不了解	54
非常不了解	15
合计	268

表 5－8 显示，在接受调查的两路口 7 个社区中，有将近一半（41.5%）的人对医务社会工作者有所了解，但 58.5% 的人对医务社工不了解，或对此一无所知。

（2）精神障碍患者对医务社工的需求。调查居民对此方面的认知，是医务社工服务介入精障患者居家康复的关键，不仅可以间接知道居民对精障患者现实状况的了解程度，同时也有利于医务社工实务工作活动的开展见表 5－9。

表 5－9　　精障患者对医务社工的需求程度　　单位：人

	频率
非常需要	114
比较需要	82
不清楚	62
比较不需要	8
不需要	2
合计	268

本次调查发现，认为精神障碍患者需要医务社工帮助的达到 73.1%，认为不需要的只占总人数的 3.7%，还有部分居民则存在疑惑。

(3) 医务社工提供的服务项目。从病理、心理、技能以及社会功能四个方面出发，通过调查了解居民对医务社工提供给精障患者服务项目的认知程度，可以指导医务社工介入精障患者的居家康复实务工作。

表 5－10　　医务社工提供的服务项目　　单位：人

	患者	患者家属	社区工作人员	居民	总计
传授专业的医疗和护理知识	14	25	15	124	178
心理及情绪疏导	14	25	25	157	221
生活技能训练	10	20	13	111	154
开展文体娱乐，培养兴趣	5	19	16	87	127
人际交往技能训练	1	18	14	4	102
经济上的援助	3	17	4	41	65
患者、家属及居民之间的沟通	2	16	14	43	75
其他	1	0	0	3	4

表 5－10 显示，在收集到的有效样本 268 人中，他们认为医务社工能提供给精神障碍患者的主要是：心理及情绪疏导、传授专业的医疗和护理知识、生活技能训练。此项结果恰好说明了回归康复阶段的医务社会工作服务的内容，由此可见，今后医务社工介入精神障碍患者的居家康复，可主要从这三个方面着手。

（三）精神障碍患者居家康复的需求分析

目前两路口街道在管居家康复的精障患者208人，涉及208户家庭。在精神障碍患者居家康复服务过程中，患者、家属、社会支持系统对居家康复的需求表现（见图5－1）：

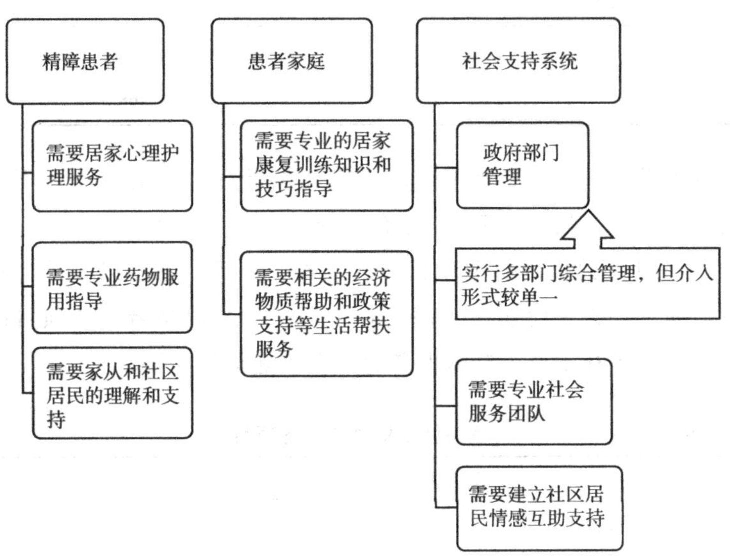

图5－1　精神障碍患者居家康复需求

1. 患者需求

精神疾病患者作为特殊的社会弱势群体，在其身体、智力、心理等方面存在缺陷或能力不足。课题组调查发现，两路口街道精神障碍患者一方面因缺乏医疗常识，心理疏导和社区关怀等，导致精神疾病一直难以康复，甚至更加严重；另一方面患者大都缺乏与外界交流、自我照顾、简单家务技能、自我保护等，一旦独自在家会有诸多不便或潜在危险，因而需要全方位康复。具体表现为需要居家护理服务。处于康复期精障患者有病耻感，社交圈狭窄，而多数家属不懂精神疾病，无法对患者进行有效的监管，以至于发生患者自行停药或者心理极度自卑等情况。因此监护人需要做的是有效监管，同时需要专业人员对精障患者的药物服用做指导和监督，指导患者合理减药或者停药，以免患者自己变换药品种类、减药或停药而对病情造成不良影响。精障患者出院后，主要接触的是其家人和社区的居民，所以需要对家庭和社区人员进行精障疾病知识普及教育。

2. 患者家属需求

我国传统上精神疾病患者的康复，主要是机构康复和家庭康复。我国机构康复资源严重不足，精神疾病患者多为急性发作期才入院治疗，病情稳定时则在家维持服药，因此精神疾病患者的照料与康复主要在家中进行。由于缺乏专业人员对精障患者家属进行指导，家庭康复效果往往并不理想。调查发现，精障患者家属得到专业支持、社区资源渠道相对匮乏，需要相关经济物质帮助和政策支持等生活帮扶服务。精障患者出院后需要长期服用精神类药物，药物费用较高。大部分患者由于其自身疾病无法通过工作获得经济收入，导致大部分精障患者家庭经济负担较大。专业人士可通过就业指导、申请精障患者医疗救助、精障帮扶政策等，对精神障碍患者及其家庭提供生活帮扶服务，增加经济来源，保障患者的基本物质生活需求，重塑患者及其家人的生活信心。家属缺乏相关的专业康复训练知识与技巧去指导患者做康复训练，导致精障患者出院后身体功能难以尽快地很好的恢复和重建，因而家属亦需要专业的居家康复训练知识和技巧指导。在精障患者居家康复服务过程中，往往会忽视精障患者家属的心理负担。恢复期的患者主要是居家治疗，家属的心理状态及行为态度直接影响到患者的恢复。家属心理负担过重，可使其神经免疫功能降低而易患躯体疾病，导致家属自身状态不佳，最终影响精障患者整体康复效果。因而在精障患者居家康复服务过程中应充分重视家属的心理健康问题。

3. 社会支持系统需求

目前开展的精神障碍患者服务主要是以在院内开展的治疗性服务为主，而预防性和院外康复性服务少，院外主要由精神卫生中心、卫健委、公安等部门对精障患者实行多部门综合管理，但现实情况是各个部门对精障患者的介入形式单一，主要是一定的药物治疗加保护性看护，表现为重治疗、轻预防，控制为主，康复为辅的状况，缺乏一支专业社会服务团队为这一类特殊人群服务，且服务于精障患者的专业人才严重匮乏。对此，有关社会服务组织的介入有其必然性。

以上对两路口街道精神障碍患者居家康复现状及需求调查表明，医务社工介入精障患者社区居家康复服务有着特殊重要的意义。医务社工亟待加强精神健康服务专业人员建设，在服务病患、家属以及社区，帮助精障患者尽快完善社会功能，回归正常的社会人际交往之中发挥其特殊作用，以此弥补现有精神障碍患者服务内容及形式上的不足。

三、项目实施框架及策略建构

组建“医务社工 + 医疗 + 社区”团队，为精神障碍患者提供康复训练、生活帮扶、心理辅导等服务，提升精神障碍患者自身的健康和生活质量，挖掘精障患者自身潜能，提高精障患者生活自理能力，提升精障患者参与社会生活的能力和信心，以期达到身—心—社—灵的全人健康目的，进一步对精神障碍患者更好地实现再社会化产生正面影响。同时也为患者家属及其所在社区居民提供预防性服务，确保精神障碍患者的有效康复，正常地回归社会。

（一）服务目标建构

1. 社区目标。一是普及心理健康知识，提升社区居民对精神卫生知识的关注度和认知度。二是提高社区居民对精神障碍疾病、患者及其家庭特殊性的认知度，减少社区居民对精神障碍患者的恐惧心理、偏见、歧视和排斥，提高社区居民对精神障碍患者的接纳度，减小社会舆论对他们的影响，为精神障碍患者的疗和康复营造健康的社会环境。三是落实社区精障患者人数，建立基本档案，加强社区精障管理。四是发挥资源链接整合能力，形成各部门多方协作平台。

2. 家庭目标。一是协助患者家庭成员正视、接纳和关怀精障患者。二是促进家庭的完整性，充分发挥患者居家康复中家庭的功能。三是通过关怀访视、情绪辅导、社交体验、相互鼓励支持等方式，为患者及家属提供心理疏导服务，改善心理状态，增强信心，促进家庭成员之间的良好互助，提升幸福感。四是通过申请医疗救助，精障帮扶等政策性服务，对精障患者家庭提供生活帮扶，减轻经济压力，保障家庭基本物质生活需求。五是协助医务人员指导家庭成员对精障患者的居家照护，减轻和预防疾病的复发，达到居家康复的重要目的。

3. 病患目标。一是通过药物训练、体能训练、劳动技能训练等方式，使精障患者身体机能得以康复。二是挖掘患者的自身潜能，增强患者对自我价值的肯定，改善其对自我的认识，恢复其对生活的信心，促使患者更好地融入家庭和社会。三是通过心理辅导、社交体验、就业指导、整合社会资源等方式，为重性精障患者提供试就业、参与社区活动等服务，在健康友善的大环境中得到更好的康复，从而实现真正有效的居家康复。

（二）服务策略建构及项目效果

通过对精神障碍患者社区居家康复服务对象人群以及现状的分析，了解服务对象的需求，有助于明确服务目标。为此，课题组有针对性设计出健康管理、预防服务、康复服务、志愿服务、项目管理五方面服务策略，以期达成社区关怀与家庭照护，力求促进居家精障患者有效康复并达到回归社会的目的。

依照服务策略和服务目标，乐至社工服务中心自 2016 年 7 月起，一年间进行前期评估 312 人次，入户家访 119 人次、电话随访 475 人次，开展 8 个个案服务 45 人次，5 个小组服务 119 人次，16 个社区活动服务 1140 人次，乐至社工服务中心固定微博、微信推送共计 367 条信息，估计间接服务 113770 人次。经对比分析，服务效果显著。

1. 健康管理服务

（1）评估建档。在两路口街道 7 个社区开展了“精神卫生认知度”“精神卫生状态”“对医务社会工作与障碍患者及其家庭接纳度”“在册精神疾病患者及其家庭基本情况普查”4 次的基线调研工作；先后调查社区居民 406 人、走访精神障碍患者及其家庭 277 人次；为两路口街道在册精神疾病患者建立档案 72 份，掌握其基本情况，并进行前期评估；及时将阎 × × 等 13 人情况上报精管小组，进行危机干预，加强具有肇事肇祸倾向患者的监管力度；为马 × × 等 3 名患者链社区接救助资源；分析并为相关部门提供参考。

（2）成立疾病自管小组。协助精神疾病患者建立了 2 个以精神疾病干预为主题，村里以社区精神疾病患者参与为主体的“居家康复家属”“精神障碍患者居家康复家属支持性”疾病自管小组，在加强患者疾病管理的同时，均不同程度地提高了精神障碍患者家庭功能。

2. 预防服务

（1）社区倡导，反对歧视。在社区内针对普通居民开展以“精神康复·你我同行”“健康你我同行”“国际社工日系列宣传活动”为主题的 3 次反歧视倡导活动，累积服务153人次。

（2）在渝中区精神卫生中心与两路口街道办事处的支持下，乐至社工服务中心分别开展以“抑郁症不可怕·医务社工有妙法”“与‘瘾君子’说NO!”“重庆村惠民活动”“预防精神‘亚健康’·医务社工帮您忙”4次社区健康宣传教育社区活动，累积服务111人次。

3. 康复服务

（1）功能康复。通过渝中区精神卫生中心转介与机构自行发掘社区精障人士，重点确认服务对象8人，并100%建立个案服务档案。

（2）建立自主互助网络。将所辖区域划分成片区，在每个片区中分别建立同伴支持基地，分别组建“精障院外康复小组”“兴趣小组”“院内成长小组”3个系列精神残障人士同伴支持小组，每组平均9人，开展11次同伴支持活动累积服务70人次，引导和支持服务对象开展自主互助服务，建立线上、线下的同伴支持网络。

4. 志愿服务

（1）建立资源平台，推动社区支持。为提高志愿者素质与服务质量，壮大志愿者团队，乐至社工服务中心分别与渝中区精神卫生中心、两路口街道、两路口卫生服务中心、重庆工商大学社工协会等合作，进行了4次志愿者培训服务，建立了一支35人左右的志愿者队伍。

（2）营造良好氛围，促进社区关爱。通过社区倡导、社区教育与社区参与等方式，开展“世界精神卫生日——重庆工商大学义卖活动”等活动，积极传播“珍惜生命，关爱他人”的人文关怀精神。促进社区人文关怀氛围的营造，为精神残障人士和精神疾病患者的康复提供良好的生活环境。

5. 项目管理

（1）提升内在能力。在服务过程中，乐至社工服务中心社工不断提升自身素质，先后组织中心例会7次，部门项目推进会2次，参与卢又华教授举办的“医务社会工作参与社区精神康复专题讲座”，参与渝中区精神卫生中心举办的“精神卫生综合管理培训会”5次、两路口街道举办的精神卫生工作会3次，接受国家精卫办中期督导检查。

（2）多渠道宣传推广。乐至社工服务中心通过自营固定微博、微信推送与服务内容信息367条，并通过华龙网等外网报道数篇，出版工作小报11期，大约间接服务113800人次。

四、服务项目案例实录及效果多维度分析

（一）典型案例

一年间，乐至社工服务中心的医务社工以多种方法介入精神障碍患者居家康复服务工作，取得了不同程度的服务效果，也积累了不少正反两方面的经验和教训。所有的服务都是以精障患者为对象，无论康复场所是院内、家庭、社区康复都一样。精神障碍疾病程度不同，表现特征也不同，这要求实际工作善于其观察与控制案主的病情、提高服药依从性、降低肇事肇祸率等方面，同时更注重其生活技能、家庭生活、社会功能的再塑与提高，具体问题具体分析，提供个性化服务。以下是乐至社工服务中心专职社工对几位案主状况所做的实证性观察。

案例一

唐××，女，半年前在精神卫生中心介绍下与我们认识，那天她穿一件玫红色羽绒服、黑色长裙子，打扮舒适得体，就和普通居民一样，我们的第一印象是她不像患者。

看着她参加院外康复瑜伽课，双腿并直端坐在瑜伽垫上，双臂伸直紧贴双耳，身体缓缓向前倾，前倾30度时，整个身子开始发抖，显然这到了她的极限。见老师整个身子前倾并贴在腿上时，她向老师投去的是茫然无助的视线，呆呆地坐在那儿，那时给我们的感觉是，她很尴尬，也很苦恼。

参加社工开设的手工课时，见她总是不能把线成功地引入珠子的小孔中，我不明所以，走近一看，她的双手在不停抖动。她看见其他学员都成功进入下一步时，虽然面露焦急之色，却并不向工作人员或其他学员求助，依然只是一个人埋头不停地尝试，这个时候，给我的感觉是坚强却又自卑。

后来经过多次沟通，唐××逐渐向我们诉说了她的苦恼，总结起来就是三点：夫妻矛盾、与婆婆生活观念不同、害怕他人瞧不起。这些问题是纯粹的物理治疗就可以解决的吗？当然你可以说我们不需要去帮助她解决这些社会问题，我们只需要治好她的病就可以了。那么问题来了，如果这些问题每天都萦绕在案主的脑子里，她能够很好地配合治疗，达到康复吗？答案是显然是不可能的。不久，这一点在唐××的身上应验了，她的睡眠出现了问题，心里老觉得有股闷气出不来，找到医生进行调药，可以睡着了，看似病

症减轻，但是心理负担却一点都没有放下来。估计大家的问题又来了，那你们医务社工又可以解决吗？有没有解决，我们用事实说话。了解了案主基本情况，收集了案主基本资料以后，我们根据唐××的实际情况，制订服务目标与计划，陆续对案主进行了5次以上服务，对案主进行心理疏导，着重对唐××的家庭、社会功能、心理活动进行干预，邀请案主参加小组活动并认识更多的人、辅导案主书写文章，用文字的形式将心里所想表达出来……。经过3个月左右时间，唐××已能合理看待他人的目光和行为，语言与文字表达能力、逻辑思维有了较大的提升，能够通过文字或者与他人沟通的方式抒发自己的情感，排解自身困惑；能够正确认识疾病带来的负面作用，勇敢的采取正确的措施，将副作用降到最低；社会功能从6分降到2分，从不能在家庭和社区独立到能够独立；能够放下某些自己不应该承担的责任，合理正确处理家庭关系。虽然现在唐××也会说自己的缺点，书写的文章以笔名的方式发表，但仍然较为恐惧以及怀疑自己的能力，不过，从她的语气与表情以及书写的文章可以看出来，已经少了很多的自卑，更多的是释怀与理智。现在，唐××不仅自己已逐渐走出了自身的心理阴影，还帮助和她一样的精神障碍患者，用自己的文字、实际行动，感染与鼓励身边的每一位，带给他人阳光与温暖。

看来，真正的康复，不仅需要走出自身的心理堡垒，还需要突破以往由社会所筑起的围墙。我们也真心希望，有一天唐××可以用自己的真实姓名发表文章，坦然的向他人介绍她的疾病，也许那个时候，她也就真正走出了社会给她划定的圈子。

案例二

陈××，男，是我们在调研过程中发现的案主，现已63岁。他的父亲已去世十几年，母亲年事已高，有一哥一弟，平时对他的照顾较少。案主与老母亲居住在一起，服药一直都是他自己在管理，家人也不知道他在吃什么药，吃多少，有没有吃，都缺少监督。面对案主抽烟、酗酒的不良嗜好，平时懒惰，从来不做家务等不良行为，家里的人毫无办法，渐渐也就置之不理任其发展。

案主病理反映特别复杂，一个良好的居家康复环境是非常要紧的。但是案主的家属对药物也不了解，不知道如何服药，如何控制案主病情，也没有意识控制案主的不良嗜好。这一个案的工作重点，在于帮助案主家属，需要让家属更多的了解居家护理知识及其重要性，从而增强辅助案主康复的意识和能力。

案例三

张××，男，已结束医院内康复回到家庭，由我们接手帮助管理。在了解案主基本资料后，我们根据案主问题与需求，与案主及其父亲一起共同制订了目标与计划。经过长达半年的服务，案主的服药依从性增强，病情基本稳定。但是情况不时反复，表现在生活作息上，初期在社工监督与指导下，基本回归正常，现又开始出现混乱。案主与外界的联系有所增强，每天出门玩耍时间增长，活动范围扩大，接触人群增多，语言表达及神态相比之前有了较大转变。案主有与其父亲交流的意愿，但其父亲并未仔细倾听和了解，因而他俩的交流依然较少，面对这样的情形，案主选择了远离。规律作息时间方面，原本已有所改善，但其父亲对其监督不力，导致好习惯没有得到坚持和巩固。案主渴望改变的意识较强烈，不过其父亲的支持和帮助较少，导致案主安于现状。

总结案主的情况，究其原因，我们发现案主多由其父影响。案主父亲的文化水平不高，曾经少不更事，因为赌博被辞退，在生活上对案主没有起到榜样作用。在关于案主调整、规范生活作息事情上，案主父亲虽然表达有此愿望，但是他并未做好。案主深更半夜出门他不阻止，案主半夜回家一觉睡到次日下午四五点他说让他睡够了来；案主害怕与其他人交流，他说他不需要和别人交流；面对生活困难，他不想着主动解决而是抱怨……试想这样怎么帮助案主回归社会？加上案主性格羸弱，没有主见，处理事情方面更多依从父亲。在这样的情况下，家属不能给予正确指导，案主怎么回来？

从案主的情况看，康复的环境从医院转到家庭，看似是简单的康复环境转变，实际上是辅助人员从医护人员转变为家庭成员。结束院内康复回归家庭，家庭就承担了患者康复的主要责任。从院内回到家庭的患者没过多久又再次入院的情况数不胜数，从一年的服务中，我们发现最离不开的是家属的配合与支持，而其家属也最离不开的是社会的支持，这需要医务社工在这方面多加关注和引导。

案例四

陈××，女，患病多年，反复入院数次，曾经最严重的一次是投河自杀未遂，直接被强制入院。弟弟 40 多岁也没有娶妻，并辞掉了银行营业员的稳定工作转行做出租车司机，只为能为家里多赚一点钱。看似困难异常的家庭，放在任何家人身上，估计哭都哭不出来。案主家庭也是这样，绝望、悲痛、黑暗，都不足以形容那一段艰难时光。

乌云散去，阳光总会照进来。案主家属带领、监督案主积极面对治疗，按照医嘱服用药物，指导并照料案主生活，鼓励支持案主康复。案主不想吃药，案主母亲就想尽各种办法让案主吃药，因为她知道，不服药对案主百害而无一利。案主懒惰、嗜睡、不爱动，案主母亲多次劝导没用，也曾经多次想放弃，但还是始终坚持着，因为她知道，如果家人都不帮助她，还有谁会去帮助她，如果无助，案主这辈子才是真的完了。

就这样，案主正在一点一点地改变。现在案主可以坚持服药，虽然对医院和医生有恐惧心理，但已认识到药物的重要性。虽然嗜睡、惰性时常困扰着案主，但是她已有意识会努力克服，并且积极参加居家康复。这一切都来源于家人，因为家人都在努力，她凭什么灰心。家庭成员的全力支持并具备相关知识条件，是辅助案主康复的关键。

案例五

黄××，患者家属，中年女性，面容憔悴。案主向我们反映，其家庭主要负担来自患者。时常听到这样的说法，“家中有一个精神障碍患者，整个家庭就完了”。毫无疑问，患者家属的负担并不比患者小。案主家中有两位精神疾病患者，平时独自一人在照料二人的生活，身心备受折磨。案主向我们反映，晚上都不能安稳的睡一个好觉，因为担心某某突然发病，也不敢和外界的人联系，害怕别人瞧不起。

在走访过程中，我们经常会遇到一些患者家属提出这样或那样的需求，需要钱，希望可以得到好的治疗，希望可以拥有一份工作，希望得到别人的尊重，希望……

作为社会组织的专职社工，我们或许可以给予他们有限的物质方面的帮助，但是授人以鱼，不如授人以渔。物质上的一点点帮助，只能帮助案主及其家庭在短时间内缓解一下困难。同时，我们社会组织也并没有多少钱，根本没有办法无止境地供养一个人或者家庭。所以，我们只能也更应该给予他们心理、情感方面的帮助，增权、赋能，只有他们真正振作起来，才能从根本上解决问题。

当知道有我们医务社工帮助后，案主经常带着患者前来参加活动，并笑言一根筷子很容易被折断，十根筷子就能牢牢抱成团，表示真的很感谢有我们的存在和帮助，不然她都不知道应该怎么办，真的没有办法了。显然，社会支持对于患者家属来说是有着重要影响的。虽然压力依然是案主家庭在承担，但是当他们感受到社会的支持之后，他们承担的能力会提升，哪怕只是心理的力量。

上述未作修饰的案例实录表明，精神障碍与能够直观看到的肢体障碍有所不同。肢体障碍通过一定物理治疗或功能训练后能够得到明显好转甚至康复，而精障患者的居家康复，则需要患者、家属和社会各方面的协同努力。实际上，精神障碍疾病的定义，通常是指精神活动不同程度的障碍。这有些让人捉摸不定，也决定了精神疾病治疗的困难度。随着精神卫生事业的不断完善，确有必要逐渐引入专业的医务社会工作，以更好的服务案主，帮助案主居家康复。每一人都是社会人，人组成了社会，社会注定成为人生活中必不可少的部分。精神卫生问题并不仅是一个人或者一个家庭的问题，而是一个社会无法回避的问题。无论是精神障碍患者及其家属，还是与精神卫生事业发展相关的各类人员，都需要一个宽容的、理解的和健康的社会环境，而这样的环境，需要人们共同创造。

（二）成效分析

1. 医务社工服务精神障碍患者的效果分析

一年时间里，乐至社工服务中心社工针对两路口街道 8 名精神障碍患者开展了 45 人次服务。通过渝中区精神卫生中心、两路口卫生服务中心转介以及中心自行发现，对陈××等 8 名患者进行评估，确定服务方案，制定服务目标，进行医务社工专业服务。

（1）个案案主服务成果描述

陈××（服务时间：2016. 05. 13 ~ 2017. 03. 15）：案主通过坚持服药，病情较稳定；以前案主是一个人漫无目的闲逛，接触的人很少，感觉很孤独，现在案主愿意走出家门，参与部分社会活动，社会功能增强，其日常生活已经丰富了许多，案主的孤独感问题已经有所缓解，并在持续好转；对于父母离世的日后生活有明确打算，逐渐培养起对未来规划的意识。

陈××（服务时间：2016. 05. 13 ~ 2017. 04. 01）：社会功能增强，面部神态较之前丰富、语言表达能力增强、灵活程度较前有较大提升。

张××（服务时间：2016. 10. 17 ~ 2017. 05. 09）：服药依从性增强，偶尔可以自主服药；与外界联系增强，每天出门玩耍时间增长，活动范围扩大，接触人群增多，但是一般都是凌晨出门。

廖××（服务时间：2016.10.28～2016.11.15）：案主出院后，只接触了两次便入院了，中断服务。

何××（服务时间：2016.12.06～2017.01.08）：案主服药依从性增强，日常生活能力增强；案主现已对自己的暴力方式解决问题的方式进行反思，并尝试做出改变；对外界的联系增强，变得豁达许多。

米××（服务时间：2016.12.06～2017.04.13）：服药依从性增强、康复效果反复。

唐××（服务时间：2017.04.22～2017.05.29）：链接案主教育资源，其父转变了“靠药物能治好孩子病”的观念，一定程度上接受孩子的不足。

唐××（服务时间：2017.02.01～2017.06.22）：社会功能提高，语言、文字表达能力提高明显。

（2）服务效果评估结果分析。项目主管社工在介入患者服务前运用了FAQ社会功能活动量表测量案主的社会功能，个案服务结束后，社工再次对案主进行了与前测评估量表一样的测量。在介入服务前后对案主进行前测与后测，意在通过两次量表的测量数据说明个案工作服务对象的目标是否达成，是否取得了预期的服务效果见表5－11。

表5－11　　日常生活活动评定表

序号	案主姓名	日常生活活动评定表		FAQ社会功能活动量表	
		前测	后测	前测	后测
1	陈××	100	–	14	2
2	陈××	95	–	12	2
3	张××	100	–	20	24
4	廖××	100	–	3	–
5	何××	100	–	10	5
6	米××	90	–	28	25
7	唐××	–	–	–	–
8	唐××	95	–	6	1

根据日常生活活动评定表的评估方法，可以看出参与评估的7位案主，均在90～100，说明案主的生理机能和日常生活能力正常，无功能障碍，可以独

立完成日常生活，因而没有进行再测。

根据 FAQ 社会功能活动量表评估方法，可以看出参与评估 7 位案主的社会功能状况。前测结果表明，除廖××以外的 6 名案主在家和社区中不可能独立，社会功能存在障碍，其中米××、张××两人参与社会活动的能力最弱。而后测数据表明，陈××、陈××、何××、唐××四人经过医务社工的服务，社会功能已达到正常水平。不过数据显示，张××的社会能力没有得到提高，反而下降了，说明案主自身的情况正在逐渐变坏。

以上数据分析结果证明，医务社工的介入，有助于精神障碍患者保持均衡状态。即使患病也能保持与环境的正向互动，减少精神病态对患者个体、家庭和社会的负功能。

2. 医务社工服务对精神障碍患者家庭的效果分析

（1）家庭服务介绍

如前所述，我国精神疾病患者的照料与康复主要在家中进行，但精障患者家属得到专业支持、社区资源渠道相对匮乏，和家庭护理、应急相关知识不足，普遍存在焦虑、抑郁等负性情绪需要及时介入、给予持续支持。医务社工不仅可以提供相关的经济物质帮助和政策支持等生活帮扶服务，还可以提供专业的居家康复训练知识以及心理疏导服务。

家庭服务系列活动安排主要面向精神障碍患者及其家属，采取封闭式活动形式进行。具体活动如下：

活动一：居家康复家属小组（2016.08～2016.09）。丰富了患者居家康复的知识，使之了解了精神障碍患者的相关政策。

活动二：精障患者居家康复家属支持性小组 A（2017.03～2017.06）、小组 B（2017.02～2017.04），重在家庭功能、社会功能整体提升。

活动三：院外康复活动小组（2016.12～2017.01）。提高了案主动手能力、语言表达能力、合作意识。

活动四：院内成长小组（2016－08－25）。小组组员在互动中提升自信心，增加彼此认识和了解，开放自我；组员之间建立良好的人际关系；通过小组活动组员掌握良好的沟通能力和技巧；通过团队协作，使组员融入集体中，消除孤独感并增强其集体归属感及团队凝聚力。

活动五：精神障碍患者及其家属兴趣小组（2016.12～2017.01）。乐至社工服务中心社工与精神障碍患者及其家属建立基本联系，培养其康复训练兴趣。

（2）家庭服务效果调查

支持性小组工作进行效果测量，在介入服务前后对小组成员进行前测与后测，旨在通过两次量表的测量数据说明小组工作服务对象预期目标是否达成，是否取得了预期的服务效果。

问卷在 Epstein 等编制的《家庭功能评定量表》（Family Assessment Device, FAD）基础之上进行改编完成，将家庭功能概括为七个方面，即问题解决、沟通、角色、情感反应、情感介入、行为控制、总的功能。对于问卷的信度与效度问题，由于 Epstein 等对 FAD 的信、效度作过反复测定，均提示 FAD 有较好的信度和效度，因而可以说本次调查使用的《家庭功能问卷》也具有较好的信度和效度。

（3）家庭服务效果调查结果分析

一般精神疾病患者家属对精神病学知识了解甚少，而且会把患者当成一个家庭负担，这样就使得患者从家庭得到的支持较少及家庭内部情感联系和表达不畅，导致家庭功能缺失，会直接影响患者的预后和康复。因此，对患者进行康复过程，应该从家庭功能重构方面下功夫。

表 5－12　家庭功能测量情况汇总表

姓名	前/后测	问题解决	沟通	角色	情感介入	情感反应	行为控制	总的功能	总分数
A	前	12	15	11	12	10	14	20	95
	后	12	14	12	12	11	14	20	92
B	前	6	9	11	7	12	8	8	62
	后	4	7	11	7	11	8	7	56
C	前	9	12	14	10	10	15	19	88
	后	9	12	14	10	10	14	17	85
D	前	9	11	12	8	7	8	15	83
	后	8	9	8	6	6	7	14	79
E	前	9	14	13	12	11	16	17	85
	后	11	13	13	12	9	13	16	80
F	前	11	13	11	12	10	16	18	90
	后	11	12	11	12	10	16	14	85

此次调查问卷选项分别为：很像我家（这一项非常准确地描述了您的家庭）、像我家（这一项大致上描述了您的家庭）、不像我家（这一项不太符合您

的家庭）、完全不像我家（这一项完全不符合您的家庭），并依次赋值为1、2、3、4、5分，分数越低表示对这一项目的认可度越高。这样，对所有的条目来说，1分代表健康，4分代表不健康，每个量表的各条目得分的平均数即为该量表得分，评分范围为1～4分，对不健康条目（带*号者），其评分为（5减去实际得分）。如果一个分量表的条目有40%未被回答，则该问卷不予计分。表5－12显示，医务社工的介入，对于精障患者及家属有重要影响和作用，随着精神障碍患者的病情改善，患者的家庭功能随着病情改善在逐步恢复。

3. 医务社工服务对社会环境的效果分析

（1）社区活动分析。通过各种类型的社区活动，向辖区居民传达精神卫生的相关知识，改变对精神障碍患者的固有歧视，为精神障碍患者营造一个包容友善的社区环境。在一年的服务实施过程中，乐至社工服务中心链接周边资源，制订完善的方案并作为中间渠道开展相应资源链接，协调居民委员会、辖区安全管理部门、医疗卫生部门、政策支持机构等多方资源。开展精神卫生、心理健康相关的社区宣教活动，普及如何识别精神疾病、正确认识精神疾病等知识。在此过程中提高了社会有关方面对医务社工、精神残疾患者及家属的认知度和接受度，保证其良好社会生活环境。其社区工作系列主题活动安排主要面向患者所在社区居民，采取封闭式活动形式举办。一是在两路口街道所属王家坡社区、重庆村社区、国际村社区等进行的系列惠民活动，在丰富社区居民朋友业余生活的同时，向社区居民普及精神卫生以及亚健康相关知识，提升其对精神卫生知识的了解度和重视度；二是世界精神卫生日宣传系列活动，宣传精神卫生知识，提高社区居民对精神残疾患者及其家属的关注度和接受度，增强了患者社区居家康复的信心；三是国际社工日活动，宣传普及社会工作相关知识，提高了社区居民对医务社会工作介入精神障碍患者社区居家康复服务的社会认知度；四是联合入户，对社区精神障碍患者及家庭进行基线调查，关心慰问，了解患者及家属遇到的困难和需求，补充完善社区管理服务和危机干预的相关资料。

（2）社区居民精神卫生知识问卷分析。为了解掌握目前居民精神“亚健康”问题的真实情况，在王家坡等社区进行了相关调查，设计的问卷基本信息主要包括被调查者身份信息和联系方式，便于与被调查者取得联系，同时将年龄、学历和职业作为设计社区活动时的参考。问卷问题主要包括被调查者对于精神卫生有关知识，精神“亚健康”有关知识，自身精神“亚健康”情况以及可能存在的误区等几个方面问题的认识情况。在设计问卷问题时，主要通过宏观层面到自身层面的递进，再囊括可能存在的误区。通过了解居民对于这些问题的认识程度，有针对性地进行社区宣传。

调查结果与分析：统计问卷结果后，使用 COUNTIF 函数首先计算居民的答案中回答“是”的数量（算式为：=COUNTIF（H3：H58," 是")），然后用该数除以问卷的总份数，得出了回答“是”的比例，由此比较直观地看出居民对精神卫生知识的总体了解情况见表 5－13。

表 5－13　　　　　　　　　　　调查分析

题目	回答“是”的比例	存在问题
1. 精神健康即是心理健康	82.14%	许多居民还不清楚精神疾病的病因，认为导致精神疾病的病因都是心理因素，因此在讲解中可以注重讲解致病的多种因素
2. 心理健康是健康的重要组成部分	98.21%	
3. 精神疾病就是思想上出了问题	71.43%	
4. 很多人都存在心理障碍（非心理疾病），只是自己意识不到	83.93%	
5. 精神疾病都是因为受到了刺激	69.64%	
6. 精神疾病是可预防和治疗的	85.71	虽然大部分居民了解精神疾病的可预防和可治疗性，但是仍有一小部分居民对此不太清楚，认为精神疾病无法预防和治疗，因此可以在后续活动中增加一些预防方法和精神障碍患者情况稳定的真实案例
7. 没有听过精神“亚健康”一词	46.43	约一半居民没有听过精神“亚健康”一词，因此在后续活动中可以比较系统的讲解一下亚健康相关知识
8. 曾经意识到自己出现忧郁、抑郁状态，但都是自我调解，没有看过医生	76.79	
9. 出现精神“亚健康”状态就是得了精神疾病	30.36	有一小部分居民对精神亚健康状态了解不够，并且对精神疾病的临床表现也不清楚。可以在后续活动中注意给居民科普精神疾病的临床表现

续表

<table>
<tr><th>题目</th><th>回答“是”的比例</th><th>存在问题</th></tr>
<tr><td>10. 曾经出现过两周以上焦虑、忧郁或抑郁等负面情绪现象</td><td>28.57%</td><td rowspan="8">大部分居民都出现过忧郁、抑郁的状态或是因压力大而情绪不好，其中小部分居民出现过两周以上的焦虑、忧郁或抑郁等负面情绪现象，但是居民几乎都自己调节，并没有去看医生。因此该社区大部分居民存在精神亚健康状态，并且了解其与周围环境和自身性格相关，也都习惯于自己调节。不过在谈话中笔者了解到居民大多为一些生活中的琐事烦恼，虽然有时会焦虑，忧郁或抑郁，不过没有遇到过特别严重的刺激，因此都没有接触过专业医生</td></tr>
<tr><td>11. 精神“亚健康”状态是没有办法避免的</td><td>44.64%</td></tr>
<tr><td>12. 曾经因为压力大而情绪不好</td><td>85.71%</td></tr>
<tr><td>13. 精神“亚健康”状态与周围的环境有关</td><td>82.14%</td></tr>
<tr><td>14. 精神“亚健康”状态与自身的性格密切相关</td><td>85.71%</td></tr>
<tr><td>15. 乐观开朗的生活态度，良好的人际关系和健康的生活习惯有助于我们保持身心健康</td><td>96.43%</td></tr>
<tr><td>16. 自己能够很好地调节心理状态</td><td>91.07%</td></tr>
<tr><td>17. 掌握了部分缓解压力，缓解负面情绪的方法</td><td>87.50%</td></tr>
<tr><td>18. 患有精神疾患，是否有必要找专业医生治疗</td><td>87.50</td><td>仍有一小部分居民认为患有精神疾患没有必要找专业医生治疗，必须纠正这一观念，在后续活动中着重讲解就医的必要性和一些注意事项</td></tr>
<tr><td>19. 老年人出现记忆减退，思维迟钝就是处于精神“亚健康”</td><td>58.93%</td><td rowspan="2">大多数居民对精神疾病相关知识了解得模棱两可，也有几乎一半的居民不知道老年痴呆症属于精神疾病。因此，在后续活动中应该提高居民对阿尔茨海默病的重视程度，并且讲解相关内容</td></tr>
<tr><td>20. 老年痴呆症属于精神疾病范畴</td><td>60.71%</td></tr>
</table>

此次调查中，调查者无法得知居民是否能够准确的判断自己或他人是否患上精神疾病，因此需要后续的活动中加入精神疾病的临床表现，并且在接下来的问卷中加入这类问题。

调查发现，社区大多数居民仍然对精神疾病带有偏见。在社工给居民做问卷的过程中，有部分居民在了解问卷内容时会告诉社工，他知道该社区某栋某户“家里有一个疯子”之类的信息。实际上，能在社区居家康复的，都是病情比较稳定的患者，但其他居民仍然使用“疯子”这个词来形容该患者，说明社区居民仍然对精神疾病了解不够，且潜意识中还有排斥和歧视的想法。

(3) 居民对精神健康问题的认识与对医务社工的态度调查。为了测量社区活动的有效性，课题组在国际村社区对居民两次进行“两路口街道精神障碍患者的现状及需求调查问卷”，通过开展社区活动前后测调查问卷比较分析，可以得出社区活动的有效性。被调查者基本情况见表5－14、表5－15：

表5－14　被调查者基本情况表（前测）

项目	自变量	频数（人）	频率（%）
性别	男	15	48.4
	女	16	51.6
	合计	31	100
文化程度	文盲	0	0
	小学	7	22.6
	初中	2	6.5
	高中	11	35.5
	大专	5	16.1
	大学	1	3.2
	研究生	0	0
	未填	5	16.1
	总计	31	100

表5－15　被调查者基本情况表（后测）

项目	自变量	频数（人）	频率（%）
性别	男	7	30.43
	女	14	60.87
	未填	2	8.70
	合计	23	100

续表

项目	自变量	频数（人）	频率（%）
文化程度	文盲	1	4.35
	小学	1	4.35
	初中	11	47.83
	高中	4	17.39
	大专	1	4.35
	大学	1	4.35
	研究生	1	4.35
	未填	3	13.04
	总计	23	100

在前测中，接受调查的国际村社区居民有 31 人；在后测中，接受调查的国际村居民有 23 人，均是参加过乐至机构社区活动的居民。

有关居民对心理健康认知这一维度，本次调查主要从心理健康的特征、精神疾病的特点这两个问题出发，对国际村社区居民进行调研。

表 5－16　　心理健康的认知

项目	选项	前测（N＝31）	后测（N＝23）
心理健康的特征（多选）	智力正常	25	22
	情绪稳定与愉快	26	22
	良好的人际关系	24	21
	良好的适应能力	24	17
	内省能力	12	16
	总分	111	98
	均值	3.58	4.26
对精神疾病认知（多选）	精神疾病产生原因的多样性	23	21
	精神疾病类型多样	28	20
	精神疾病临床表现多样	23	16
	精神疾病治疗及时的重要性	19	22
	精神疾病治疗的有效性	15	22
	总分	108	101
	均值	3.48	4.39

在社区居民对心理健康的特征认知问题调查中，心理健康的特征包括智力正常、情绪稳定与愉快、良好的人际关系、良好的适应能力、内省能力，并将

每个选项赋值为 1 分，将分数累加看总分。对精神疾病认知的赋值分数同上，将每个选项赋值为 1 分，将分数累加看总分。本次调研，心理健康有 5 个特征，每个调查者将所有选项选中，得 5 分，前测问卷 31 名被调查者得分应为 155 分，后测问卷 23 名被调查者得分应为 115 分。根据表 5－16 数据显示，前测问卷在该题得分为 111 分，均值为 3.58 分；后测问卷在该题得分为 98 分，均值为 4.26 分。从前测到后测，心理健康特征认知均值分数增加了 0.68 分，更加倾向 5 分。对精神疾病认知情况的统计分析，同上依据均值对前后测进行数据处理。调查数据说明，前测问卷在该题的得分为 108 分，均值为 3.48 分；后测问卷在该题的得分为 101 分，均值为 4.39 分，从前测到后测，心理健康特征认知的均值分数增加了 0.9 分，更加倾向 5 分。以上数据可以得出，经过医务社工开展的精神健康教育社区活动，社区居民对精神心理健康和精神疾病的认知程度得到了提升。社区活动对精神卫生知识普及，不仅有利于营造适于精神障碍患者生活的环境，亦有利于社区居民对精神健康的重视及管理参与，从而起到预防精神疾病的作用。

目前，我国大多数人对精神疾病认知不足，对患者缺乏平常心，致使患者常常遭受不同程度以及不同方式的歧视。社区环境对精神障碍患者的康复治疗效果起着重要作用，患者在居家康复过程中受到所在社区居民异样的眼光或者特意地躲避，必然不愿出门，这种刺激患者的社区环境，也会打击患者融入社会的信心甚至不愿与人交流并陷入疾病的恶性循环。有关居民对精神障碍患者的态度这一维度，课题组在国际村社区作了前后测，主要从社区居民对于精神疾病患者的态度以及对精神障碍患者的偏见程度这两个方面进行调查。

表 5－17　　对精神疾病患者的态度情况表

	项目	前测（N＝31）	后测（N＝23）
居民对精神疾病患者的态度	和常人没什么区别	50	55
	心理行为方面有障碍，治疗恢复健康	48	36
	没特别感觉	18	9
	比较畏惧	4	0
	特别害怕	1	0
	总分	121	100
	均值	3.9	4.34

续表

	项目	前测（N=31）	后测（N=23）
所在社区居民们对精神障碍患者的偏见程度	完全无歧视	20	65
	比较无歧视	48	8
	不清楚	24	18
	比较歧视	2	4
	非常歧视	6	0
	总计	100	95
	均值	3.226	4.13

在社区居民对于精神疾病患者的态度问题上，选项分别为：和常人没什么区别、心理行为方面有障碍、没有什么特别的感觉、比较畏惧、特别害怕，并依次赋值为5、4、3、2、1分；至于所在社区居民对于精障患者的偏见程度，选项分别为完全无偏见、比较无偏见、不清楚、比较有偏见、非常有偏见，并依次赋值为5、4、3、2、1分。均值分数越趋向于5分，表示对精神患者接受度越高。表5-17显示，社区居民对精神疾病患者态度的前测问卷得分为121分，均值为3.9分；后测问卷在该题得分为100分，均值为4.34分。从前测到后测，居民对精障患者的态度均值分数增加了0.44分，居民对精神疾病患者的态度在“和常人没什么区别”与“心理行为方面有障碍”这两个选项之间。关于所在社区居民对精障患者的偏见程度的数据分析，可以发现前测问卷在该题的得分为100分，均值为3.226分，所在社区居民对精障患者的偏见程度在不清楚和比较不歧视之间；后测问卷在该题的得分为95分，均值为4.13分，对比前测、后测的均值发现，增加了0.904分，所在社区居民对精障患者的偏见程度趋向于比较不歧视和完全不歧视之间。以上数据分析说明，社区活动服务的深入开展，如“精神康复你我同行”等活动，提高了社区居民对与精神残疾患者及其家属的认知度和接受度，增强了患者康复的信心。因此，增强社区对精神障碍患者的接受度，将是医务社工介入精神障碍患者在社区居家康复中的首要服务目标。

当今发达国家精神疾病患者的康复由医院向社区转化后，社会工作者已成为精神疾病防治康复工作的重要力量。然而我国社会工作实务发展较晚，在居民中的影响不大。

表 5－18　　对医务社工的需求情况

		前测（N＝31）	后测（N＝23）
对医务社会工作者的了解程度	非常了解	95	65
	比较了解	32	36
	不清楚	12	3
	比较不了解	0	0
	非常不了解	0	0
	总分	139	104
	均值	4.484	4.522
精神障碍患者对医务社工的需求程度	非常需要	100	95
	比较需要	28	16
	不清楚	12	0
	比较不需要	0	0
	不需要	0	0
	总分	140	111
	均值	4.516	4.826

表 5－18 选项依次赋值为 5、4、3、2、1 分，均值分数越趋向于 5 分，表示对医务社工的认知度、需求度越高。数据说明，在居民对医务社工的了解程度的前测问卷中的得分为 139 分，均值为 4.484 分；后测问卷在该题的得分为 104 分，均值为 4.522 分，从前测到后测，居民对医务社工的了解程度均值分数增加了 0.038 分；关于精障患者对医务社工需求程度数据分析，可以发现前测问卷在该题的得分为 140 分，均值为 4.516 分，后测问卷该题得分为 111 分，均值为 4.826 分，对比前测、后测的均值发现，增加了 0.31 分。根据前、后测对比发现，社区居民对于医务社工的了解程度，在经过医务社工社区活动之后虽有加深，但是改变幅度尚不大，说明宣传与普及医务社会工作的力度不够，需要医务社工在今后开展活动过程中加强这方面的工作，努力提高医务社会工作的认知度。医务社工人员亦应该以全心全意为患者服务的精神，以其专业技能和有效实践，在社区居民进行积极宣传，使医务社工的良好形象深入社

区，逐步增强社区对医务社工的了解程度。

（三）问题思考

医务社工介入工作过程中，亦客观存在一些困难和问题，主要体现在：

1. 家庭关系。医务社工的介入服务，有助于精神障碍患者家庭功能得到一定的改善，但在家庭成员之间沟通方面尚存在障碍，医务社工在建立患者与家属沟通桥梁的努力，效果并不显著。

2. 邻里关系。所处社区的居民对于精神障碍患者的态度，会影响精障患者康复的效果。邻里居民在社区互助服务方面的人力资源作用和社区志愿服务资源中的作用，是不能忽视的重要因素，但这方面因人而异的态度差别极大。

3. 社区关系。医务社工链接社区的资源，得到社区工作人员的支持，然而所利用的主要是社区的人力资源，而对社区其他资源如社区公共服务空间、社区生活服务资源等，则在发掘上力不从心。

4. 医患关系。在精障患者社区居家康复中，虽然医生的作用变小了，但是在康复服务过程中，仍需医生对其提供医疗支持。医生在康复过程的地位是不可忽视的，然而长期以来医生与患者之间都处于一种微妙的关系之中。协调精障患者与医生的关系，是医务社工需要拓展的工作渠道。

5. 组织关系。政府要求对精障患者实行多部门综合管理，包括精神卫生中心、卫计委、民政、人社、妇联、街道、残联和公安等。但实际工作中各个部门对精障患者的介入形式单一，主要是一定的药物治疗加保护性看护。各部门之间的联系有待加强，如何使之形成合力，共同营造健康社区的氛围，是政府在促进精神卫生综合管理中应当切实加以解决的现实问题。

（四）应对思路

针对以上困难和问题，课题组认为，应不断总结经验教训，在探索和创新精神障碍预防、治疗和康复工作模式及在精障患者居家康复服务过程中，突出强调以下几方面的发展。

1. 协调家庭、邻里、社区、医患、组织五大关系，构建精神健康社区。针对社区服务的综合性、照顾的持续性、患者的可接近性、治疗服务提供者的多样性等特征，充分重视医务社工在精神障碍患者居家康复服务的中介作用，推动五大关系共同发力，整合多样化资源，为精障患者居家康复提供康复服务、健康管理、志愿服务以及预防服务。在康复服务过程中，医务社工在服务过程中应加强患者与家人的沟通，改善家庭关系，使其成为患者重要的情感支持来源。开发居民在精障患者居家康复中的作用，组建社区互助服务小组，积极吸收居民成为社区志愿者。充分利用社区公共服务空间、社区生活服务资源以及社区卫生服务资源，加强社区与患者的联系，如利用社区医院对精障患者进行随访，共同为患者提供服务资源。

2. 借鉴国际有关研究和实践成果，建立和发展我国精神障碍患者社区家庭康复的良好环境。医务社会工作的介入，不仅能给精神病患者提供专业的医学康复训练知识，而且有利于促进精神病患者社会功能的恢复，也有利于改善社区居民对精神障碍患者的歧视问题，有助于促进我国精神障碍康复工作体系的健全。

3. 普及精神卫生健康常识，建立健全医务社工队伍。长期以来我国社区居民普遍重视身体健康，而忽视精神健康，对此有必要采取措施，推行社会化、综合性、开放式的精神障碍康复工作模式，促进医务社会工作者介入精神障碍患者康复工作并逐步完善其服务运作机制。

第六章

乡村社区治理的村民参与问题

第一节

基层社区治理的城乡异同分析

一、城镇化背景下传统乡村社区的转型与发展

社区治理运行于城乡居民日常社会生活的具体过程之中，由此观之，居民群体既是社区治理的核心主体，也是影响城乡社区治理成效及提升公共服务质量的最为关键的要素。改革开放以来，我国城市社会转型过程中，社会基层管理体制逐步从单位制向街居制、社区制转化，社区治理行为主体的互动参与机制逐渐形成并趋于多元化，除政府职能部门外，亦包括相关社会组织、企业和个人，居民参与社区公共事务的积极性提升，其社区自治主体地位日益突出。城市如此，而这方面的变化在广袤农村大地则进展不一，尤其是在经济不发达的边远乡村社区更为缓慢。我国社区治理及公共服务能力等相关领域的研究，多是基于城镇化时代背景之下最具代表性的城市社区作为对象展开较为深入的研究，而基于传统社区演化而来的广大乡村社区及其治理研究成果则相对较少，特别是有关乡村社区居民参与社区治理情况、影响因素及其完善治理策略等有待进一步探索与思考。构建乡村治理新体系，优先安排乡村公共服务，有效引导村民自治并积极参与乡村社区治理，是当前我国实施乡村振兴战略必须加快补齐的短板。

改革开放之初，我国人口城镇化率仅 17.92%，随后逐年递增，2012 年底

上升到52.57%，2016年数据显示已达57.35%，其中城镇常住人口7.9亿人，乡村常住人口5.89亿人。预计2019年我国城镇化率将超过60%，全国范围的新型城镇化进程不可逆转。与此同时，传统的乡村社会也在大量农村人口转向城市的过程中发生着重要的结构分化和观念碰撞。

城镇化过程凸显出的一个重要特点是以众多中青年人口为主从乡村社区向城市迁移，城市人口规模急剧增加，乡村社会的传统生活方式乃至居住模式则正在经历城镇化、现代化的逐渐消解，这种状况客观存在并正在不断推进，但不同区域、不同乡村社区也并非齐头并进。我国著名社会学家、民族学家费孝通先生对20世纪前半段中国乡村的做过经典性描述，“从基层上看去，中国社会是乡土性的，我说的中国社会基层是乡土性的，那是因为我考虑从这基层上曾长出一层比较上和乡土基层不完全相同的社会”①，即非流动性的社会主体、地方性的社会空间、熟悉的社会关系，这种乡土社会熟人关系下的文化与社会运行逻辑，迄今在经济欠发达地区的乡村社区还是处于较为适用和相对稳定的状态，因曾经的户籍分割演变形成的城乡二元结构影响也仍然存在。基于我国地缘社会结构、社会发展模式等诸多因素，以及户籍制度改革的渐进性和差异化待遇，我国农业转移人口的市民化则总是滞后于城镇化，城乡二元关系被完全消解乃至终结，在目前或者说以后一定时段内是不可能一蹴而就的。因此传统乡村社会必然在现在乃至将来发挥社会转型所赋予的新责任，在延续传统的基础上扮演新的角色。

伴随着社会转型下的乡村建设及新时代乡村振兴战略在广大乡村社会的开展，乡村社区治理再次凸显于研究者、管理者和参与者面前。必须看到，乡村社区治理的发展态势也必然关联到城市化、现代化进程，影响到国家的整体性、全局性发展大局，关系到我国社会转型是否能顺利实现。城乡均为社会整体的有机部分，如果只有城市社会的全方位转型而规避了乡村社会正在面临的转型，这样的社会转型注定是不够成功的。乡村社区治理在新乡村建设过程中占据着重要的地位，现实意义重大，历史意义深远。乡村振兴最基本的核心要素就是乡村社会的快速发展与和谐稳定，这一场域的核心在于乡村社区的和谐运行。因而，必须高度重视乡村社区治理能力及其公共服务能力的提升，由此方能有利于基层管理体制及其运行机制的当代建构，缓解城乡二元结构的不合

① 费孝通．江村经济［M］．北京：商务印书馆，2007

理现状，进而增强广大乡村社区居民的幸福指数与现实存在感。

二、乡村社区不可或缺的治理主体

本课题指的乡村治理主要基于社区概念的范畴，是指生活在城市以外的生活来源以传统农业生产为主的地缘性共同体，乡村社区治理主要基于乡村社区的共同事务管理下的地方政府及社区自治组织及村民等主体共同参与的持续性活动。同时乡村社区场域范畴脱离不了政治范畴，即乡村社会的行政村落结构。乡村社会结构主要组成部分主要体现在人口、组织结构、文化等，其地缘性、血缘性及其历史性等因素相对于城市社区又尤为明显。而治理在某种程度上是指一定范畴之内多元主体间基于公共事务展开的协同共管的过程，并强调协调不同人群利益与冲突下采取的持续性共同行动过程，这些都是强调多元主体间的协作。在社会学等学科关于社区治理研究中，中外学者各有所据。西方学者多基于社会资本理论、自治理论等，将居民参与社区治理原因视为理性选择与社区认同的共同结合。我国研究社区治理的学者较多认为治理本质是一种理性选择，是不同资源占有者通过相互交换而达成的一种集体行为。

基于乡村社区的特殊性，作为地方性基层组织的村委会是乡村社区治理的重要主体，而基于社区公共利益基础上的社区治理的持续性过程则来自多主体共同参与，日常运行是建立在村民生活实践之上的，因此村民是真正的最主要的参与者和核心主体，村民参与的到位，在相当程度上决定了乡村社区治理的效果。

涉及乡村治理过程中的其他要素主要包括以下几方面：一是集中处理社区内公共事务，调解民间纠纷，维持社区内的治安等。二是遵循村委会选举原则进行选举工作，作为乡村社区主要组织者的村委会成员，由社区民众选举产生，按照国家法律法规政策，任何组织及其个人不得擅自委派或者撤换村委。同时，作为社区村民，拥有选举权与被选举权，这是地方性事务上民众的另一重要角色，面临着从社区村民到乡村社区公共事务主要主持者的角色转换可能。村委会是乡村治理的基层单位和社区自治的主要组织者，在维持社区运行方面的作用至关重要。选举作为乡村社区村民参与政治生活的直接途径，人们对选举村委成员十分看重。实地观察和访谈中，有村民谈及村委在许多事件上存在不公开透明，甚至存在部分贪污腐败的现象，村民们积极参与选举，关注村委公示栏的内容，是因为他们也抱有不同的疑虑和期望。疑虑的是有些担心有人操控选举，或者顾忌乡镇部门干预选举结果等，期望的是能推选出公共服务能力较强的人，真正为社区村民谋福利做实事，合理协调邻里纠纷，解决广大村民的实际问题。三是按照乡镇及其以上政府部门要求开展相应的社区工作，如组织社区民众进行农业生产及其经营性经济活动，管理社区内的集体所有的土地及其公共财产，宣传国家法律法规等。四是在社区运行过程中推动公共事务的实施，并实现社区内部的多方面参与等。尤其是以少数民族人口为主的乡村社区，作为具有族群身份的乡村社区村民，其基于乡村社区治理的诸多元素，在日常生活实践行为中更是体现出了参与乡村社区治理和公共服务的主体性作用。

据此，本课题组选择地处重庆市、贵州省、湖南省相邻区域“武陵山区民族走廊带”部分传统社会生活状态延续已久的少数民族聚居的乡村社区，通过实地考察、深度访谈等方法，融入当地村民日常生活收集相关信息，在此基础上，以小见大，以点带面，观察分析经济较为落后地区的乡村生活方式和社区治理的演变，特别是对村民参与的状况及其影响因素展开研究。

第二节 乡村社区认同感及村民参与角色分析

一、传统文化与集体意识

本课题组实地考察的“武陵山民族走廊带”，区域较广，沿重庆、贵州、湖南交界地区呈带状分布，虽为僻远山区却人口众多，尤因少数民族村民集中聚居而颇具特点。课题组侧重选取了部分少数民族乡村社区进行田野调查，这些乡村社区的村民群体主要为侗族、苗族、土家族、仡佬族等少数民族，其中苗族、侗族等为人口较多族群，而诸如仡佬族等则为人口较少族群。本次田野调查，课题组主要通过参与观察具体研究对象即当地村民的日常生活实践，以及开展深入访谈及口述追踪等方法，对少数民族乡村社区治理的村民参与状况及其传统性、地方性特征、现实性经验等，进行从内源到外延的分析探讨。

作为整体乡村社区的重要有机组成部分，少数民族村民聚居的社区所保持的历史传统极具典型性，虽然历经现代化发展和多民族交融下的族群文化的浑融过程，但是其民族文化特征仍然较为明显，族群性与地方性在该区域社会的实践中仍较为突出，特别是在生计模式、文化特色等方面，不仅与城市社区的状况大不相同，在某种程度上亦有所区别于以汉族群体为主的常态化乡村社区。不过，调查情况表明，随着 20 世纪 80 年代以来的改革开放步伐不断加快，特别是在当今新型城镇化进程加速的背景下，少数民族人口聚居乡村发展亦深受影响，社会经济发展的模式及其观念发生了重要改变，与其他常态化乡村社区治理相关元素的相似性也同步增多，而在公共服务资源配置方面得到社会支持则是较为优先。

在本次调研中，课题组成员见到优先安排少数民族村民聚居乡村社区公共服务资源的实例是“村村通”所取得的成效。前往的几个乡村社区虽然地处崇山峻岭，但乡村公路却颇为完善，各社区基本实现了水泥公路的全覆盖。乡村公路建设对于地方社会发展以及道路对传统文化的影响，是近年社会学、民俗学和历史学者都在关注的问题，乃至形成了一个被称之为“路学”的新专题研究领域。“要致富先修路”理念是“村村通”不断延伸的动力，加快乡村社区经济发展，交通问题首当其冲，道路就成为打开传统村落并勾连外部现代化社会的主要基础性物质设施，乡村社区治理和公共服务能力的提升在某种程度上要依靠基础设施的完善，也是村民参与乡村社区公共事务积极性和凝聚力的重要环节。不过，在实际运作过程中，也存在诸多需要与广大村民不断协商调适的实际问题。因社区中的主体道路是政府主导行为，基本为政府策划、出资修建，乡村社区村民不管是在经济还是在注意力方面的投入都较少，且利益攸关的程度不一。如社区道路的进一步延伸必然要使用土地并可能涉及要对部分村民家庭私有财产的占用。此类情况之下的社区居民参与公共道路虽然存在一定的“被迫参与性”，但是从参与态度来看，参与的积极性仍然较高，对政府主导的社区道路实现的“全到户”或者“半到户”的公共服务持赞成意见并在行为实践中给予支持，即在某种程度上能够让渡私人利益而成全公共利益。但这其中也涉及一些因与社区沟通不善及其忽视传统文化观念而带来的乡村社区纠纷性事件。

课题组调研的一个以苗族人口为主的少数民族社区，为渝黔相邻地势偏僻的传统乡村社区，该社区的民族传统文化保存较好，封闭的空间延缓了现代化的渗入。伴随社会转型，挖掘传统文化促进民族地区旅游经济，逐渐成为以当地政府为主导的发展主题，为此完善社区道路是必备措施。当地政府在这一公共建设项目的实施过程中较为彻底也较为果断，所以在缺少与社区居民进行完全沟通或没谈拢妥善解决办法的情况上，便将修建道路沿线的几户苗族家庭祖坟进行了强行迁移。此举引起了被强行迁移家庭的强烈不满，据人们称这些祖坟至少有一百多年的历史，可以上溯到许多代之前，因而当事人以及该社区的其他村民进行了集体声讨与抗议，并由此引发了连带的后续反应，即在后期的其他公共基础建设及其他公共事务开展过程中均遭到村民的直接反对或者漠视。

在这一事件发生和发展的过程中，当地政府旨在发展乡村社区经济，有其良好初衷，但是却忽视了该社区村民具体的传统文化因素，进而带来不良后果。苗族作为我国主要的少数民族之一，历史上曾经历过大的人口迁徙，在这个漫长的历史过程中，因生境及其族群历史等因素，逐渐形成了这一具有多元文化特色的重要的少数民族族群。苗族的祖先崇拜文化十分突出，从当代早期社区生活中所体现出来的祖先祭祀的浓重性及其节日文化中的无处不在的祖先文化元素等，无不昭示苗族村民对祖先的缅怀及其族群历史的情怀。“强迁祖坟”之类事情，对于注重风水传统的汉族人群来说也会感到也难以接受，更何况在注重祖先崇拜的苗族聚居社区群体中，原本这一事件虽然只直接涉及几户居民家庭，但却引来整个社区村民的集体性抗议，这是必然会发生的集体认同，而此类集体认同在很大程度上对社区的日常运行及其乡村社区治理进程有着重要的影响。

二、民风民俗与公共空间

公共活动场所，是乡村社区村民的生活、文化、传统习俗等各方面融会交流的实践之场，在此类公共项目具体实施过程中，通常能够得到乡村社区广大村民积极响应，几乎是全体性认同和参与。特别是少数民族社区的公共场所，基于历史及其生境等因素，在时空交错中曾经创造出多元族群文化。不同族群多元民俗文化特征，如能歌善舞、节庆活动丰富多彩、各类活动仪式感强等，都是在其他如城市社区或者汉族为主体的乡村社区所感受不到的。这些多元文化场域在当地村民日常社区生活中被重新创造与实践着，村民乐于参与与本族群有着密切联系的日常活动，其中的重要原因就是这些公共空间所具有的传统性和历史存在感。

本次调研见证的一个代表性实例，是以侗族为主体民族聚居社区具有公共属性的鼓楼、风雨桥建设项目。鼓楼对于侗族村民来说，是其族群文化及其生活实践在实体公共建筑物上的体现，并具有重要的象征意义。鼓楼的传统功能及其意义之一，是在社区内部用于外敌入侵的鸣鼓警示，起到对社区村民家庭生命财产的保护作用，这在传统社区治理中起到了重要作用。此外还在于这些公共空间是商量社区重要事务的会议场所，有关社区中诸如社区内外家族间的纠纷调解、民族节日仪式筹办、建庙及建祠堂等公共性事务都在此讨论与决定，社区的组织者及其广大村民都积极参与其中。鼓楼在某种程度上说也是“政治之场”，凡关系到社区村民权益的事情，都在这里集中讨论决定。风雨桥，则是民众聚集休息和参与公共活动及其社区事务的集中空间场所，民众多在此开展集体性活动。鼓楼多建设于社区空间的中心地带，具有中心象征意义，而风雨桥等建筑则多建在村口风水宝地之上。这些建筑物区别于居民私人房屋，与祠堂类家族象征公共建筑有所区别。本次调研中，不管是民族聚集的传统社区还是当下的多元社区，基本纯粹的单姓社区非常少见，有以某姓为主的主姓社区，但多属于多姓存在的杂姓聚集社区。祠堂多属家族公共建筑，祠堂修建及其空间使用者多为以该姓氏后裔自诩的村民，家族的界限较为明显。而诸如鼓楼及风雨桥等，则是具有全社区性质的公共建筑及空间场所，其建构过程是得到全社区村民的参与。调查中，一座清末修建、位于寨子中心的鼓楼，虽已残破但仍一直沿用。该社区的一位龙姓老人讲述道：

我们这里集中居住了三百多户人家，基本上是侗族、也有少部分是苗族、汉族，有不同的姓氏，比如我们龙姓是最早来这里的，后面其他姓氏陆续的迁移过来，听老一辈讲大概都是附近区县或者江西移民过来的。以前村寨的大小事一般是在这里大家一起商量，比如邻里纠纷解决，修庙、修桥、修路等事情，大家平时不干农活的时候都来这里休息闲聊，聊村寨中各种有趣的事、聊过去的事，夏天在这里歇凉、冬天在这里烤火。以前凡是村中要举行什么大的活动也都在这里，男女老少，各个家族都会来。现在村中很多年轻人都出去打工去了，过年或者重要节日才会回来，我们这些年龄大点的老人平时大部分时间都来这里。现在村部的房子也修好了，有的时候有的人也会去村部走走，但是那毕竟是办公的地方，我们还是喜欢在这里待着，很多年的老传统了，待在这里比待在其他地方更好。

从龙姓老人的讲述，可以看到鼓楼等公共建筑在村民心中的地位和在社区生活、大小事件处置等方面扮演的重要作用，乡村社区村民对其认同感极强，其功能及象征意义，是当下其他公共设施包括村部等所不能代替的。据老人称，原来的鼓楼因岁月原因已成残楼，但是村民们闲暇之余仍然喜欢来此，其中包括不同年龄的人群，尤以老人为主。于是社区中较有威望的老人王××便倡议重修该座鼓楼，得到社区绝大部分村民响应。但也遭到部分村委的反对，其反对理由是现在社区中都有村部，村部建有社区公共活动房屋，各种设施都比较齐备，村民有需要可以来村部举行各类公共性活动等。不过倡修鼓楼的村民则认为，侗族对鼓楼有很深的民族情感，按照传统应该重新修好鼓楼，可以让年轻小孩一辈知道自己祖先传承下来的传统文化与习俗。所以倡修者向村委申请政府资助，但政府因资金审拨困难等因素迟迟没有给予答复。在此情况下，倡修者启动自发捐资，社区中90%的家庭都支持捐资修建，剩下的百分之十家庭没有参与其中的主要原因，是有的家庭与倡修者存在多年私人恩怨，有的是因担心私人倡修没有政府人员组织会出现谋私利等行为。由于社区内大多数村民支持重修，村委最终也表示支持，部分村民还带动了周围乡村社区及自己的亲属、好友等参加，盘活了社区广大村民参与公共事务的积极性与广泛性。现在该社区的鼓楼是2010年初在原址上修建而成，按照传统，乡村社区凡是修路、修庙及其重要公共建筑必然会立碑纪念。在该座鼓楼的一侧，可以看到重修鼓楼所立石碑，并能解读出鼓楼修建的时间及其大概过程，而更为详细的是记载了哪些人群捐资了多少钱，从捐资名单可以看出不同姓氏人名不下百名，部分民众虽未捐资，却也捐献了大量物力与体力，如捐献重修鼓楼的木头、无偿参与修建劳动等。这一实例表明，乡村社区对具有传统文化继承性的公共空间有很深的认同感，并易于延伸到公共空间影响圈内的社区归属感，合理的引导乡村社区公共空间建设，有助于提升乡村社区公共服务质量，亦有利于调动传统社区村民参与社区治理的积极性。

乡村社区公共体育活动充满了地域性传统文化色彩，近年来一些苗族、侗族人口为主的社区，村民们开始热衷斗牛类比赛。在山地少数民族传统生计中，牛在耕种及其祭祀神明中扮演了重要作用，而随着科技耕种推广及非传统生计模式的兴起，牛的传统作用部分被娱乐功能所代替。社区组织者一年组织一次斗牛比赛，区县三年又在所辖的众多乡村社区中开展“牛王争霸赛”等系列活动，特别是在过春节时，斗牛比赛更是成了压轴大戏。对于社区内举办的此类公共娱乐活动，村民参与热情指数高，时有村民自发组织，逐渐呈现出日常化的态势。

在湘黔界邻的一个苗族聚集社区调查期间，课题组成员时常看到不少中青年村民聚在一起玩篮球，年龄最小者 18 岁，年龄最大者 50 岁左右，这些人是该社区从众多的不同年龄阶段的篮球爱好者中选拔出来的，属于乡村社区的“业余篮球健将”。在乡村社区日常的运行过程中，村民们除了参与公共活动空间的事务以外，体育活动也是少数民族村民聚居社区里颇受欢迎的公共事项。相比较于汉族乡村社区，少数民族聚集社区的传统体育文化氛围更为浓厚，在笔者的调研过程中可以看到这些民族聚集的不同社区公共场所之一就是篮球场。在其他汉族乡村社区体育场所的数量较少，多是乡村学校及其乡镇社区才建有篮球场地，而少数民族聚集地基本上每个社区都建有篮球场，有的社区甚至不止一个，其场所使用率也较高，特别深受社区中青年人群喜爱。除了锻炼身体以外，篮球运动也成为社区村民沟通情感的重要渠道和与其他社区建立联系的重要方式。乡村社区村民闲暇之余聚集在一起玩篮球，后逐渐演化成社区内部的重要公共活动。该社区一般一年左右会举行一次篮球比赛，有相应的奖金，村民们除了小孩和年老体衰者多参与其中。起初的组织者是村民中的篮球爱好者，后来作为一项重要公共体育运动，已不限于社区内部比赛，而是成为周围 9 个社区联赛的集体性活动，村委会干部也成了主要组织者。篮球联赛每年举行一次，由各社区轮流举办，设立篮球比赛各种规则，对获得不同名次的社区球队分别给予奖金或者生活用品等物质奖励。原本属于一个社区的活动逐渐向周围社区延展，在更大范围调动了乡村社区村民的积极参与。访谈过程中，一位王姓篮球爱好者谈道：

村里的人，平时空闲时间还是比较多的。年轻一点的，如果只是待在家中看看电视也没什么意思，还是运动运动好一些。现在村里很多人都开始关注外国 NBA 之类的篮球赛了，有的人还为了自己喜欢的球队和猜测冠军球队跟别人争得热闹。我们这里是苗族村寨，现在一些重要的民族节庆活动，村委会除了组织传统节目外，还会专门安排篮球比赛，大家都愿意参加这些活动，积极性都高得很。

显然，在乡村社区治理和公共服务方面，因地制宜，因势利导是值得重视的问题。如政府主导、村民参与的乡村道路、建筑物等公共基础设施建设，理应进行稳妥的民情引导。调查中发现，凡有助于保证乡村社区正常运转和有利于村民家庭日常生活所需的公共事务，都会对提升村民凝聚力起到有效的助推作用。如鼓楼、风雨桥等公共空间建设，乡村社区篮球运动会、斗牛活动等，极具传统特色和乡土气息，村民们大都表现出相应的热情意愿积极参与其间，并由此显著增强了村民对社区的认同，加强了社区内部及其社区之间的互动。而在另外一些公共事务，村民参与度不高则是事出有因。如有的当地政府及村委会在强调美化社区形象和改善卫生环境的过程中，简单模仿城市社区的路径，以规范社区房屋建设、装饰，力图统一社区建筑风格，在社区各处摆设垃圾桶、人畜生活空间截然分开等。但许多被访谈的村民则认为，房屋建设应该风格多样，每个人喜欢的样式不同，喜欢怎样的就该怎样装饰，不必强求一致。而对垃圾分类、人畜分开等卫生治理举措，大部分村民也并没有落实到实处，认为以前生活这么多年都这样也挺好的，家畜是家里经济来源、其粪便是很好的肥料而并不是所谓城市人认为的脏东西。应当说，美化社区和改善卫生的愿望是良好的，但试图一下子改变乡村社区村民原有的生活方式，在一定时间内是有难度的。在诸如此类的公共事务决策方面，注重地方文化特点和风俗习惯，才能不失为明智之举。

尽管本课题组此次进行的田野调查是在渝、湘、黔相邻区域侗族、苗族、土家族等少数民族聚居地带，其形成社区的自然生境、族群历史、民风民俗、生活逻辑等，相比较于其他物质和文化生活诸方面趋于同质性的社区而言是有所差异的。但也正因为如此，考察地的状况更具乡村社区特有的乡土气息，其间和诸多实际问题典型地反映出了传统乡村社会转型时期的特点，在引导广大村民参与乡村社区治理和公共服务积极性及能力提升方面，也更具有现实针对性。

第三节 村民参与乡村社区治理的影响因素分析

一、人口结构和文化变迁对村民参与积极性的影响

当前我国新型城镇化推进速度加快，乡村社区人口向城市大量流动，“传统”与“现代”观念的冲突，生活方式的改变，深刻影响到城乡社会生活各

个方面，即便是僻处偏远山区的乡村社会也概莫能外。本课题组调研的几个湘黔渝相邻的少数民族聚居乡村社区，中青年村民甚至包括部分少年外出打工的逐年增多，流向主要是附近城市以及东南沿海一带经济发达地区。这一变化的直接影响是乡村社区主体经济转型，大量劳动力流失，村民脱离传统居住地的有形束缚，乡村社区人口结构大为改变，乡村日常生活实践者多为留守老人与小孩“两端型”居民结构。乡村社区人口密集性降低，外出村民带回“外来影响”形成的异质性、疏离感亦日益凸显，这无疑对少数民族聚居乡村社区的原有熟人社会造成了较大的冲击，所谓“无主体的熟人社会”因文化认同导致村民人情味趋于淡漠，相互之间的利益关系成为一种大家默认的社区共识性常态。新型的社区人口结构对村民参与乡村社区治理产生了重要影响，主要体现于社区公共事务的参与方式、参与态度及其参与效果等方面。

本次调查涉及的部分少数民族聚居乡村社区，由于中青年类型的中坚力量的大量流失，家庭少了“主心骨”，剩下的老人群体对乡村社区公共事务关注度较低。与此同时，村委会领导具有更多的自主性，在一些公共事务的决策上更为果断，这也就导致部分村民对其行为的不满，在社区中生活的村民多认为村委会领导在做出相关决定时缺少征求意见的环节，更多是只做决定后结果的传达。而村委会领导则认为自己是考虑了大家的公共利益，从公共服务角度出发而做出的一些决定，已经征求了部分村民意见，而且也想过要继续征求更多村民相关意见，但是面临的现实问题是不少村民在某种程度上缺乏参与社区公共事务的能力，而因外出务工人员“缺场”，想要获取更多意见却由于空间阻隔，沟通不便，故相应的一些公共事务只能与部分居民商讨后就做出决定。虽然，绝大部分村民在不知情的状况下最终也会表示同意，但是其心中的隔阂则会逐渐积累，并进一步造成对社区公共事务的漠视乃至逃离。如社区中的公共设施建设及其生活环境改善治理时，村民参与度低，在政府拨款有限的情况下，难以获得更多村民的积极参与和支持，往往会造成项目建设因缺少财力、人力不足而搁浅或者延迟进度。类似的情况反复出现，对于作为乡村社区治理主要组织者的村委会成员来说，也是一种负面的刺激，多次号召或者多次实施过程中，得不到更多村民支持和认可，便会逐渐销蚀剥离这些基层组织者的公共服务意识及其积极性，因此对社区公共服务能力的提升形成不可忽视的消极影响。

其实，在课题组成员的观察中，可以看到乡村社区日益频繁的人口流动造成村民与社区在大部分时间的时空分离，村民参与公共事务的方式及态度也发生了重要转变，主要体现出“遥控式下的选择性参与”。少数民族聚居乡村社区生活的主要参与者，已从传统的长辈型逐渐延伸或者转向中青年群体，而这批中青年村民的大量外出，在其成为城市一员的同时，对自己尚有亲情勾连及其情感认同的乡村社区公共事务的参与，主要是通过选择性沟通参与方式。事实上，基于大量原住民人口向外流动，逐渐形成多元化的熟人与陌生人“掺杂多互”交往，影响并改变了乡村社区原有的信息资源和人际交往模式，对传统社区熟人社会的运行逻辑也必然进行重新解构。因在外务工而形成的异乡临时性社区，或购买房屋获得新社区的“入住权”，城市社区的现代性及城市发展的无限拉力，已使众多村民对原有的血缘、地缘、生存需求、文化等多面向共筑的乡村社区共同体的归属感发生变化，对于传统乡村社区的情感认同也随之逐渐淡化。调查发现，每当乡村社区有较为重要的公共性事务，如公共场所建设、选举等事项，外出者一旦获知这些公共事务信息时，往往会根据自己的兴趣、利益关注点及其情感进行选择性参与，如修建某乡村道路，若外出务工人员觉得挺好，便通过电话，短信等方式告知生活在社区的老人及其亲戚参与，也会号召一起外出务工的同伴或者好友积极响应。而对于自己不感兴趣的则选择逃避，告知留守在乡村社区中的家人不要参与或尽量少参与，对来自村委会通知的相关信息，则往往采取选择性不见等。此类“遥控式下的选择性参与”方法，某种程度上正在演变为乡村社区村民参与公共事务的主要模式，而这种模式因其选择性、间接性等特征，则在一定程度消解了村民参与社区治理及公共服务的积极性。

基于历史情景、族别界限及其时空差异，由传统乡村演化而来的当代以少数民族人口为主的社区，必然在社区生活中存在着历代传承而来的传统性生活习俗等，这些传统性习俗虽然在当代社会转型中被解构或者被迫隐藏，但是并不能忽略其存在的价值。尊重乡村社区的传统习俗，挖掘地方性因素，在引导村民参与社区治理的过程中有积极的促进作用。传统是在时空的维度之下对行为实践、地方文化诸方面认知的固化及传承沿袭，历经不同时代的积淀并不断被人接受认可。少数民族村民聚居的乡村社区，多由传统的乡村结构再加上具有一定特殊性的族别界限的人群转变而成。在当下的少数民族聚居型社区治理的过程之中，如果乡村社区治理只注重到制度性的硬性约束，而忽略传统习俗文化无处不在的无形影响力，则可能导致村民情绪抵触问题的产生。事实上，某些硬性约束规范在一定的空间场域，特别是以熟人、族群等为显性特征的乡村社会存在缺场现象，传统文化传统习俗与地方性因素紧密相连，基于地方性区域文化差异，居住于不同区域其间的族群差别是一种客观存在，本课题调查区域的侗族聚居区、苗族聚居区的传统习俗就与仡佬族聚居区、土家族聚居区的传统习俗存在较大的差别。如苗族传统节日有赛龙舟、侗族传统节日有侗年，在人际情感交流方面，苗族有民间赛歌习俗、侗族有唱大歌习俗、仡佬族有三幺台食俗等，这些节日或习俗都是不同民族基于生活不同环境的地方性基础上创造传承下来的传统，历经岁月的沉淀，这些传统渗入了当地乡村社区村民的日常思维中，并深刻影响其对现实生活的理解。如果推行的是属于另外不同区域、适用于不同人群的经验，而不是基于当地传统及其地方性因素建构起的具有差异性的社区治理方法，那么相关的规范就可能难以融入当地实际状况，在一些公共事项的实施过程中，村民的参与积极性就可能降低，或者说参与的持续性不强，导致效果不佳。如果当地乡村社区治理的实践注重基于地方传统习俗，注重充分挖掘当地村民在交往、合作、奉献、勤劳、淳朴等方面的积极因素，遵循于地方社会运行的逻辑，而并非生硬照搬使用他者的经验及其强硬的推广与地方社会运行逻辑相悖的制度，则必然能够更为有效地激发起广大村民作为乡村社区治理主体者的归属感、自豪感和自觉意识，进而提升其参与社区治理和公共服务建设的积极性和持续性。

二、传统宗族文化对少数民族聚居社区治理的影响

与传统社会相比，当代乡村社会宗族身影虽然逐渐淡化，但是其隐性存在于乡村社会结构及其民众社区生活的日常实践之中。弗里德曼的系列研究成果旨在以宗族理论来理解中国的乡村社会①，从一个角度开启了我国乡村社会及宗族结构研究的新范式。根据地方志记载及历史学者相关研究，宗族作为传统乡村社会的重要血缘兼具地缘的特殊组织，历来因循所谓国权不下县，县下惟宗族，宗族皆自治的治理逻辑，对乡村社会结构及其社区治理具

① 弗里德曼：《东南中国的宗族组织》，刘晓春译，上海：上海人民出版社，2000 年；Chinese Lineage and Society：Fukien and kwangtung，University of London：The Athlone press，1966

有深刻而长久的影响。在西南地区的广大乡村社会中，宗族的身影无处不在，尤其是少数民族地区的宗族组织广泛存在，其族群性与地域性特色亦颇为典型。

本课题组调查的侗族、苗族、土家族等少数民族中，早期土著如田、粟、杨等大姓存在于多个历史时代，并成为当时的统治者加强民族地区社会治理的重要地方性力量。宗族组织的大小决定了在地方社会中的社会地位和身份，在传统社会中宗族组织在为维护宗族成员利益，曾经在与外族进行利益争夺及其扩大社会威望等方面扮演了重要角色。如今城市社区与少数民族聚居乡村社区相比，城市社区因为其流动性及其临时性等特征，社区成员来自不同地方，成员背景文化多样化，社区的形成也只有短暂的十几年甚至几年，因而城市社区与传统少数民族聚居乡村社区在组成结构上有明显的差异，宗族结构就是其中之一。与城市社区居民人口来源的多样性、生计方式多元性、文化层次差异性、贫富的悬殊性等特征不同，乡村社区人口来源较为单一，即使是由多地迁徙组成，但也经历了一定时段的固化，其来源地也屈指可数。在课题组调研的少数民族的乡村社区中，村民人口数量较多，但知识文化层次方面的差距不大，生计方式也具有趋同性，经济收入较为均匀，更多的是族群文化存在相应的区别。也就是说在此模式运行下的乡村社区，社会结构较为稳定，以同一姓氏标签下的宗族组织在传统社会经济发展及社会稳定等方面具有特殊作用。调研中，可以看到侗、苗、土家等少数民族存在多姓氏的杂姓社区、某一姓氏为主的单姓主姓社区、两姓为主的复主姓社区等。如社区 A 人口 70% 以上为龙氏居住，其他为粟、王、李等五姓；而社区 B 则以龙、吴两姓为主，人口各为 40% 左右，其他姓氏虽然存在但人口却相当少；社区 C 则是林、李、杨、粟等姓氏都有，各姓氏人口相对平均。这些社区家族结构形成于不同时期，如社区 C 家族结构的形成较为晚近，与该区域社会曾经移民历史有着密切关系，不同姓氏在不同时段进入该区域并逐渐获取“入住权”。不同家族结构的社区，在社区公共事务的参与及其日常治理过程中具有不同的特征。在访谈过程中，可以发现这些村民的族群界限划分还是较为明显，日常生活中亦时常用到一些有区分的话语，譬如他们苗族，我们土家族；我们侗族，他们苗族等，似乎对彼此之间的某些差异性颇为看重。而在同一社区的空间场域之下，既有族群认同，也有宗族认同。其宗族认同的典型象征，表现在参与族谱的创修及其祠堂的修建及宗族公共事务的参与中。20 世纪 80 年代以来，乡村社会文化也得以复兴，在社会转型的当下，一些宗族的活动也逐渐兴盛起来，其典型表征就是同一社区或不同社区相同姓氏联合起来修撰族谱。在调研的过程中发现这些少数民族聚居乡村社区里，许多村民家庭都存放着近几年来新编撰的族谱，族谱编撰下的“血源性建构”，其实也是当下有关宗族认同的一种强化。在族谱的倡修过程中，乡村社区村民通常都积极响应，有的老人通过碎片化的记忆，将本族人口尽可能的追忆出来交与修谱之人，而年轻人群则为修谱捐资，大部分家庭在族谱修撰完成后都会购买一本族谱，认为联宗建谱对他们来说是非常有意义的行为。与此同时，有的社区中某一宗族中较有权威的人群倡议修建家族祠堂，也会得到社区村民的支持。与此相区别的是，社区中的公共建筑修建及其他公共事务的认同，有时在积极性方面却不够普遍，不同家族成员的参与度亦往往有所不同。

课题组在调研中发现，宗族组织在当代社会转型下扮演的角色逐渐弱化，但基于血缘性的认同，在社区生活的实践中仍具有一定影响力，主要体现为宗族约束力及其维护宗族成员利益，这两者相辅相成，当宗族成员利益受损，宗族组织出面为其站场，当宗族成员违反社区生活规则会受到宗族的约束，曾经的宗族意识在当前仍以某些特别的方式隐约呈现。在社区里的一些纠纷问题的解决以及公共事务的处理方面，宗族扮演了特殊角色，其调解、处理结果在一些情景中甚至比村委更为有效，从社区成员组成结构上来讲，宗族在某种程度上对少数民族聚居对乡村社区治理及其公共服务过程中产生着特殊的影响。实际运行过程可能会存在以宗族成员人数多少决定了乡村社区管理结构的情况，如在村委会成员产生及其选举过程中，往往在宗族认同之下的社区村民多推选自己姓氏的人员，上述社区 A 中就可能因为一姓独大而在推选社区管理者过程中占据优势，其他家族则处于被动状态。在社区 B 中因存在两姓以上人口较多，形成均势，在参与社区公共事务中可能存在家族间的竞争，不同宗族参与社区公共事务形成对立面，进而在社区内部的宗族竞争之下，在某种程度上又会进一步拉开家族界限，产生隔阂。社区不同宗族之间，过去曾发生过纠纷事件，在宗族矛盾调解的过程中，部分村民认为某家族占了便宜，于是互不相让，纠纷之下的矛盾情绪，往往需要较长的时间进行消解，从而影响到乡村社区生活的和谐和稳定。

如前所述，乡村社区村民参与社区治理的积极性，在很大程度上来自对所在社区的认同感和归属感。对于本课题调研的少数民族群体聚居的乡村社区来说，社区认同的关联因素及其影响结果则更具有一定的特殊性。科尔曼理性行动理论认为现实生活中的个体往往基于理性选择具体的行动实践，而有社会学、民族学案例研究表明，现实生活的实践过程中的文化、情感等因素有时会排挤人们所认为的理性空间。社区居民作为单个行动者集合的集体行动，其参与社区治理的行为多是基于单个个体理性选择基础上的叠加。城市社区因为人群的来源多样性及其陌生性，缺乏彼此认同的基础，而以少数民族为主的乡村社区存在着共同的或相似的人群标签，具有某种深层次的认同情节，最突出的特征就是村民的“民族身份”，基于他者称呼基础上的异于主体民族的其他民族区分，这些民族身份当下多称其为族群，族群内部往往因具有共同的历史、文化标签、习俗特征等形成彼此认同。这种族群认同也可以解读为成员间对自己所属群体的认知和情感依附。族群认同的根基论又称为原生论，认为族群认同源于根基性也就是原生性情感纽带，联系的主要因素是基于原生性的地域、族属、语言、宗教等，族群认同的工具论则认为族群认同是以群体或个体的特定场景下的策略性反应，其目的是在为了获取相关利益的竞争场域下的一种工具。从这些族群认同理论来看，拥有某类族群标签的人群，会基于原生性的情感纽带，或者在此标签下可能获得相应益处，而此两方面也基本与社区居民参与社区治理的原因有着某种类似性。在当今现代化和城镇化的多元文化同质化的背景下族群认同在一定程度被消解，但基于历史传统等因素，族群认同仍然会在一定时期内存在该族群人群的思维或者行为实践中，不过族群认同的根基性或工具性都为该认同转移向具有同一地域及其相同生境的社区认同创造了可能。因此，在当代社区治理过程中应逐渐引导乡村社区村民的族群认同诸如苗族认同、侗族认同、土家族认同、仡佬族认同等，转化为现在居住的同一地域环境下的所有村民共同的社区认同。为此，需要在对社区现有族群历史来源、文化内核、行为方式、熟人社会认知等有深入认识的基础上，在社区公共事务实践中强化共同的地域性及业缘性，注重乡村社区事务的公共属性，如公共空间文化、仪式文化、议事文化等与族群文化的共鸣和契合，从文化相似性中提炼乡村社区治理需要建构的公共象征符号。如能通过积极引导，将社区人群的身份标签逐渐转变成地域性社区标签，必然能够增强广大村民对所在社区的认同感，有利于村民们积极参与社区的各类公共事务，共同维护社区的公共利益，并由此实现乡村社区的和谐与共同发展。

三、新乡贤人群对村民参与社区治理的示范性和导向性影响

以往传统的少数民族聚居乡村社区中，村落“寨老”等是对社区运行具有重要影响的人物，伴随着当代急剧的社会转型过程，此类“传统”在许多层面已逐渐消解，“寨老”等角色已进入神堂而远离现实。当今的新型乡村社会，基于大的社会现实与小的地方传统，已逐渐重新建构起新的对社区运行有着重要影响的“新乡贤”式的人群，诸如在地方社会声名鹊起的文化精英和权威人物等。

课题组在考察少数民族聚居的乡村社区中发现，因部分少数民族受历史及其生境等因素制约而无自己族群文字。在此背景之下，这类区域乡村社区中的“文化精英人物”具有存在的历史根源性，且扮演角色完全不逊色于汉族村民集中的乡村社区。如同社会学者景军对北方乡村社会历史记忆及其文化精英人物在孔庙恢复重建的过程中所扮演的重要角色进行的探讨一样，可以看到少数民族聚集地区的民间社会文化精英者在乡村社区公共事务中起到的举足轻重的作用[①]。这些乡村社区的文化精英主要特征就是在村民中有较高的威望与认同，一是土生土长于本社区；二是掌握着社区其他人所没有的文化知识，即知识渊博性，所掌握的不仅是现代知识，特别是对本民族本社区历史与文化等知识掌握也较全面；三是品行端正、作风正派；四是曾经在社区或者政府职能部门任过职。具有这些特征者，通常容易被村民视为“文化精英人物”，在乡村社区受到尊敬和推崇，从而在社区里具有较高的社会地位与威望。

经济社会转型之下的乡村社区生活实践中，另外一种类型的社区权威人物也应运而生，即乡村社区经济发展中脱颖而出的创业者和引领者，这些人物通常被当地村民视为本乡本土的成功人士。改革开放以来，传统乡村生产经营模式发生改变，乡镇企业异军突起，外来企业也逐渐增多，也有不少村民就近创业，逐渐摆脱了单一的传统农业生产模式。乡村社区里一些头脑较为灵活、不安于生活现状的中青年群体，也开始探索新的创业模式，尝试向非普遍性的社区经济发展转型。本课题组进行田野调查的重庆市酉阳土家族苗族自治县某乡

---

① 景军：《神堂记忆：一个中国乡村的历史、权利与道德》，福州：福建教育出版社，2013

村社区，在此方面就较为典型。该村近十年左右，有部分企业入驻，对当地民众生产生活模式产生了重要影响。2010年，本村村民何××利用村落便利条件，承包了村后400平方米左右的山沟，建设起厂棚专门饲养鸡鸭，通过不断地努力尝试，其养殖规模由2011年的500只逐渐扩大到2015年的3000只以上，虽然遭受市场波动、养殖技术、经济投入等方面的影响，前几年收入微薄或接近亏损，但是从2015年后养殖收入大增，年均纯收入50万元~80万元，截至调查时期，其规模仍然在扩大，这算是当地乡村社区中经济收入较高的养殖户。社区其他村民是一天天看着何××从白手起家到该乡村社区“首富”，因其自身聪明且具有独到能力，成为村民们羡慕的对象，进而成为该土家族人口聚集区域的名人，在当地乡村社区的威望日益提升。与何××创业成功路径相似，其他的一些少数民族聚居社区的中青年外出闯荡增长社会见识后回乡，有的靠种经济作物或者经营饲养经济发财致富，也有人通过挖掘本社区具有民族风情的土特产进行电商销售等方式获得可观的收入，也都为村民们津津乐道。按照熟人社会的观点，面子有价，在相对封闭的乡村社区空间里，对本土人物的正面肯定性评价具有重要价值，在这一乡村社会的熟人逻辑之下，经济权在熟人社会也更容易转化为具有权威的话语权。

无论是以知识获得乡村社区威望与地位的文化精英人物，还是不同类型创业致富的新型社区权威人物，他们在社区运行中话语权的提升，在相当程度上意味着已得到乡村社区村民的认可，在参与社区公共事务方面的态度、方式等，往往成为其他村民观望、学习、跟从、模仿的对象，人们相信这些有知识的、头脑聪明的人物做事都是偏理性的和有规则的，跟随这些人物的行动不会给自己带来不利的后果。同时，这些出自本土的知名人士大都对乡村社区日常事务的公共属性及参与者特殊性的熟悉程度较高，在其中能够起到某种恰如其分的润滑、调和作用。因而，一方面乡村社区村民参与公共事务的态度及其积极性，往往会受到这些地方文化精英、权威人物的带动。另一方面，由于乡村社区中各种矛盾纠纷的起因涉及多样性问题，一些棘手矛盾纠纷的解决及邻里乡亲之间的利益协调，往往多由这些具有带头作用的人物出面而易于得到妥善的处置。在当今社会转型下，各行各业典范辈出，榜样的力量及其示范性影响是极大的，在乡村社区治理运行过程中，需要注重充分发挥这一人群的号召力和带头作用。为此应加大宣传力度，塑造乡村社区物质文明和精神文明建设带头人物的正面形象，使之成为其他村民行动的典范。同时，地方政府部门以及村委会等基层组织应建构必要的沟通协调机制，积极引导这些“新乡贤”式的人群提升境界，理解社区场域在实施乡村振兴战略中的重要性，促进其进一步提高社区公共服务能力，使之成为乡村社区公共事务的热心支持者和倡导者，进而有效带动广大村民参与乡村社区治理的积极性和创造性。

第七章

我国社区治理和公共服务能力建设的思考及对策

改革开放四十余年，随着社会主义市场经济快速发展和社会转型过程的逐步推进，我国城乡社区治理从初创到成长阶段，正在经历通过多层次多角度试点进一步提升公共服务质量和提高社会经济效益的阶段。党的十九大报告指出，当前我国社会主要矛盾是“人民日益增长的美好生活需要和不平衡不充分的发展之间的矛盾”，提出建立共建共治共享的社会治理格局，民政部 2018 年 10 月在重庆举办的全国社区治理和服务能力建设示范培训，强调深入贯彻党的十九大精神，必须坚持以人民为中心，提高社区治理改革创新能力，冲破思想观念障碍，突破利益固化藩篱，尊重基层首创精神，才能有效推动我国社区治理再上新台阶。由于党和国家高度重视以及社会各界积极参与，作为基层社会建设重点的社区治理和公共服务能力建设已具备了良好的发展条件。不过，我国在此方面毕竟起步未久，各地因地制宜的发展状况并不相同，而整体发展格局亦不尽如人意，客观存在着由于历史及现实原因、观念方法及体制机制原因形成的诸多制约因素和实际问题。在当前城镇化加速，社会流动频繁，社会阶层变化的背景下，如何针对我国城乡社区治理运行、公共服务、能力建设实际情况，探讨社区建设理论与实际应用的紧密结合方式，凝聚各方主体力量、整合各种社会资源，形成社区治理合力，探索并推动具有中国特色的社区治理和公共服务能力建设持续发展，是广大理论研究者和实际工作者面临的迫切任务。

第一节

基层社区治理创新发展及实施策略选择

一、基于善治理念的目标性

毋庸讳言，在我国社会转型时期社区治理的思想观念层面，理论界和实务界都存在诸多亟待厘清的认知问题，其中最为关键的，是社区治理的目的所在，以及运行机制的改革创新问题，具体表现在如何看待和运用“管理”与“治理”的区别。若囿于传统之“管”，看重的是达到管教及约束目的，用之于实践即是偏重于维持秩序和保持现状，相对而言，立足于“治”，看重的则是救治及疗效目的，用之于实践即是善于解决问题及改善现状。两者的区分显而易见，不宜模棱两可，因为这一重要的界定，指向的是社区未来发展的任务和目标。

近代以来，工业化和城市化发展较早的国家社区治理已具备较为完备的制度化体系和运行机制，其社会政策重点、实施策略、方法与技巧等应用性成果亦较为详尽成型。当今世界各国社区治理结构、模式和行动在不同的历史阶段表现出不同的特征，社区及其居民面临的问题不尽相同，社区治理要达到具体目标也因时而变、随事而制。工业化、城市化发展较早的国家，工业革命给城市社区带来大量移民，其地方政府面临的问题是如何维持社区正常秩序，而移民面临的问题则是如何适应城市生活，融入城市社区。因而构建居民社区归属感即成为这一阶段社区治理的重要目标，其前提假设是居民已把社区作为自己家园，热爱社区、维护社区并愿积极参与建设社区，治理策略是政府主体支持引导组建志愿组织，帮助居民构建社区归属感，这是一石二鸟的治理目标，同时解决了城市化进程中社区和移民各自面临的问题。社区治理成长阶段，地方政府需要解决社区贫困及其带来住房、卫生、吸毒和安全等相关问题，此阶段提升居民责任感以及研究解决社区贫困成为社区治理主要目标，其治理策略是启动社区教育和反贫困行动，社区教育旨在提高社区工作专业水平，而且提高居民的责任感，反贫困行动则重视社会福利的普及，研究解决社区贫困问题，期望通过双管齐下，同时解决居民个体和社区整体结构问题。随着经济快速发展，城乡一体化完成，社区治理进入延展阶段，地方政府面临着更多挑战，如社会融合，社区安全，社区凝聚力、志愿服务、社区计划、可持续发展等问题，需要进一步激励居民参与社区发展，因而“社区治理能力构建和促进居民积极行动”便成为这一阶段治理目标。其治理策略包括强调睦邻友好的社区发展、全面满足社区居民需要的社会规划、协同社区组织和提升可获得性的延展服务，以此激励社区居民积极主动参与社区建设。社区治理持续发展阶段，治理策略是开展各类“能力构建”项目，提升所有社区工作者的服务能力。在社区治理阶段，一方面采用政府资金投入、评估监督项目等外部治理策略扶持社会组织，另一方面运用科学研究社区治理工作胜任力，制定社区工作职业准则，提供标准并进行培训，使之趋于规范化。

由于现实国情以及传统文化的不同，社区治理和公共服务建设发展的背景与条件有别，我国不可能也没有必要照搬国际上某些既有模式。各国的基本情况及发展程度不同，有关思路及其措施也是有同有异，既有共同点，也存在很大的差异性。从共性方面来看，中外对社区的理解是基本相通的，大致都将社区与整个社会密切相连，视之为聚居在一定地域内的相互关联的人群形成的生活共同体，生活在这个共同体里的人们利益相连、感情相依、守望相助、危困相扶，具有共同的生活空间、共同的文化特质和共同的权利义务。从差异性方面来看，中外社区管理模式、组织形式、社区居民参与程度等则有所不同。不过，由于我国社会转型时期在此方面需要探索之处很多，“它山之石，可以攻玉”，有选择地研究和参考先行国家和地区的社区治理内容和形式，立足我国国情及善治理念，在基层社区治理一些具体方式方法上，借鉴其成熟经验和措施，对我国社区治理和公共服务建设的创新与发展应是有所助益的，由此可望取得事半功倍的效果。

目前我国改革开放已进入深水区和关键时刻，传统的社区管理也正在经历向社区治理创新的转型。但一段时期里人们对社区存在并急需解决的社会问题到底是什么，社区发展的利益相关者没有形成统一认识，社区治理愿景不甚明确，由此而导致社区治理与公共服务存在政府直管部门、市场、社区机构、居民、属地社会单位、社会中介组织等各方面介入者的角色不明、社区行政化倾向显化、社区自治“上热下冷”，不仅难以实现服务共享和基本公共服务均等化的目的，反而落下“口惠而实不至”的诟病，以至于出现

“政府买单、居民不买账”的尴尬局面。没有明确的治理愿景或目的，社区治理方向就可能模糊不清，活动范围也可能会过于宽泛而流于形式，这样的社区制还只能称作是以保持现状为主的社区管理。因而我国社区治理转轨创新的当务之急是应当具有明确治理愿景，战略管理理论认为，一个好的愿景应该要反映组织理念和成员的共同愿望，以及愿意全力以赴的期待。据此，社区治理愿景的确定，应当充分考虑社会转型时期相关社会条件的变化，体现政府、社会组织、社区工作者和社区居民等各方面的愿望和期待。以民为本，保障和改善民生，走共同富裕道路，达到全面建成小康社会的目标，是符合我国国情的社会发展的主题，党的十九大报告指出“人民日益增长的美好生活需要和不平衡不充分的发展之间的矛盾”已是当前我国社会的主要矛盾，而解决这一矛盾的一个重要途径，即是将全面建成小康社会的根基深置于城乡基层社区，落脚于各方利益相关者的共识并共同解决社区治理的实际问题。

二、立足因时因地制宜的适应性

具体社区治理策略的选择和制定，须以问题为导向，紧跟治理目标指向，解决不同时期社区的突出矛盾和具体的实际问题。

尽管社区处于社会的最基层，但与广大人民群众日常生活和切身感受息息相关，见微知著，因而影响所及颇为广泛。社区面临的各种社会问题和矛盾复杂多样、层出不穷，需要甄别主要问题，挖掘其问题的根源所在，解决问题才能对症下药。而城乡不同的社区面临的问题大不相同，因此必须分门别类，对具体社区的实际情况加以逐一理清。城市社区与农村社区之间的实际差距自不待言，仅城市社区普遍存在不同类型的居民委员会辖区、商品房小区等多种层次复合的居民社区，若进一步细分，居委会辖区又可分为单位型社区、传统型居民社区、公租房居民社区、失地农民社区等，不同类型的社区之间亦存在众多不协调和不平衡格局及其内部的利益博弈关系。例如，失地农民社区这类在快速城镇化过程中出现的具有特殊性的社区面临的主要社会问题是什么？是农民工进城的社会融合问题？是功利化经济发展的社会信任问题？还是贫富差距导致的社区安全稳定问题？如果是，社会问题的根源是什么？是熟人社会突然瓦解给个体带来的身份认同感和社区归属感的困扰，进而影响社区安定和谐发展吗？如果是，基于赋权增能理论，适应性的治理策略可以是尽可能满足失地农民的意愿，帮助其提升就业能力，进而促使其逐渐找到身份认同感和社区归属感。事实上，目前随着我国经济改革的深入和社会转型的加快，各种社会冲突与矛盾问题凸现。体现在具体的社区治理方面，包括涉及社区物质利益的冲突及非物质利益冲突，如社区自治冲突，居委会自治、物业管理公司操作、业主委员会自治引发的冲突；社区权利冲突，居委会与街道办事处、居委会与业主委员会的权利冲突；社区文化冲突，新旧文化模式冲突、城中村冲突、社区阶层冲突、流动人口冲突、邻里矛盾等，是目前社区发展水平和阶段性特征的集中表现。不过，如果这些因体制内利益表达渠道受阻、沟通不畅产生冲突与矛盾问题无法妥善解决，必然影响社区和谐。显然，社区治理创新发展及策略选择必须力求因时制宜、因地制宜，只有明确了具体社区要解决的主要问题，才能有据可依，解决社区的实际问题也才能有的放矢，从而取得社区治理创新发展的实效。

基层社区治理策略的可行性来自广大社区居民的认同，达成社区治理目的必须依靠广大居民群众的积极参与，为此必须改善与居民的沟通合作渠道，通过健全基层综合服务管理平台，提升服务管理能力，将党和国家相关政策措施和广覆盖、多层次、可持续基本公共服务建设落到实处，为居民创造良好的社会生活环境和条件，实现政府治理与社会自我调节和居民自治的良性互动。社区“麻雀虽小，肝胆俱全”，有效增进社区居民福祉的头绪极多。包括社区老年人、残疾人、精神障碍患者等特殊人群的帮扶优待服务，如社区老、幼、残障人士托管服务、居家养老、低保救助、精神关怀、就餐送餐、出行、无障碍设施建设、电子辅助、信息档案服务等；社区就业创业服务，如就业咨询、职业介绍、困难人员再就业、零就业家庭就业帮扶、社区自主创业等；社区医疗服务，如公共卫生和基本医疗、急救保健、居民健康档案、人口计生、独生子女家庭服务等；社区教育文体服务，如社区精神文明建设、社区公约、村规民约、群众文化、学生社会实践、科普活动、社区体育设施、体育健身及宣传培训、群众性体育组织、居民体质测试服务等；社区治安服务，如社区治安秩序维护和状况告知、社区安全稳定、警务设施和警力配备、应急服务、社区法律、社区流动人口服务、社区出租房服务、禁毒宣传、社区矫正、帮教安置、青少年自护和不良青少年帮教服务等；社区基础设施建设服务，如社区环境综合治理、市政公共设施、风险隐患排除、消防安全、绿化美化、环保节能、便民商业、代收代缴、网络信息、邻里矛盾纠纷化解、心理咨询、家政服务等。所有这些，莫不事关民生大计以及社会稳定，而解决这些非常具体甚至是极为琐碎的社区实际问题，离不开基层社区治理各个环节的良性运转和有效操作，更离不开社区居民群体的密切配合。

解决民生问题不是恩赐，而是新时期坚持以人为本、执政为民的基本价值取向和社区治理创新的应有之义。未来社区会面临越来越多的民生及权利诉求问题，社区居民群众将民生看成是自己的权利，会更加主动地要求解决具体的民生问题，也就是说民生问题将不再是“被民生”，随着社区居民权利诉求增多，必将对社区治理政策提出新的更多的期待和要求。对此，更需要按照党委领导、政府负责、社会协同、公众参与、法治保障的原则，建立形成适应符合我国国情的以保障和改善民生为政策导向的参与式社区治理结构，促进社区自治、法治、德治的融合，发挥我国优秀传统文化在基层社区治理规则规范运作的协调作用，搭建社会信任及矛盾化解平台，整合社会资源，以社区居民参与率和满意度为基本检测指标，服务于有需求的广大社区居民，尤其是向其中困难群体提供各种具有实际意义的社会服务，增进和提升广大社会成员公平感、安全感和获得感，筑牢社区民主自治管理基础，才能真正实现发展成果由人民共享的长远目标。

第二节 理顺社区治理主体结构及权责义务

一、多元主体的协同合作

基层社区治理和公共服务建设需要基于社区的公共利益和社区认同，协调各相关治理主体的共同推进，没有各治理主体的相互协作，要取得社区治理实际成效就是一句空话。社区治理主体从政府发展至民间，从单一发展至多元并各负其责，已逐渐形成社会共识，这一演变过程，正是我国社会转型时期社区治理改革和创新的直接体现。

此前由政府包办一切的社区管理模式，不仅在相当程度上固化了家长式管理思维和行为方式，也造成了基层组织和社区居民至今认为社区治理是政府的事、与己无关的习惯思维，以及在基层社会事务管理最基本的单元里仍形成了过于依赖政府的工作模式。有的地方试行自治型社区治理模式，强调居民自治和多元化参与，居民通过社区委员会等渠道参与社区治理，依托社区社会组织、社区企事业单位共同承担社区服务，以满足居民的多元化需求。这一模式构建需要居民参与机制完善、社会组织发展成熟、政府政策配套保障充分等大量前提条件的满足，但在现有条件下始终难以普遍推行。政府对于社区仍按传统的管理方式进行，与其他治理主体之间存在资源不平衡问题，以往的单位制特征仍然存在，基层自治组织仍存在行政化的特点，各个治理主体未能完全发挥其作用。政府担当总负责人角色，领导社区治理各个方面的工作且几乎承担社区的全部职责，包办一切公共物品的供给，社区治理的合法性以及大部分公共资源均由政府拥有，同时由于基层政府相关职能部门众多且介入甚深，机构职能重叠、相互间的管理界限模糊，但是政府部门的人力、财力、物力等资源终究有限，管了基层社区里的很多不该管、管不好也没有能力管的事情，反而造成“越位”与“缺位”并存的问题，因责任超载、管理有余，服务不足，造成公共资源浪费，供给能力缺失，导致其他主体难以充分发挥各自的优势，其突出的表现就是工作效率降低，甚至出现各种类型的“寻租”活动等，成为推动社区治理转型的束缚因素。

这种传统管理思路和方式，导致的结果是公平和效率两头失落。一方面政府会因“保姆式”管理而不堪重负，政府部门的付出甚大，却往往由于头绪众多而顾此失彼，脱离具体社区的实际需求；另一方面社区公共事务均属政府权限，其他治理主体为了争取资源，也就围绕部门中心而非围绕社区居民为中心开展相关工作和服务，缺乏参与，当然也就谈不上效率。例如，在许多城市社区，居民归属感不强、对于社区事务的参与度不高，而近年来大量的城市外来人口如农民工等群体则更是基本游离于社区之外，成为所谓“漂泊的社会人”。又如，近年来社区社会组织的兴起，虽在形式上表现出一定程度的治理主体多元化趋势，但社会组织的运营经费基本来源于政府，监督评价主体也是政府，社会组织是政府的组织还是第三方组织，作为治理主体的界限并不清晰。现实中，数千年沿袭的官本位、权本位意识的影响犹存，政社不分的单位制传统管理及运行机制形成以权力与官职为中心的依赖路径，尚无较为深入的突破，以及科层制体系的惯性权力扩张逻辑和绩效要求，使一些以绩效为导向的职能部门不倾向于向下放权力和提供社会资源，将社区工作作为达成各自绩效的手段，对基层自治组织提出绩效要求，使其对于社区事务指导、服务与监督职能成为直接管理职责，仍将社区治理简单理解为具有行政隶属关系的工作安排，主要通过行政命令方式达到管理目的，对社区居民的需求关注不足，形式主义较为突出，服务意识淡薄。而社区社会组织亦主要承接政府的任务以获取资源，与各职能部门直接对接，承接完成其各种任务安排，服从和配合各种运动式治理方式的执行。由于资源不平衡的治理结构，使政府在社区治理中居主要地位，基层缺乏资源支持，相关法规依据不完善，则使基层自治组织缺乏制度基础和权威性。社区治理主体之间互动地位不对称，运行机制不完善，由此导致的突出问题，即是社区自治组织趋于行政化，利益相关者参与不足，在社会治理中的作用有限。按照社区治理创新、建立规范而有活力的多元主体治理体系的要求，应着眼于实行政社分离改革，调整优化社区治理结构，并尽可能平衡各个治理主体的资源分布。

当前基层社区中，参与治理的主体有各级政府职能部门、属地政府的派出机构即街道办事处、社区工作站、居民委员会、社会组织等。从单位制管理到社区治理的体制转型，各个治理主体必须跟上思想和制度的转变，进一步切实理顺社区治理结构。社区治理主体由单一转向多元，基层政府部门与各社区治理主体的关系也由领导与被领导向平等协商转变，以往主要依靠自上而下行政推进的状况必须改观。按照简政放权要求，需要在公平基础上，将公平和效率统一起来，合理划分各主体在社区治理中所承担的角色、责任、义务的边界，形成权责明确的制度性构架。对于社区治理主体的调整变化而言，社区治理利益相关者的构成是需要明确的重要问题。其意义在于，一是治理主体应覆盖更多的利益相关者；二是核心利益相关者应有权利和有责任真正“自治”其切身实际问题，而其他利益相关者则发挥引导、支持、帮助和保障的作用；三是由利益相关的多元参与方，通过协商协作的方式实现对社区事务合作管理和相互间的持续互动，各尽其事，权责分明，共同制定社区发展规划和协商解决社区发展实际问题。理想的社区多元治理结构，应当是政府职能部门重在负责政策保障、财政支持和监督评估等。居委会等社区组织是政府的有限助手，同时也是社区居民的代言人，社区组织承担宣传激励、组织实施和沟通协调，通过激励和赋权“自治”的社区居民表达需求意见、参与制定和落实政策规划，经由各参与方的协同合作，从而提升社区治理和公共服务建设的效率和效益。

二、地方政府部门的角色回归

从长远发展角度，服务型政府在整个社区治理过程中的宏观管理职能是无可推卸的，引导者角色亦是不可或缺的。加强党委领导、政府负责、社会协同、社区管委会高度自治、社区社会组织周到服务、社区居民广泛参与，是逐步健全基层社区治理与公共服务体系所必备的基本要素。推动社区治理转型，政府职能部门更应尽职尽责，将社区治理的核心问题纳入政府行政改革议程，大处着眼，不必大小事情包办代替，但是绝不可撒手不管和懒政怠政。政府对与社区自治体制及运行机制构建的引导，应当是放权不推责，主要实行宏观控制，制定有利于社区发展的包括工作内容、组织措施和目标要求在内的发展规划、政策措施和运作规范。在社区基础设施投资方面，政府则发挥关键性重要作用，针对社区建设普遍性的问题，设立专门项目如社区养老助老、卫生健康、就业与再就业培训、精神文明建设、老旧社区改造，新社区服务和文化设施配置等，拨付专项资金以支持社区建设，采取财政引导投入方式支持和解决社区建设中的实际问题。

为改观地方政府部门在以往社区治理中的“越位”和“缺位”现象，在实际操作过程中，主要应注重以下方面：一是政策法规保障到位，做好顶层设计，根据地方具体情况，健全完善对社区自治、社区服务等方面的规范体系。二是资金投入到位，政府作为社区治理资金的主要提供者，将社区建设发展资金纳入财政预算，并完善其运作机制。三是社区治理协调到位，地方政府各职能部门协同配合，帮助基层社区解决管理层次过多、管理程序烦琐问题，避免多头服务管理而出现混乱现象，减少多余环节，提高运行效率。四是对培育和扶持到位，规范政府与社区社会组织公益性和社会中介组织的关系，在政府购买、社会组织培育等方面加大支持力度，调动其在社区治理中积极性和主动性。从而有利于帮助政府部门摆脱头绪繁杂的具体事务，集中精力办大事，从而实现以引导为主的“小政府、大社会”服务型社区治理格局。

三、遵循社区社会组织运行逻辑

基层社区作为社会治理和民生建设的重要载体，其服务管理能力的提升和综合服务管理平台的完善，是实现社区自治良性互动，以协调社会关系，有效增进社区居民福祉的关键环节。在实际运转过程中，社区居委会以及相关社会组织因受资源约束，社区共同体的集体意识薄弱，社区居民的民主管理参与率低，难以发挥多元主体共治作用，从而无法更为有效地推动社区治理和公共服务发展，究其根源，与资源不平衡的治理结构以及相关法规不完善有关。

在既缺乏权威又缺乏资源，同时又受属地政府派出机构和相应职能部门的双重管理的状况下，导致原本属于基层自治组织的社区居委会角色不明，行政化管理倾向亦由此进一步显化。如采用运动式治理方式，政府各职能部门越过指导阶段，直接给居委会、村委会下派各自的具体工作任务并进行与政绩指标挂钩的相应考核，居委会、村委会从有限助手变成无限助手，疲于应付来自不同渠道层出不穷的“上级交办”事项，难以正常发挥其自身主观能动性和立足社区实际的综合治理功能，所谓“上面万根线，下面一根针”，形象地道出了基层社区行政化管理的困境。

按照社区制运行要求，社区居委会等相关社会组织均已作为社区治理主体并进入多元互动过程。如社区居委会等需要担任供给者、代言人和有限助手等多种角色，作为供给者，需要像基层政府一样为居民供给公共服务；作为社区居民代言人，需要代表居民向政府反映意见；作为有限助手，则有限地承接属地政府派出机构之外的各级政府职能部门的任务，协助其履行职能。而相关社会组织则主要作为供给者的身份和参与者角色，提供部分补充性质的公共服务。因而，为提升基层社区工作自主性，当前的一个重要的改革思路是进一步简政放权及进行合理的结构调整。明确社区党委、社区服务工作站、社区居委会等有关方面的职责任务，分工协作，主体交叉复合。体现社区自治权益，增强其权威性，并强化其所在对社区的管理协调能力，向上代表社区居民向政府提供诉求，向下有效提供符合所在社区居民实际需求的公共服务，完善社区网格化管理，利用现代信息技术，与社区居民自治有机结合，提高为民办事效率，实现社区治理精细化。

第三节 构建社区公共服务能力建设新格局

一、以需求为导向

近年我国为满足广大社区居民需求的社区公共服务体系已逐步建立，通过政府主导、社会各方面广泛参与，依托街道和居委会充分挖掘社区资源，在贯彻落实基本公共服务普惠性、均等化要求、为社区居民提供各种公益性服务和便民利民服务、为弱势人群提供福利服务、专业机构提供专业化服务、政府购买社区公共服务等方面，均正在向纵深推进。如前述本课题组实证调研所见，由政府、社区内的各种法人团体、机构、志愿者所提供的具有社会福利性和公益性的社会服务以及居民之间的互助性服务项目显著增多，专业化、职业化公共服务水平和能力已有较快的提升，无论是作为民政工作服务对象的人群，还是社区服务和社会帮扶的重点对象如老年人、残疾人、精神障碍等疾病患者、妇女、学龄前儿童、低收入家庭、失业人员等人群，受益面都已前所未有的增大，社区公共服务基础设施设备进一步完善，环境维护、社区治安、社区矫正、社区教育、文化、体育等设施配置及活动开展日趋完备，社区居民的参与率和满意度亦由此明显提升。

不同地区以及不同类型的具体社区，因各自经济社会发展的基础条件、地域空间、社区资源、社区居民需求、服务对象等客观存在的差异性，相应的社区公共服务运行机制构建，政府、市场、社区机构、属地单位、社区居民等在社区多元自治结构中承担的角色和权责，“建设型政府”向“服务型政府”转变过程中政府购买公共服务、专业化服务和非专业化服务功能发挥等各方面的进展也不尽一致。如同前述本课题组的调研情况，居民参与度低，未体现出其作为治理格局中一个主体的地位，是目前社区治理和公共服务存在的主要问题。社区居民自治意识以及自治能力弱，亦缺乏自治知识的培养，源于以往社区的行政化管理模式，社区居民需求无从及时表达，也无法提出符合自己需要的服务诉求，久而久之形成与己无关乃至依赖心理，进而导致居民群体内生动力“缺位”，欠缺对于社区的认同感和归属感。

社区治理应当是以社区居民为中心的治理，居民是社区治理主体之一，也是社区公共服务的主要对象，基层社区所有工作秉承服务为民理念，都是为了社区福祉、文明和发展，满足社区居民需求，而落脚点是必须紧紧依靠并且有赖于社区居民的广泛参与和积极支持。居民参与，表达自身需求，是社区内部自我管理和自我服务的主要途径，如果社区居民没有参与积极性，那么推进社区服务社会化的所有努力，包括已经付出的人力、财力、物力、场地问题的解决及社区服务成果的巩固等，都将没有什么实际意义，也将在相当程度上制约社区治理和公共服务的未来发展。现有的社区自治组织既包括居委会等，理论上也包括社区居民大会、社区议事协商委员会、社区中介组织以及社区居民自主成立的各种志愿者及兴趣组织等群众性组织。这些社区自治组织及其所开展的各种社区服务活动、宣传、文化、娱乐、体育和选举活动，参与主体即是社区居民，如果居民参与度低下，这些自治组织及其活动便可能发展缓慢以至形同虚设。因而，提高社区居民参与意识，不仅是社区服务建设必然的要求，更是必要的前提条件。

因而，社区公共服务围绕社区居民的实际需求而展开，并以此培养社区居民参与意识，是当前社区治理的重要问题。基层社区由有着不同利益需求的人群组成，社区意识是社区全体成员对其所在社区的认同感、归属感、责任感和参与感。满足社区居民的物质和精神需求，直接有助于唤起其社区意识，促使其自觉参与社区公共事务。现行社区公共服务管理体制有其长处，如能更好地贯彻政府的管理思路和方式，在一定程度上能保障社区公共服务质量，有效地改善社区基础环境等，体现了集中管理的优势，但其不足也颇为突出。在本课题组的访谈和调查中，不少社区居委会工作人员认为现行社区运作在一定程度上制约着社区公共服务的推进，主要表现在社区公共服务供需脱节，导致面社区居委会难以履行自治职能，难以发挥社区工作人员的积极性，同时亦难以调动居民社区的参与积极性，不能有效整合辖区社会单位的资源。经济社会转型发展趋势下，社区居民生活水平的提高使其需求呈个别化、多样化、复杂化特点，社区公共服务及其运作必须适应其发展变化。

对此，必须以满足社区居民物质和文化需求为导向，采取积极措施，扬长避短，形成社区公共服务供需协调机制，以调动广大居民参与积极性，以发挥社区公共服务的最大效益。一是涉及居民利益的重大事项需经居民会议讨论通过，减少公共服务投入的随意性。民主协商是我国优良政治传统，目前在社区受居民冷遇的原因主要是协商内容与己无关、过程走形式、结果无人告知。因而社区协商内容应事关居民权益和需求、协商过程公平公正、协商结果广而告之。推进社区党务、居务、政务、警务等方面的公开，建立居民对社区服务满意度评估体系，将社区服务建设成效评价权交给社区居民。灵活运用社区民情恳谈会、评议会、社区论坛、居民论坛、网上论坛等，正确引导社区舆论，及时了解和反映社情民意，以切实解决社区居民诉；二是积累和培育社区社会资本，在社区范围招募各种公益活动志愿者，为本社区热心人士提供为他人服务、助人自助及体现自我价值的机会和途径，建立相互了解和信任的社区邻里友好关系，带动更多社区居民参与社区公共服务的热情；三是通过社区教育过程，传承创新我国传统文化的合理成分，以符合社区居民利益的非正式的制度安排如伦理道德规范、风俗习惯、社区公约、村规民约等方式，逐步形成社区成员的共同行为规则规范，用以充实和保障善治，调节社区利益关系，解决社区实际问题，引导居民在社会公德、家庭美德、个人品德等方面修身律己，自觉履行法定义务、社会责任和家庭责任，遵守和维护社区秩序；四是推进社区文化建设，相关活动如科普、文化、卫生、法律、体育等，其形式应立足草根基层，满足居民在社区文化场域的交流互动，建立信任，传递人文关怀，培育和打造一定规模的社区活动团队，对于增进社区人际交往、铸造社区精神、凝聚居民的社区价值认同和参与意识，有其特殊而重要的影响和作用；五是健全完善以社区为平台、社会组织为载体、社会工作专业人才为支撑的“三社联动”社区公共服务机制，创新社区公共服务供给方式。政府购买公共服务主要目的是实现公共服务公平、公正，社会资源分配实现效益最优化，最大限度地满足社会大众需求，突破公共服务领域的行政垄断，实现公共服务社会化、市场化，通过发挥市场供需调节作用，实行公开招投标，构建良性竞争机制，解决因官办模式缺乏竞争而带来的供需脱节、活力不足、成本过高、公共资源浪费、服务质量不高的问题，从而提高社区公共服务的总体效益。

二、以能力建设为支撑

公共服务属于公共产品范畴，是一种非竞争性的和非排他性的社会服务。社区公共服务参与主体多样，政府、市场、社区机构、属地单位、社区居民等各有所需，且又相辅相成。政府部门不必只是局限于对公共产品的直接供给，而是要在社区公共服务制度规则方面真正起到主导作用，而强化能力建设，即是最为重要的主导。推进能力建设的目的是有效地实施社区治理策略，从事社区工作，除了具有一般的管理能力之外，还需要具备能够影响他人一起实现共同目标的领导力。社区工作能力要求熟悉社区内外环境和深入理解社区问题本质，具有社区工作基本知识、理念以及探究当前和未来社区问题本质的方法和思想，包括价值观念、行为伦理、职业操守、敬业精神、批评思维等职业素质能力。管理能力要求社区工作者具备洞察问题、规划愿景、制定战略、部署行动、筹措资金的计划组织能力，即能从事社区项目规划、财务预算与管理、社区活动组织、服务项目质量控制等管理社会组织和社区事务的能力。领导力要求社区工作者具备影响政府、社会组织、社区居民等利益相关者成功完成社区持续发展的能力，包括团队构建、资源链接的沟通合作、鼓舞、激励、影响他人的领导技能及协调能力。毫无疑问，社区由人组成，社区治理和公共服务的提档升级，关键同样在人，重点则在能力建设。

社区公共服务的目的在于满足广大居民各方面需求，维护正常的和谐的社区运行秩序，这是在一个既定的空间范围内由多元行动者运用各自权威和专业性对社区公共事务和社会生活的规范、协调和服务的过程。在构建“共建、共治、共享”社区治理新格局的过程中，专业社会工作的介入社区并在建逐渐承担重要角色，为社区公共服务功能开拓和社区公共服务体系提供了新鲜动力，其重要性和必要性已受到社会各方面越来越多的重视。已有不少社区服务机构专门设置社会工作者岗位，启用掌握社会工作相关知识、技能和方法的“专职社区工作者”逐步取代传统的“居委会干部”。同时，众多具有正规性、独立性、非营利性、志愿性、公众利益性社会服务机构，受政府职能部门委托，依法依规独立开展社区服务活动，推动社区自治和社区服务产业发展，并开拓了大量就业岗位，增加了社区公共资源运用的透明度和合理性。不过，如前所述，由于历史的原因，我国专业社会工作制度尚处于发育初期，无论是社区居委会工作人员，还是介入社区的社会工作服务机构，其专业化、职业化能力建设进程尚任重道远。

从本课题组调研反馈信息看，多种因素制约着社区运行和社区居委会自治能力的正常发挥。以往行政化社区服务模式，社区居委会成为街道下设部门，过多承担了基层行政工作，工作量多，压力大，社区内大小公私事务都会管，造成社区工作人员工作范围超大、工作时间超长、工作内容超额的“三超”

困境。政府部门、街道办事处与社区组织权责不明确、关系不顺，经费短缺和政策支持的欠缺，没有足够的人财物资源根据居民的需求提供服务。由于政府交办太多，需要花费大量时间超负荷完成政府交办工作，经常加班加点，没有时间和精力接受知识技能训练和对居民开展宣传动员活动，以至其相关服务知识与技能不足，同时普遍存在居民缺乏参与积极性和不配合的现象。受权限影响，社区服务中心能够直接办理的服务项目很少，大部分是代理性服务，如低保、医保等代办项目需要街道批准或转各部门协调解决，承办业务时所耗周期长，协调解决部门多，导致为民事项容易积压，服务效率低。社区工作人员原本应是社区公共服务的专业人员，但现阶段普遍面临着专业化水平低且人手不足的难题。现有从事社区服务的人员，一般都是原居委会干部推荐、亲属同事介绍或居民选举等方式，主要是离退休人员、家庭妇女、原村社干部等，年龄偏大、专业知识匮乏，其中大部分没有接受过比较系统的专业训练，不能很好的根据社区居民实际需求设置相应的服务项目，影响了社区服务项目的开发和服务质量的提高。社区工作人员专业化程度不高，受过社会工作专业培训的人员所占的比例低具有专业的资格证书者为数不多，参加技能培训次数较少，无法更好地提升自身职业技能。社区居委会作为法定居民自治组织，并没有纳入编制序列，社会工作专业职称评审亦未正式纳入现有 29 个专业技术职称系列，导致社区工作人员长期存在工作待遇不高、职业发展有限的困境。这些困境致使具有专业性、个人综合能力强的人才不愿意到社区工作，从而进一步加剧了社区工作人员队伍不稳定、文化素质偏低、年龄结构不合理、专业水平欠缺等问题，导致社区公共服务专业性难以提升。

近年新兴的从事社区公共服务的非营利性社会服务机构，作为社区公共服务的重要提供者，具有专业能力强、服务内容丰富的特点，所提供公共产品契合社区居民需求，有助于促进居民参与，但是仍然面临诸多发展乃至基本生存方面的困境。目前的情况是，社区公共服务建设的投资主体虽然没有明文规定，不过在运作中地方政府是实际主体。地方政府作为出资人，对社区设施和服务的推进总体上力度较大，由于量大面广，易出现职能部门各自为政、忽视社区居民实际需求的盲目投入、重复建设和见物不见人等现象。专业社会工作是秉持助人自助理念，运用科学方法，帮助有需要的困难群体，解决其生活困境问题，以促进社区和谐。但目前我国在此方面的发展具有滞后性，社会工作专业化制度建设和能力建设未能及时跟上，活力不足，社区居民甚至一些政府部门的工作人员，对社会工作专业的助人关系和工作模式普遍缺乏基本的了解，尚未形成有利于社会工作发展的氛围和环境。尽管社会工作专业教育体系已初步建立起来，不过专业教育与实务能力培养之间存在一定程度的脱节现象，加之社区待遇低等问题，学以致用者相对较少，从而对其服务功能和专业能力提升形成了不利影响。现有社区社会工作组织多是受政府购买或社会公益基金会等资助在社区开展公益服务，政府是这些组织服务项目经费的最主要来源，社工组织开展的服务只能依据政府规定展开，导致其专业服务能力特点不突出，以至于被视为可有可无。又由于政府购买社工服务的相关法规不完善，采购资金和服务要求不尽相同，随意性大，导致社区社会工作组织为了生存适应而自我发展受限，存在数量少、质量低、地区差异大、组织内部规范管理水平和社区服务能力参差不齐以及专业人才流失严重等问题，难以更为广泛地承担提供专业化社区公共服务的重要责任。

作为社会民生建设重要载体，社区治理和公共服务体系的建设与完善，是国家治理体系重要的组成部分，也是我国全面建成小康社会进程的重要任务。社区治理和社区公共服务领域量大面广，其能力建设亦不应囿于小修小补，而必须从基层社会稳定与发展的战略高度着眼认识其重要性，以切实有效的能力建设政策措施形成强而有力的基础支撑。一是制定长期的职业发展规划，通过理顺管理体制，规范从业标准，放宽准入条件，简化登记程序，健全激励制度等措施，大力培养造就数量充足、结构合理、素质优良的社区治理和社区公共服务专业人才队伍，健全社区服务人才培养制度并纳入整体素质培训体系，提升其稳定性和持续性。二是完善孵化培育、人才引进、资金支持等扶持政策，设立多样化专项扶持资金，建立“孵化器”，落实税费优惠政策，发展在社区开展社会救助、就业援助、贫困帮扶、纠纷调解、健康养老、教育培训、公益慈善等活动的社区社会组织和其他社会组织，并为其生存发展提供资金支持、场地设施、业务咨询、能力培训等支撑性平台。三是面向社会公开招聘专业社区工作者，在加强日常管理和绩效考评的同时，提高社区工作者薪酬待遇，将社区工作人员津贴纳入地方财政预算，健全完善社区公共服务行业规范和职业专业细分，规范社会工作职称评审并纳入正式纳入专业技术职称系列与待遇挂钩，以事业留人、感情留人、待遇留人的系列政策，确保社区专业队伍的稳定和能力提升。四是实施专业化项目运作，以政府财政补助、民办公助等形式购买社区公共服务，在公开、透明的前提下，数量与质量并重而以质量优先，采取直接提供或委托或承包等市场化制度安排，促进多元主体广泛参与和良性竞争。五是进一步简政放权，删繁就简，通过公益性、专业化非营利性社会工作机构的规范运作，确保社区公共服务质量和专业化能力水平的提高。政府的支持主要以资金形式体现，具体化的社区服务项目不必事无巨细均经由政府部门直接提供，而由政府购买服务、出资委托或承包给非营利性社会工作机构完成。服务资金大部分可来自政府拨款和通过正常渠道的筹资及慈善捐助，根据现实国情，小部分则可来自合理的服务收费。非营利机构处于政府部门、社区管委会和社区居民监管下，既能确保社区公共服务覆盖面目标的实现，也有助于非营利性社会工作机构准确把握社区服务个性化、多样化需求，并藉此增强其生存发展能力，形成相对稳固的社区公共服务能力建设长效机制。

参考文献

[1] 蔡礼强．政府向社会组织购买公共服务的需求表达——基于三方主体的分析框架［J］．政治学研究，2018（1）：70－81，128.

[2] 曹海军．党建引领下的社区治理和服务创新［J］．政治学研究，2018（1）：95－98.

[3] 曹宇．后单位制时代社区治理的维权模式与行为分析［J］．北京社会科学，2019（1）：119－128.

[4] 陈家建，赵阳．“低治理权”与基层购买公共服务困境研究［J］．社会学研究，2019（1）：132－155＋244－245.

[5] 陈鹏．城市社区治理：基本模式及其治理绩效——以四个商品房社区为例［J］．社会学研究，2016（3）：125－151＋244－245.

[6] 陈平．“吸纳型治理”：社会组织融入城市社区治理的路径选择［J］．理论导刊，2019（2）：47－53.

[7] 陈晓春，肖雪．共建共治共享：中国城乡社区治理的理论逻辑与创新路径［J］．湖湘论坛，2018（6）：41－49.

[8] 陈治桃，宋文祥，黄丽华．五型社区 城市社区治理新模式［M］．广州：广东人民出版社，2013.

[9] 迟福林，张飞．推进政府购买公共服务：“十三五”政府职能转变的重点［J］．社会治理，2016（2）：30－35.

[10] 杜春林，张新文．乡村公共服务供给：从“碎片化”到“整体性”［J］．农业经济问题，2015（7）：9－19，110.

[11] 范柏乃，金洁．公共服务供给对公共服务感知绩效的影响机理——政府形象的中介作用与公众参与的调节效应［J］．管理世界，2016（10）：50－61，187－188.

[12] 斐迪南·滕尼斯．共同体与社会［M］．林永远译，北京：商务印书

馆，1992.

[13] 葛亮，朱力．非制度性依赖：中国支持型社会组织与政府关系探索［J］．学习与实践，2012（12）：71－76.

[14] 顾昕，王旭．从国家主义到法团主义——中国市场转型过程中国家与专业团体关系的演变［J］．社会学研究，2005（2）：163－172.

[15] 黄建．城市社区治理体制的运行困境与创新之道——基于党建统合的分析视角［J］．探索，2018（6）：102－108.

[16] 姬生翔，姜流．社会地位、政府角色认知与公共服务满意度——基于 CGSS2013 的结构方程分析［J］．软科学，2017（1）：1－5.

[17] 贾晓芬．从地方实践看城乡社区治理的创新方向［J］．国家治理，2019（4）：48－65.

[18] 江华，张建民，周莹．利益契合：转型期中国国家与社会关系的一个分析框架——以行业组织政策参与为案例［J］．社会学研究，2011（3）：143－149.

[19] 姜晓萍，陈朝兵．公共服务的理论认知与中国语境［J］．政治学研究，2018（6）：2－15，126.

[20] 李平原．浅析奥斯特罗姆多中心治理理论的适用性及其局限性——基于政府、市场与社会多元共治的视角［J］．学习论坛，2014（5）：50－53.

[21] 李志强．村镇复合生态系统与社区治理：理论关联及路径探索——以浙江沿海地区村镇社区生态培育为例［J］．探索，2018（6）：137.

[22] 刘铎．开放式社区治理：社区治理的演化趋势——基于四个社区治理案例的分析［J］．甘肃行政学院学报，2009（3）：96－101.

[23] 刘金龙，黄小慧，邓宝善．城市化过程中城郊农村社区治理结构变迁——基于广州 A 区的研究［J］．中国农村观察，2018（3）：2－18.

[24] 刘鹏．从分类控制走向嵌入型监管：地方政府社会组织管理政策创新［J］．中国人民大学学报，2011（5）：91－93.

[25] 刘素仙．政府购买公共服务绩效评价的价值维度与关键要素［J］．经济问题，2017（1）：17－20.

[26] 柳建坤，张法，张秀娥．社区协商：一种新的社区治理范式［J］．治理现代化研究，2019（2）：77－82.

[27] 罗伯特·帕特南．独自打保龄——美国社区的衰落与复兴［M］．刘

波等译，北京：北京大学出版社，2011.

［28］罗伯特·帕特南. 使民主运转起来：现代意大利的公民传统［M］. 王列，赖海榕译，北京：中国人民大学出版社，2015.

［29］马庆钰. 公共服务的几个基本理论问题［J］. 中共中央党校学报，2005（2）.

［30］马全中. 中国社区治理研究：近期回顾与评析［J］. 新疆师范大学学报（哲学社会科学版），2017（2）：93－104.

［31］宋辉. 新型城镇化推进中城市拆迁安置社区治理体系重构研究［J］. 中国软科学，2019（1）：62－71.

［32］孙萍. 中国社区治理的发展路径：党政主导下的多元共治［J］. 政治学研究，2018（1）：107－110.

［33］孙三百. 住房产权、公共服务与公众参与——基于制度化与非制度化视角的比较研究［J］. 经济研究，2018（7）：75－88.

［34］王处辉. 中国社会思想史［M］. 北京：中国人民大学出版社，2020.

［35］王达梅. 政府购买社会组织服务的影响因素及机制创新［J］. 党政干部论坛，2012（11）：36－39.

［36］王木森. 社区治理：理论渊源、发展特征与创新走向——基于我国社区治理研究文献的分析［J］. 理论月刊，2017（9）：151－157.

［37］王木森，唐鸣. 社区治理现代化：时代取向、实践脉向与未来走向——党的十八大以来社区治理"政策－实践"图景分析［J］. 江淮论坛，2018（5）：126－133.

［38］王浦劬. 政府向社会组织购买公共服务研究［M］. 深圳：深圳报业集团出版社，2005.

［39］王思斌. 社会工作在创新社会治理体系中的地位和作用——一种基础—服务型社会治理［J］. 社会工作，2014（1）：3－10.

［40］王雅莉. 从"边缘"治理到"多中心"治理：边缘社区治理体制的创新［J］. 黑龙江社会科学，2019（1）：158.

［41］吴强玲，祝晓龙. 政府与支持型社会组织良性互动关系研究——基于上海浦东公益组织发展中心（NPI）的个案观察［J］. 党政论坛，2013（10）：34－36.

[42] 夏怡然，陆铭．城市间的“孟母三迁”——公共服务影响劳动力流向的经验研究［J］．管理世界，2015（10）：78－90.

[43] 谢宇．共建共治共享格局中的社区治理精准化研究［J］．福建论坛（人文社会科学版），2019（2）：158－164.

[44] 徐永祥．法治与自治：社区组织体制研究［M］．北京：中国社会出版社，2003.

[45] 燕继荣．社区治理与社会资本投资——中国社区治理创新的理论解释［J］．天津社会科学，2010（3）：59－64.

[46] 杨涛，黄弘椿．城市社区复合化治理及其发展路径——以南京市S街道J社区为例［J］吉林大学社会科学学报，2016（5）：101－106.

[47] 俞可平．治理与善治［M］．北京：社会科学文献出版社，2000.

[48] 俞雅乖．资源依赖、资金效率与公共服务购买：汶川灾后重建中的民间组织与政府［J］．战略管理，2010（2）：52.

[49] 袁方成，王泽．中国城市社区治理现代化之路——一项历时性的多维度考察［J］．探索，2019（1）：117－126，193.

[50] 曾红颖．我国基本公共服务均等化标准体系及转移支付效果评价［J］．经济研究，2012（6）：20－32，45.

[51] 詹姆斯·N·罗西瑞．没有政府的治理［M］．南昌：江西人民出版社，2001.

[52] 詹姆斯·S·科尔曼．社会理论的基础［M］．邓方译，北京：社会科学文献出版社，1999.

[53] 张纯等．城市社区形态与再生［M］．南京：东南大学出版社，2014.

[54] 张继军，陈蓉蓉．社区治理改革的现实困境、关键要素与模式——以第二批全国社区治理和服务创新实验区为考察对象［J］．社会科学动态，2018（8）：45－50.

[55] 张紧跟，庄文嘉．非正式政治：一个草根NGO的行动策略——以广州业主委员会联谊会筹备委员会为例［J］．社会学研究，2008（2）：136－141.

[56] 郑杭生．社会转型与中国社会学的理论自觉［M］．北京：中国人民大学出版社，2011.

[57] Acharya. Community governance and peacebuilding in Nepal [J]. Rural Society, 2015, 24 (1).

[58] Alex Barakagira, Anton H. de Wit. The role of wetland management agencies within the local community in the conservation of wetlands in Uganda [J]. Environmental & Socio – economic Studies, 2019, 7 (1).

[59] Matt Bowden. Community safety, social cohesion and embedded autonomy: a case from south – west Dublin [J]. Crime Prevention and Community Safety, 2017, 19 (2).

[60] Obvious Katsaura. Community Governance in Urban South Africa: Spaces of Political Contestation and Coalition [J]. Urban Forum, 2012, 23 (3).

[61] Qinghao WU, Zhizhang WANG. The Problems and Countermeasures of Citizen Participation in Urban Community Governance [J]. Canadian Social Science, 2014, 10 (4).

[62] Richard Lang, Dietmar Roessl. Contextualizing the Governance of Community Co – operatives: Evidence from Austria and Germany [J]. VOLUNTAS: International Journal of Voluntary and Nonprofit Organizations, 2011, 22 (4).

[63] Yang Yang. Study of Improving the Community Governance Mode by Constructing the Demand Ways for the Rational Public Opinion [J]. Open Journal of Political Science, 2015, 5 (5).

[64] Yanmei Hu, Bo Yang. Characterizing the structure of large real networks to improve community detection [J]. Neural Computing and Applications, 2017, 28 (8).

后　记

本书是国家社会科学基金一般项目《我国社会转型时期社区治理与公共服务能力建设研究》（结项证书号 20192873）的研究成果。具体承担项目研究工作的均为重庆工商大学长期从事社会学、社会工作教学和研究的教师以及部分当时在读研究生，项目负责人：徐宪；主要研究人员（以结项证书具名为序）：李滨、吴永波、谭晓辉、蒙艺、罗兆均、袁琳、陈洪东、毕瑜、李佑静。

课题组全体成员数年间有条不紊地围绕拟定的研究思路，通力协作，在调研考察、追踪调查、专题研讨的基础上展开并逐项完成项目研究工作。项目结题后仍数度集中修订和筹划本书出版，几易其稿。全书各章的主要作者如次（以章为序）：第一章（徐宪）、第二章（蒙艺、毕瑜）、第三章（吴永波、李滨）、第四章（徐宪、吴永波）、第五章（李滨、吴永波）、第六章（罗兆均）、第七章（徐宪、谭晓辉、李佑静）；袁琳、陈洪东参加部分章节内容撰写；徐宪、李滨、吴永波逐一修改各章；徐宪进行全书统稿。本项目研究得到重庆市民政、卫生健康、人力社保和社会科学研究等部门的具体指导；黔江区民政局、渝中区精神卫生中心、农工党巴南区委、重庆社科院社会学所和多个城乡社区等单位参与了部分专题研究的调查论证以及成果推广工作；研究过程中参考和借鉴了众多相关文献和资料，重庆工商大学部分研究生参与了文献资料整理和调查数据处理工作。在此，谨向各相关部门单位的领导、研究人员、文献作者和资料收集者表示诚挚谢意。

重庆工商大学科研处、法学与社会学学院对课题组研究工作和本书出版给予了大力支持与切实帮助。付梓之际，时值重庆工商大学 70 周年校庆，“七秩重工商，逐梦新时代”，籍此由衷祝愿重庆工商大学在新的起点上开启发展进步的新征程。

作　者

2021 年 12 月